民國文化與文學研究文叢

三　編

李　怡　主編

第 5 冊

民國歷史文化與中國現代經典作家（中）

李怡、胡昌平　主編

國家圖書館出版品預行編目資料

民國歷史文化與中國現代經典作家（中）／李怡、胡昌平 主編
— 初版 — 新北市：花木蘭文化出版社，2014〔民 103〕
目 4+266 面；19×26 公分
（民國文化與文學研究文叢 三編：第 5 冊）
ISBN 978-986-322-777-9(中冊：精裝)
1.中國文學 2.現代文學 3.作家 4.文學評論
541.26208   103012743

特邀編委（以姓氏筆畫為序）：

丁 帆	王德威	宋如珊
岩佐昌暲	奚 密	張中良
張堂錡	張福貴	須文蔚
馮 鐵	劉秀美	

ISBN-978-986-322-777-9

9 789863 227779

民國文化與文學研究文叢
三 編 第五 冊   ISBN：978-986-322-777-9

民國歷史文化與中國現代經典作家（中）

作　　者	李怡、胡昌平
主　　編	李 怡
企　　劃	四川大學現代中國文化與文學研究中心
	民國文學與海外漢學研究中心（籌）
	北京師範大學民國歷史文化與文學研究中心
總 編 輯	杜潔祥
副總編輯	楊嘉樂
編　　輯	許郁翎
出　　版	花木蘭文化出版社
社　　長	高小娟
聯絡地址	235 新北市中和區中安街七二號十三樓
	電話：02-2923-1455／傳眞：02-2923-1452
網　　址	http://www.huamulan.tw 信箱 hml810518@gmail.com
印　　刷	普羅文化出版廣告事業
初　　版	2014 年 9 月
定　　價	三編 20 冊（精裝）新台幣 35,000 元

民國歷史文化與中國現代經典作家（中）

李怡、胡昌平　主編

目次

第二編　魯迅研究

壹、「迅哥兒」的生存狀況與破落體驗
——從《社戲》看家庭變故對魯迅的影響

杜光霞*

　　1893 年春，由於曾祖母去世，魯迅的祖父「丁憂」回家，受人之託向鄉試主考官行賄，結果事情敗露，而且驚動了皇帝，被欽判為「斬監侯」，關押在杭州，時常需要供給或打點（每年秋天都要行賄才能繼續活命）；魯迅的父親則受到牽連被革去了秀才的功名，再也不能參加科舉考試，不久就在憂憤鬱結中吐血病倒，在請遍了附近所有「名醫」、吃過了各種離奇中藥之後也絲毫沒有好轉，最終於在 1896 年去世，使一個原本有數十畝水田的「小康」之家幾乎變賣了所有的產業，迅速敗落下來。這就是少年魯迅所經歷的那場著名的家庭變故。

　　關於此事對魯迅所產生的重大影響，除了魯迅自己的很多相關描述，研究者們也進行了反覆的考察。其中，大多數研究者往往將這一變故看成是創傷性、威脅性的負面事件，如王曉明就把它比作「天突然坍了」，認為這樣的「打擊和傷害」飽含著「陰暗的信息」和「命運的殘酷」，而魯迅對此的唯一反應是「因此把人情和世事看得陰暗無趣」，「萌生強烈的憤世之情」[註1]；彭小燕也認為總體上這是魯迅生命初期的「陰影」，它使魯幼小的心靈「受到了一次重度傷害」，不自覺地改變了他「看待世界的眼光」，導致魯迅萌生了一種「懷疑——否定」的思維特質[註2]，等等。另一些學者則選擇去凸顯或

---

* 杜光霞，文學博士，四川農業大學副教授。
〔註 1〕 王曉明：《無法直面的人生：魯迅傳》，上海文藝出版社，1993 年版，第 9～13 頁。
〔註 2〕 彭小燕：《存在主義視野下的魯迅》，北京大學出版社，2007 年版，第 74 頁。

默認魯迅自己提交的兩種答案，一種可以歸納爲「創傷說」，另一種姑且稱之爲「感謝論」。前者的材料是很多的，《吶喊·自序》中有「我有四年多，曾經常常，——幾乎是每天出入於質鋪和藥店裏，……從一倍高的櫃檯外送上衣服或首飾去，在侮蔑裏接了錢，再到一樣高的櫃檯上給我久病的父親去買藥」的沉痛敘述和「有誰從小康之家而墜入困頓的麼，我以爲在這途路中，大概可以看見世人的眞面目」等憤激結論；而在 1925、1930 年的自傳中，都有「遭了一場很大的變故，幾乎什麼也沒有了」、「寄住在一個親戚家裏，有時還被稱爲乞食者」、「漸至於連極少的學費也無法可想」等說法，甚至還有人挖掘出「我小的時候，因爲家境好，人們看我像王子一樣；但是，一旦我家庭發生變故後，人們就把我看成叫花子都不如了，我感到這不是一個人住的社會，從那時起，我就恨這個社會」〔註3〕等似是而非的資料。從這些材料中不難得出這樣的結論：家庭變故對魯迅而言是創傷性的境遇導致了創傷性的內在心理感受，它直接威脅到了其幼年時期所形成的世界觀、價值觀和人生觀，是負面影響大於正面作用的悲劇事件。注意到魯迅也曾抱有「感謝論」的學者似乎要少一些，但所能找到的證據卻也是比較充分、有力的。例如 1926 年，許廣平參加工作後向魯迅抱怨家中親戚們糾纏借錢的苦惱，魯迅的回答就折射出了一種將苦難視爲人生財富的心態，認爲這種情形「嘗嘗也好，因爲更可以知道所謂親戚本家是怎麼一回事，知道世事就更眞切了。倘永是在同一境遇，不忽兒窮忽兒有點收入，看世事就不能有這麼多變化。」〔註4〕更明確的是 1935 年 8 月 24 日，在給蕭軍的信中，魯迅直接談到了對這一變故的看法：「我的祖父是做官的，到父親才窮下來……不過我很感謝我父親的窮下來（他不會賺錢），使我因此明白了許多事情」〔註5〕。一方面是不無傷感的慨歎，另一方面又帶有堅強豁達的積極心態，僅僅是魯迅自己的反覆講述，似乎就已經構成一份足夠複雜的答案了，以往的研究也往往就此止步；但這裡其實是埋藏了很多問題的：如何看待魯迅這兩種心理之間的相互矛盾？他自己所下的結論是否就是絕對可靠或完美的，完全不會存在「當局者迷」的可能？除了來自「所謂親戚本家」和炎涼社會的「侮蔑」以及「看世事」方

〔註3〕 薛綏之主編：《魯迅生平史料彙編》（第四輯），天津人民出版社，1983 年版，第 359 頁。

〔註4〕 《261028 致許廣平》，《魯迅全集》第 11 卷，人民文學出版社，2005 年版（下同），第 589 頁。

〔註5〕 《魯迅全集》第 13 卷，第 528 頁。

面的思想轉折，魯迅的情感和心理有沒有產生某種不易察覺，卻影響深遠的重大變化？總體上講，其後果究竟是什麼性質的？是威脅到其人格的健全、導致其心理發生了病發的根源呢，還是反過來非常有利於其成長的良性剝奪與挫折？

要想理清這諸多問題，一切還要從家庭變故前後魯迅的外在生存環境和內在精神狀況談起。可是，這些信息大體上都比較零碎、散亂地隱藏在關於魯迅的大量回憶錄之類的資料裏，對於很多並不專門研究魯迅的讀者來說比較麻煩，難以收集。那麼，在魯迅自己的作品中，有沒有比較集中地涉及到了這些問題的呢？筆者認爲是《社戲》，只不過由於在選入中學語文課本時刪去了作品前面的小半部分（十段多一點），其中的很多原本就很不容易引起注意的重要信息就幾乎被後半部分那個表面上看起來如田園牧歌一般自由、淳樸、童眞、詩意、富有人情味的美好世界完全遮蔽，顯得晦暗不明，值得好好發掘一下。

《社戲》是《吶喊》中最不像小說的作品之一：前面的小半部分很像雜文，後面剩下的則即便是放在《朝花夕拾》裏也幾乎算得上是抒情色彩最爲濃烈的篇目。文章開頭講述了魯迅兩次看中國戲（也就是京劇）的情形，表面上似乎只是爲了給後文做鋪墊，反襯出「社戲」的精彩、有趣，而且其濃厚的議論、雜感色彩也似乎與後文的抒情散文筆調不大協調，再加上沒有選入中學語文教材，也就更容易被忽略了。可是，從心理分析的角度來看，這一部分卻折射出了魯迅作爲「人」的一種與眾不同的、明顯高於當時社會文化習俗的需要層次水平和生命質量狀態。

文章一開始就展示了一個格外師心任氣、很不買賬的「觀眾」形象——「我」到北京後，第一次是在朋友的提醒下想要「見見世面」，去看看久負盛名的北京戲，結果卻被一系列可怕的狀況嚇得掉頭就走，搞得一起去的朋友也只好莫名其妙地追趕出來；第二次是因爲捐款而得到了一張戲票，在痛苦煎熬了幾個小時之後終於還是忍無可忍地退場了。總之，無論是在普通人眼裏只有經濟較爲寬裕的中上層階層才能享受、所以一旦有機會接觸就會相當滿足的難得的消遣娛樂，而在很多知識分子眼中則是「我們中國的最偉大最永久，而且最普遍的藝術」（《墳·論照相之類》）的京劇，還是備受追捧的「不可不看」的名角，對於「我」來說，竟然會是令人受盡折磨、不堪忍受而不得不兩次中途退場的災難，而且情況甚至糟糕到了不僅連續兩次用「不適於

生存」這樣嚴重的字眼來加以形容，還從此徹底跟它「告了別」的程度。這究竟是什麼原因呢？歸納起來，有以下幾點：首先是吵，「在外面也早聽到冬冬地響」，進去後則更是令人幾乎聽不見任何說話聲的「冬冬喤喤之災」，總之是「大敲，大叫，大跳，使看客頭昏腦眩」。其次是擠，一進門便「看見戲臺下滿是許多頭」，側邊的長凳「坐板比我的上腿要狹到四分之三……腳比我的下腿要長過三分之二」，使人毛骨悚然地「聯想到私刑拷打的工具」；即便是新式構造的舞臺也照例「人都滿了，連立足也難」，「擠在遠處的人叢中」，可以感覺到旁邊的人「吁吁的喘氣」。此外則是秩序混亂、不守承諾——高價買來的票座居然會被先到的人捷足先登，戲院對此毫不理睬；事先說好要登臺表演的「名角兒」直到半夜十二點了居然還杳無蹤影，等等。事實上，那個年代，這些現象在「地大物博，人口眾多」的中國本來就是司空見慣的常態，戲園出現這樣的狀況就更是絲毫不足為奇，但「我」卻偏偏格外敏感地「發現」了其中的問題，然後毫不猶豫地退場離開，以表達自己的不滿乃至抗議，可見他對「生存」基本需要和基本條件的界定與當時各種階層的絕大多數中國人相比是何等的大相徑庭。

美國著名心理學家馬斯洛認為，在正常情況下，構成人類生活動機的內驅力是一個持續的、變動的、複雜的、永不終結的有機組織，它一般由生理、安全、歸屬和愛、自尊、自我實現等基本需要按優勢或力量的強弱排成等級，優勢需要的大體滿足會使下一個層次的、原本相對弱勢的需要得以成為新的優勢需要，來繼續主宰、組織這個人；某種需要的長期滿足往往會導致人們輕視或貶低這種需要的力量和重要性，過高地去評估尚未滿足的需要中力量最強的那種需要。此外，較低級的基本需要如生理需要在尚未得到最低限度的滿足時會主宰機體，成為優勢需要，迫使人各方面的所有能力都去為滿足自己而服務，支配並組織它們，使其達到最高效率；而較高級的需要是一種較晚的種系進化發展的產物，越是高級的需要就越為人類所特有，但它對於維持純粹生物學的生存也就越不迫切，其滿足也就越能更長久地推遲，甚至容易永遠喪失〔註6〕。從這個角度來說，高級需要比低級需要具有更大的價值，是衡量人在多大程度上爭取到了真正的做人資格的有效尺度。可是，長期的專制統治和頻繁的戰亂使中國人歷來就格外善於忍耐並習慣於高級基本

〔註6〕 〔美〕亞伯拉罕・馬斯洛著：許金聲等譯：《動機與人格》，中國人民大學出版社，2007年版，第二至五章。

需要的缺失，由於長期被生理需要、安全需要等低級基本需要主宰，他們形成了以「太平盛世」或「國泰民安」為最高理想的人生觀，這其實是一種只要能夠吃飽穿暖、安居樂業就已經非常滿足了的生活狀態。較高級的生活動機被剝奪殆盡後，即使人的自我和尊嚴遭到了嚴重忽略、擠壓甚至踐踏，他們也往往能安之若素，毫無知覺。而《社戲》開篇的「我」之所以會發自內心地有那樣強烈的不適感，就在於他的優勢需要由來已久地不同於當時中國的大多數人。

實際上，無論是在家庭變故之前還是之後，魯迅都是非常幸運的。作為一個官宦地主世家的長房長孫，他生來就獲得了相對富足的經濟條件，這為他身心的健康成長打下了堅實的基礎。魯迅出生時，祖父還在京城做官，家裏還有四五十畝水田，全家不僅衣食無憂，還有能力給小孩子一些零用錢或壓歲錢供其自由支配。這樣一來，和那些被「造得太濫，也毀得太濫」的底層百姓出身的孩子相比，魯迅不僅不必為了吃飽穿暖、遮風避雨等低級需要而苦惱，而且有充分完備的條件去讀書識字，接受良好的基礎教育。更重要的是，精神方面，在曾祖母、祖父及父母親等性格奇異的直系親屬的重視、珍愛和薰染教育下，魯迅既獲得了愛、珍惜、尊重等方面的充分滿足，又擺脫了一般中產家庭常見的兩種失敗的教育方法（過於溺愛或過度壓制），這對他成年後的性格的形成產生了不容忽視的正面影響。事實上，生理需要、安全需要從來就沒有成為他生命初期的優勢需要，甚至歸屬與愛的需要也一值得到了充分的滿足。聰明伶俐的魯迅不僅自幼從家人、長輩和親屬那裡獲得了一個相當穩定的家庭位置（這一點完全不同於周作人，因為魯迅不僅有著備受重視的長子身份，而且時隔三四年之後，下一個孩子才出生），接受了來自他們的諸多關愛，而且也能夠滿懷同情和善意地去關愛別人，如 5 歲那年看長輩們玩牌時長輩問他喜歡誰贏，他之所以會作出「我喜歡大家都贏」的回答，大概正由於得到了充足的愛而從心底裏對身邊所有人懷著同樣的愛，因此希望所有人都開心愉快吧。又如在三味書屋讀書時，唯有的兩次「淘氣吵架」竟然都緣於對別人的關愛和同情而「路見不平，拔刀相助」：第一次是聽說另一個私塾「廣思堂」的老師「矮癩胡」不僅作風腐敗，還時常痛打罰跪、虐待學生，於是魯迅他們便帶人前去問罪，沒遇到人，便氣憤地襲擊了一番，毀掉了虐待工具「撒尿籤」；第二次是出於附近有一個賀家的武秀才時常恐嚇通行的小學生，魯迅等幾個人便帶上各種「武器」打算懲

罰他〔註7〕。

　　貫穿了家庭變故前後，發生了某種較大變化並讓魯迅「因此明白了許多事情」的，主要是自尊需要的問題。按照馬斯洛的看法，除了少數病態的人，社會上的所有人都有一種獲得對自己的穩定的、牢固不變的、通常較高的評價的需要，即一種對於自尊、自重和來自他人的尊重的欲望；它的滿足導致一種自信的感情，使人覺得自己在這個世界上是有價值、有力量、有才能、有位置、有用處和必不可少的。不過，自尊需要通常建立在兩種完全不同、必須加以區別的基礎之上，其一是一種健康而穩定的自尊，它基於憑藉自己真實的能力、潛力和對工作的勝任，以及單純的意志力量、決心和責任感所取得的成就或作出的貢獻，因此無論是自尊、自重和自信，還是來自於他人的尊敬或推崇，對這個人而言都是當之無愧的；而另一種自尊則是虛假而危險的，它建立在外在的名聲、地位以及他人的看法之上，往往是一個人憑藉血統、財富或地位等自然擁有或不勞而獲的東西而得到了一些別有用心或毫無根據的吹捧和奉承，一旦這些相關的外在因素發生改變，這種認可、讚賞、奉承、尊敬及以其為基礎的自尊便必然會隨之而產生相應的變化〔註8〕。應該說，在家庭變故之前，魯迅的自尊大部分屬於以上第二種情況——雖然他的真率、禮貌、熱情、友善、穩重、自制、聰穎好學、勤奮用功等良好品質也獲得了一些誠懇而持久的欣賞、推崇和尊重，如三味書屋的壽鏡吾老先生平時對他就非常稱道和器重，甚至在他父親病重、有一回需要用三年以上的陳倉米做藥引而無處可找的情況下幫忙找到了一兩升並親自送來〔註9〕——而在一系列變故之後，幾乎所有趨炎附勢、虛情假意的尊敬和奉承都在這個家庭徹底敗落的狀況面前現出了本真的面目，致使魯迅在此後的一生中都不斷地傾向於去尋求和發展另一種健康而穩定的自尊需要的滿足。

　　所以，無論怎樣，對於童年及少年的魯迅來說，自尊需要也算不上是魯迅的優勢需要。事實上，在很小的時候，他已經開始去摸索自己喜歡幹、適合幹的事情（即繪畫和閱讀）了，而這種不斷尋找自己的天分和潛質，並努力想要實現自我發揮和自我完成的欲望，正是人最高層次的基本需要，也就

〔註7〕　周啓明：《魯迅的青年時代》，見魯迅博物館·魯迅研究室：《魯迅研究月刊》
　　　　　選編《魯迅回憶錄》（專著·中冊），北京出版社，1997 年版，第 802～803
　　　　　頁。
〔註8〕　〔美〕馬斯洛：《動機與人格》，同註 6，第 28～29 頁。
〔註9〕　周遐壽：《魯迅的故家》，見《魯迅回憶錄》（專著·中冊），第 939～940 頁。

是自我實現的需要。正因爲整個童年及少年階段都有這樣高起點、高底線的生命質量和狀態，在《社戲》的開頭，「向來沒有這樣忍耐的等候過什麼事物」的「我」才會那樣強烈地感受到戲園子的「不適於生存」；而後文對童年時期看社戲的詳細描寫，則從相反的角度印證了這一點。

正如過去很多研究者或中學教學參考書所反覆強調的，乍一看，「平橋村」（即魯迅外祖家所在的安橋頭）確實是一塊世外桃源般純淨美好的「樂土」，一個自然、淳樸、厚道、童眞的詩意世界。這裡的人們全都是一些「厥心純白」的「樸素之民」（《破惡聲論》），由於「心思純白，未曾經過『聖人之徒』作踐」（《墳·我們現在怎樣做父親》），「百分之九十九不識字」的他們率眞樸實，即使有時不同行輩的孩子們之間偶爾吵鬧打架，他們的反應也是眞誠而樸實的，「一村的老老小小，也決沒有一個會想出『犯上』這兩個字來」；而且所有人都熱情好客，「一家的客，幾乎也就是公共的」，孩子們能「從父母那裡得了減少工作的許可，伴我來遊戲」，大家釣到的蝦也「照例是歸我吃的」。在這裡，慈愛的外祖母會因爲「我」沒能去看戲而「很氣惱」地責怪家人；小夥伴們則不僅都「歎息而且表同情」，還踴躍地想辦法、出主意，最後集體熬夜陪送「我」去看白天早已看過且更精彩一些的戲；而羅漢豆被偷且被「踏壞了不少」的六一公公，一聽說是爲了「請客」，馬上笑著說「這是應該的」，還打算另外再「送些給我們的姑奶奶嘗嘗去」……所有這些交織在一起，構成了一副色彩亮麗、充滿了人性美與人情美的鄉村生活畫卷。無怪乎有研究者要「把平橋村世界上昇爲魯迅先生對理想社會追求的表徵」，甚至還認爲它標誌著魯迅的「批判之筆從農民身上的國民性轉向了知識分子」〔註10〕。可是，如果跳出表面的文字，聯繫相關背景資料來重新審視，一切恐怕就沒那麼理想了。首先，一下子顛覆了這一切的，是家庭變故後再次來到外祖母家避難的魯迅所獲得的新稱呼——「乞食者」〔註11〕。是誰這樣稱呼他呢？很明顯，是親戚家的人。「親戚本家的嘴臉」尚且如此，旁人就更不用說了。事實上，童年魯迅之所以會得到《社戲》裏那樣的優待，成爲整個村子的「公共的」客人，完全是因爲有非常特殊的原因和背景。這首先

〔註10〕 楊曉河、蔣霞：《現實性的詩意與反啓蒙——〈社戲〉詩意的另一種闡釋》，見《貴州師範大學學報》，2005 年第 6 期。

〔註11〕 《俄文譯本〈阿 Q 自傳〉序及著者自敍傳略》，《魯迅全集》第 7 卷，第 84 頁。另據周啓明《魯迅的青年時代》：魯迅在大舅父家避難時「曾在那裡被人稱作『討飯』，即是說乞丐。」前引書，第 793 頁。

便取決於魯迅的外祖家在安橋頭的社會地位和經濟實力。在這一個「住戶不滿三十家，都種田、打魚」，村民大體上都不識字的小村莊，魯家原本就是「中富農住屋的模樣」，而且由於「中間出了讀書中科第的人」而「改變了生活方式」，搬到了更寬敞體面的皇甫莊。魯迅的外祖父中過舉人，在戶部做過主事，兩個兒子都是秀才，連三個女婿也都是秀才（魯迅父親入泮時，外祖父寫給祖父的祝賀信就曾說過「弟有三嬌，從此無白衣之客」等不無得意的話），可想而知，在科舉時代，這樣一個顯得興旺發達、前途無量的家庭在安橋頭村民的眼裏有著怎樣舉足輕重的地位；而這一家來了「老太太」格外寵愛的外孫，當然也就會成爲全村公共的貴客了。更重要的是，魯家最小的這位「姑奶奶」所嫁的乃是東昌坊口周家臺門，一個比魯家更殷實、更有根基的官宦世家，這家的子弟就是敗落到了四處投親靠友、幫傭做工、衣服襤褸、有上頓無下頓的地步（如誠房的鳳桐），竟然都還會受到特別的尊重，「臺門外任何人見了他，還都得稱他爲桐少爺，就是吆五喝六的地保，見到他也得恭恭敬敬垂手而立，喊一聲『桐少爺』，等他走過，自己才開步」〔註12〕。因此，平橋村村民對「迅哥兒」的種種優待無疑充溢著趨炎附勢、刻意奉承的濃厚色彩，並不是簡單的民風淳樸所能夠解釋的。例如在文章末尾，「迅哥兒」不過是在「吃人嘴軟」的情況下信口開河、言不由衷地對六一的豆說了一聲「好」（其實在偷豆之前，阿發在比較一番後就曾說他家的豆比六一家的「大得多」，甚至六一自己，也曾提到「不識好歹」的鄉下人「說我的豆比不上別人的」），六一便翹起大拇指稱讚他是「大市鎮裏出來的讀過書的」、真正識貨的人，還在他母親面前極口誇獎他「小小年紀便有見識，將來一定要中狀元」，這是多麼明顯的勢利和奉承！假如偷豆且「踏壞不少」的「元兇首惡」是一個窮人家的孩子，情況還會如此嗎？果然，一旦祖父獲罪入獄，成了一個「破落戶」，這位曾經受到那麼多優待的「遠客」就立刻從「迅哥兒」變成了令人側目的「乞食者」了。

應該說，從主觀體驗來看，家庭變故讓魯迅遭遇了很多的無奈、痛苦、失落乃至屈辱，以至於多年以後，他還對變故之前曾經擁有的那個人人都用熱情和笑臉圍繞著他的美好世界留戀不已，所以《社戲》的後半部分才會用那樣濃墨重彩的抒情筆調勾勒了一個令人神往的「失樂園」。不過，從客觀效

〔註12〕周建人口述、周曄編寫：《魯迅故家的敗落》，湖南人民出版社，1979 年版，第 262～263 頁。

果上看，家庭變故最簡單最直接的後果便是魯迅的「窮出山」。很難想像，如果家裏沒有窮下來，父親也沒有早逝，直到成年都扮演著「迅哥兒」那樣一個備受優待的角色的話，魯迅會成為一個什麼樣的人？是賈寶玉，還是激流三部曲中覺新的原型，巴金的大哥李堯枚？又或者是子京、孔乙己或周家臺門裏難以謀生、高喊著「餓殺哉！餓殺哉！」的連雲兒、衡廷叔〔註13〕？他還會走「把靈魂賣給洋鬼子」的「異路」，選擇去讀無須交學費的「洋學堂」嗎？如果家境還好，父親還在世，他會接受由於「進學堂當兵是不體面的」而連使用家譜上的本名的資格也被剝奪的嚴酷現實嗎？更碰巧的是 1905 年 2 月，清政府下詔廢止科舉制度，這是涉及讀書人前途命運的大事件，此後數十年間，知識分子的「活身之術」頓變，最容易找工作謀生的便是出洋留過學或畢業於新式學堂的人。所以，總的來說，無論是物質方面還是心理方面，魯迅少年時期的「破落」無疑將他從一種冰山般不可靠、不由己的小幸運中解脫出來，放在一種位於時代潮流前列、很大程度上可以讓人自食其力並有所施展的大幸運中去，為他的「一要生存，二要發展」提供了相對而言較為富足的物質生活條件，堪稱是其成長道路上的有益挫折。

〔註13〕同上，第 296 頁。

貳、魯迅對啟蒙的質疑與超越

韓明港

摘要：魯迅以「國民性改造」為核心的啟蒙思想是在清末民初的啟蒙語境中生成的，其內在邏輯則是儒家由改造「個人」而改造「國家」的政治哲學。魯迅的深刻性與現代意義並不在於他的啟蒙，而在於其對啟蒙的質疑與超越。理解魯迅須從理解魯迅啟蒙思想的生成、性質和魯迅對啟蒙的析解入手，否則將有可能會造成對魯迅及對其作品的誤讀。

關鍵詞：魯迅，啟蒙，質疑，超越

.

一、魯迅的啓蒙思想的生成與性質

（一）「啟蒙者」魯迅

1902 年，魯迅留學日本。在「赴會館、跑書店、往集會、聽演講」中，在濃厚的「救亡」情緒中，魯迅的理想由「救人」轉變爲「救亡」，由準備當醫生，轉而從事「文藝」，因爲魯迅認爲，「角逐列國事務，其首在立人，人立而後凡事舉」，故而「第一要著」，是在改變國民的精神，只要「國人之自覺至，個性張，沙聚之邦，由是轉爲人國。人國既建，乃始雄厲無前，屹然獨見於天下」。具體做法是由先覺的摩羅詩人「發爲雄聲」，其「握撥一彈」，國民「心弦立應，其聲澈於靈府，令有情皆舉其目，如睹曉日」，「如反響之森林，受一呼聲，應以百響者也。」而後群之大覺至，「人既發揚踔立矣，則邦國亦以興起」。〔註1〕

顯然，這是一條由「立人」而「立國」、由改造「個人」進而改造「國家」的救國之路，正是懷著這種醒世救國的思想，魯迅開始的他的文藝事業，魯迅也由一個「醫者」魯迅轉而爲「啓蒙者」魯迅。

（二）魯迅啟蒙思想的儒學深源

魯迅的啓蒙思想其來有自，那就是中國傳統的儒家哲學。

魯迅的「國民性改造」理論之核心在由「立人」而「立國」，以個體的精神覺醒和道德完善作爲「雄厲無前」的「人國」的生成條件，這恰與儒家的國家哲學如出一轍。

最能反映出儒家政治哲學和國家理想的作品莫過於《大學》。「大學之道，在明明德，在親民，〔註2〕在止於至善。……物格而後知至，知至而後意誠，意誠而後心正，心正而後身修，身修而後家齊，家齊而後國治，國治而後天下平。自天子以至於庶人，一是皆以修身爲本。」〔註3〕

要「治平天下」，必從「修身」入手，個人的道德修養被設置爲治平天下的基礎，這種道德修煉施於己爲「修身」，施於人即是「新民」；治平天下的方法也非經濟、法制，而是「明明德於天下」，是道德、文化的教化。一旦社會失範，也將由重修人性、再造倫常入手，以道德批判、文化批評、教育振

〔註1〕 以上引文見魯迅：《文化偏至論》、《摩羅詩力說》，《魯迅全集》第 1 卷，北京：人民出版社，2005 年版，第 45～120 頁。
〔註2〕 「親」與「新」通假，有「使之新」意。
〔註3〕 朱熹：《四書章句集注》，北京：中華書局，1983 年版，第 3～4 頁。

興爲法來力挽危局。

對比魯迅的「國民性改造」理論和儒家的「修齊治平」的立國方案,不難發現二者思維的共通之處:

理想的國家是最高價值,在儒家是「大同社會」,在魯迅是「屹然獨見到於天下」的「人國」;國家由個人構成,「立人」是「立國」的基礎,個人品格是國家建立的關鍵,在儒家是「修身」「新民」,在魯迅是「國民性改造」;「人性善」是立國的潛在前提,在儒家是孟子是仁義禮智「四端」的斷言,在魯迅是「白心」、「內曜」的想像;國家的組織方式是道德與精神的共契,而非現實的經濟、政治聯繫,在儒家是「身修而後家齊,家齊而後國治,國治而後天下平」的「而後」邏輯,在魯迅「沙聚之邦,由是轉爲人國」的「由是」邏輯;輕經濟、法制,重精神改造,在儒家是「何必曰利」,是「有治人無治法」,在魯迅是反對「黃金黑鐵」,「物欲來蔽」,反對「託言眾治」;強調知識者的思想啓迪作用,在儒家是「先知覺後知,先覺覺後覺」〔註4〕,在魯迅是「摩羅詩人」以「先覺之聲」,「破中國之蕭條」,使「國民精神發揚」。

魯迅的「立國」方案,同樣是由「立人」始至「立國」終,同樣是以人性改造和精神覺醒爲理路,同樣承襲了「而後」的話語方式和道德邏輯,同樣忽視了制度規約和利益引導,所以,魯迅的進路是古典的,是儒家的。不論在具體話語上,魯迅如何規避儒學語言,徵引了多少拜倫、雪萊、尼采、普希金的典故,都無法掩蓋其內在的思想邏輯。

魯迅畢竟是儒家文化濡養的中國學人。

(三)魯迅啟蒙思想生成的時代語境

魯迅並非倡言「國民性改造」的第一人。

1895 年春,嚴復在天津《直報》上發表《原強》一文,力倡「鼓民力、開民智、新民德」。〔註5〕1902 年,梁啓超的《新民說》系統地提出了「改造國民性」的思想,「取大學新民主義,欲維新吾國,當先維新吾民」,認爲「新民爲今日中國第一急務」。〔註6〕梁啓超的論說影響極大,郭沫若在「五四」之後回憶梁啓超思想的影響時說:「二十年前的青少年——換句話說:就是當時的有產階級的弟子——無論是贊成或反對,可以說沒有一個沒有受過他的

〔註 4〕 朱熹:《四書章句集注》,北京:中華書局,1983 年版,第 310 頁。
〔註 5〕 嚴復:《原強》,《嚴復集》第一冊,北京:中華書局,1986 年版,第 11 頁。
〔註 6〕 梁啓超:《論新民爲今日中國第一急務》,自《新民叢報》,1902 年第 1 號。

思想或文字的洗禮的。」〔註7〕

　　嚴復與梁啓超固然是「新民說」的代表性人物，但在清末民初的中國社會環境中，持如此思想者並非少數，事實上，「國民性改造」思潮是一時風氣，不論蔡元培的「五育」並進、張伯苓的「公能」一體，梁漱溟、晏陽初對所稱「愚、弱、貧、私」的救治，陳獨秀之謂「新青年」，毛澤東所倡「新民學會」，還是魯迅引領的「鄉土小說」、沈從文的「湘西系列」、老舍的《駱駝祥子》《四世同堂》，都包涵著「國民性」改造的宏願，同樣也包涵著由「人」而「國」的救國進路，當然，也同樣有著深刻儒學背景、包涵著儒家式的國家誤識。〔註8〕

　　任何思想都有其蘊孕的文化土壤。儒家政治哲學在兩千年的傳承、闡釋、重塑中深深融入了中國文化，由「人」而「國」的立國思維模式成爲中國人政治思維習慣，也爲一種集體無意識。當我們遇到家、國難題時，會不自覺地沿著這一古老的思維路徑達到「新民」的解決方案，這就是「國民性」改造及以此爲基點的教育改造和文化革新。

　　其實，我們鑿鑿言之的「現代」，並未眞正脫離儒學的思維框架，而更可能是在傳統儒學規約下的現代轉換歷程。不是斷裂，只是轉換與生成。

二、魯迅對啓蒙的質疑

（一）「吶喊者」魯迅

　　「國民性改造」雖然幾乎是貫穿魯迅一生的重要課題，但並不意味著沒有反思和轉變。

　　經歷了《新生》夭折、《越鐸》殞落和一系列政治、社會變故，魯迅對早期的啓蒙立場產生了懷疑，近十年的沉寂後，魯迅發表了《狂人日記》。

　　在錢玄同的勸說下，魯迅以一個「吶喊者」的角色投入了新文化運動。但是，「吶喊」並不是因爲「認同」，而是因爲「寂寞」，青年的和魯迅的。「吶喊」兩字，形象地表明了魯迅並不是一個眞正的「參與者」，而是一個「旁觀者」，或者說是一個「思考者」。

　　魯迅對文字的啓蒙並不信任。

〔註7〕郭沫若：《少年時代》，《郭沫若全集》第十一卷，北京：人民文學出版社，1992年，第121頁。

〔註8〕關於儒家哲學中的國家誤識問題，請參閱韓明港：《反思「國民性」：儒家政治哲學與國民性論題的發生》，《重慶大學學報‧社科版》，2010年第4期。

「我在年青時候也曾經做過許多夢，後來大半忘卻了，但自己也並不以爲可惜。」青年時代的夢，無非是《新生》、《越鐸》的啓蒙夢，而已被「忘卻」，甚至不「不以爲可惜」，正說明了魯迅對這種「啓蒙夢」踐行的可能性的懷疑，而「新青年」同仁正是「如我那年青時候似的正做著好夢的青年」。〔註9〕

對於喚起國民的可能性，魯迅用「鐵屋子」的比喻進了否定，而之所以最後會答應做文章，並非出於對「新青年」群體啓蒙路徑的贊同，「是的，我雖然自有我的確信，然而說到希望，卻是不能抹殺的……」「我的確信」，就是「我的懷疑」。魯迅對「啓蒙」的參與是道義上的，而非源於思想的認同，而是試圖以「吶喊者」的身份，「旁觀者」的角度，進行一次思考和探問，更是一次對啓蒙的全面析解。

（二）「質疑者」魯迅

「至於我的喊聲是勇猛或是悲哀，是可憎或是可笑，那倒是不暇顧及的；但既然是吶喊，則當然須聽將令的了，所以我往往不恤用了曲筆……」魯迅的「吶喊」雖然表面上是「須聽將令」，甚至不惜用了「曲筆」，但是他並沒有放棄自己的立場，「至於我的喊聲是勇猛或是悲哀，是可憎或是可笑，那倒是不暇顧及的」，這裡的「不暇顧及」，更是「不願顧及」，暗示了魯迅獨立思考的願望。

1.對啓蒙前提的質疑

以「國民性改造」爲中心的啓蒙之必要前提是「人性善」。對早期的魯迅而言，這並不是一個問題，「內耀」、「白心」是作爲一個「既在的事實」被陳述的。魯迅認爲，至少有兩類人應該保存著這份純白之心，一是「沒有吃過人的孩子」，一是「氣稟未失之農人」。〔註10〕

《狂人日記》是現代小說的開山之作，但是這部作品只有放在「國民性改造」這一大的主題下才能更好的被理解。作品試圖提出一個這樣的問題，「沒有吃過人」的人還有嗎？換言之，「本善的」人性還有嗎？也許大多數人

〔註 9〕 關於「新青年」與魯迅在「五四」時期的分歧，受李怡老師《魯迅的「五四」與「新青年」的「五四」》啓發良多，特此致謝，原文見《社會科學輯刊》，2007 年第 01 期。
〔註10〕 魯迅：《破惡聲論》，見《魯迅全集》第 8 卷，北京：人民文學出版社，2005年版，第 30 頁。

——甚至包括自己——都有意無意地吃過人，而沒有吃過人的，只可能是「孩子」，國族的未來正在於沒吃過人的孩子，最急迫的也就是「救救孩子」。

內心純白的孩子在《故鄉》。少年閏土健壯、勇敢、樸素、單純，正符合是魯迅所設定的啓蒙前提，而成年的閏土，也應當是一位「氣稟未失之農人」。「我」之所以要冒了嚴寒，回到相隔二千餘里，別了二十餘年的故鄉去，就是要尋找記憶中「純白」之心，找到那種「內曜」。

但閏土的出現擊碎了魯迅的想像。「我」回到了故鄉，悲哀地發現閏土已經由一個「小英雄」變成了一個「木偶人」，「多子，饑荒，苛稅，兵，匪，官，紳」都是原因，但最讓魯迅失望地莫過於閏土的沉默與順從，那一份健壯、勇敢、單純、樸素的「純白」之心已蕩然無存。

「我」要離開故鄉了。故鄉的山水也都漸漸遠離了我，但「我」卻並不感到怎樣的留戀。「……那西瓜地上的銀項圈的小英雄的影像，我本來十分清楚，現在卻忽地模糊了，又使我非常的悲哀。」「忽地模糊了」的閏土形象，正是魯迅「忽地模糊了」的啓蒙之路。

如果《狂人日記》和《故鄉》是魯迅試圖對「本善的人性」進行確認和尋找的話，那麼在《孤獨者》中，魯迅對人性的期待陷入了絕望。

「我」曾跟魏連殳討論過孩子的問題。魏連殳說：「孩子總是好的。他們全是天眞……」而「我」隨便地否定了，「那也不盡然。」魏連殳認爲，中國的希望在孩子，他說「我以爲中國的可以希望，只在這一點。」而「我」提出了反對的理由，「不。如果孩子中沒有壞根苗，大起來怎麼會有壞花果？譬如一粒種子，正因爲內中本含有枝葉花果的胚，長大時才能夠發出這些東西來。何嘗是無端……。」三個月後，魏連殳似乎微露悲哀模樣，半仰著頭道：「想起來眞覺得有些奇怪。我到你這裡來時，街上看見一個很小的小孩，拿了一片蘆葉指著我道：殺！他還不很能走路……。」

從《狂人日記》到故鄉，再到《孤獨者》，魯迅的確認與尋找以失敗告終，「白心」、「內曜」渺不可聞，而「壞根苗」卻已昭然，魯迅的啓蒙失卻了內在的依據與前提。

2. 對啓蒙方式的質疑

即使有「白心」、「內曜」作爲基礎，啓蒙的成功還需要一個條件，啓蒙者與民眾之間的心靈共振，「握撥一彈，心弦立應，其聲澈於靈府，令有情皆舉其目，如睹曉日」，「如反響之森林，受一呼聲，應以百響者也」。

回到《故鄉》。「我」與閏土相見，「接著便有許多話，想要連珠一般湧出：角雞，跳魚兒，貝殼，猹，……但又總覺得被什麼擋著似的，單在腦裏面迴旋，吐不出口外去。」當閏土分明的叫一聲「老爺」時，我似乎打了一個寒噤，知道，「我們之間已經隔了一層可悲的厚障壁了。我也說不出話。」「說不出話」，否認了啓蒙者與民眾之間對談的可能，「握撥一彈，心弦立應」，也只能是一廂情願的想像了。

《藥》中，夏瑜的諄諄之言，換來的卻是幾個嘴巴，而他所宣稱的「這大清的天下是我們大家的」被當作無法理解的「瘋話」，甚至革命者的血，最終並未能喚起民眾的覺醒，而是被做了治病的饅頭。

「啓蒙話語」成為「啓蒙者」的自說自話，而與民眾之間跟本就沒有溝通的可能，「啓蒙者」與「民眾」生活在不同的世界裏，「可聽的」話語並不能傳達「可解的」意義。啓蒙話語只能在啓蒙者之間環行，成為一個封閉的話語圈，根本卻無法達到他們真正想達到的對象。在《祝裏》，面對四叔、柳媽、祥林嫂，甚至「我」根本上失去了言說的衝動；《孤獨者》中「吃洋教」的「新黨」魏連殳在祖母之喪中甚至沒有任何反抗，中是說了一句「都可以的」，似乎已經厭倦了言說。

在《革命時代的文學》的演講中，魯迅說「文學文學，是最不中用的，沒有力量的人講的……我呢，自然倒願意聽聽大炮的聲音，彷彿覺得大炮的聲音或者比文學的聲音要好聽得多似的。」〔註11〕這並不是牢騷話。

3.對啓蒙結果的質疑

「摩羅」詩人發為雄聲，國民「心弦立應」，後群之大覺至，「人既發揚踔立矣，則邦國亦以興起」的想像，也許只能是想像，雖然時而不惜使用「曲筆」，但魯迅的絕望早已浸透紙背。

《新生》夭折，發現自己並非「振臂一揮應者雲集的英雄」；血的教訓說明「握撥一彈，心弦立應」只是一廂情願浪漫；民眾不醒，「鐵屋子」似乎牢不可破；並且，一個還不會走路的孩子也會拿著一片蘆葉喊「殺」，「內曜」、「白心」難以確認，而「壞根苗」卻已彰明。魯迅不但質疑了自己的能力，質疑了啓蒙的前提，質疑了啓蒙的方式，也質疑了啓蒙的效果。

《故鄉》、《在酒樓上》、《祝福》、《孤獨者》中，「我」最後的動作都是「逃

〔註11〕魯迅：《革命時代的文學》，見《魯迅全集》第 3 卷，民文學出版社，2005 年版，第 436 頁。

離」，這無疑是一種啟蒙失敗的暗示。《狂人日記》中狂人以病癒的方式「死去」，《藥》中夏瑜的死、《孤獨者》中魏連殳的死都並非悲壯和崇高，相反，是無意義，是虛無。啟蒙者無意義的死折射出魯迅對啟蒙效果的質疑，沒有確信就沒有意義。啟蒙，對魯迅而言似乎更是一場與虛無的搏戰，「卻不過是偏與黑暗搗亂」。

4. 對啟蒙意義的質疑

《祝福》是一篇極深刻的作品，其深刻之處正在於人們熟知卻未必注意的「祥林嫂之問」。

「一直到昨天遇見祥林嫂的事，也就使我不能安住。」這種不安來自於對祥林嫂提問的惶惑。「一個人死了之後，究竟有沒有魂靈的？」這是祥林嫂所有痛苦的根柢，這是一個純粹的「私人問題」。

而事實上，祥林嫂的痛苦並非如我們想像的是由社會「公共問題」造成的——如所謂「族權」、「夫權」、「神權」——而恰是由一個女人不幸的人生遭際造成的。兩次嫁人、兩次喪夫，痛失愛子，這些是造成祥林嫂人生痛苦的真正原因，也都是「私人的不幸」。

也就是說，祥林嫂面臨的是「私人的不幸」，而不是「社會的不義」，「私人的不幸」與「啟蒙」或「革命」並不直接關聯。當「我」面對祥林嫂時，我的「啟蒙話語」並不能成為祥林嫂「私人不幸」的解釋系統。「我很悚然，一見她的眼釘著我的，背上也就遭了芒刺一般，比在學校裏遇到不及豫防的臨時考」，「啟蒙」遇到了「不及豫防的臨時考」，被深深動搖了。

「祥林嫂之問」的深刻之處在於觸及了「啟蒙」或「革命」的「合法性」，其深刻之處甚至超出了魯迅的預想，遺憾的是這一問題長期被現代文學的研究者忽視。

「私人的不幸」一直被想像成「國族痛苦」的附產品，並且有待於「國族痛苦」的解決。誠然，「國族痛苦」的解決，有助於「私人的不幸」的解決，但不是絕對的。只有在對「私人不幸」的理解上，在對人生苦難的同情上，才會生成真正「愛」與「悲憫」，這正是曹禺和張愛玲的真正意義。

（三）魯迅的深刻性與現代性

至此，有著自己的「確信」魯迅，在「吶喊」之中完成了對啟蒙全面的省思和質疑，雖然是「須聽將令」，但是魯迅卻是認真地從自己的理解出發，

完成了對自己過去的和「新青年」現在的啓蒙的思考，雖然自己已經意識到自己的「吶喊」可能是「可笑」的、甚至是「可憎的」，雖然不免使用「曲筆」，但是卻沒有放棄對自己和對啓蒙的解剖，這個「已經並非一個切迫而不能已於言的」魯迅用他自己的方式完成了一次痛苦的自剖和同樣痛苦而深沉的告誡。

魯迅是深刻的，這種深刻並不是來自於他的「啓蒙」，而正來自於他對啓蒙的「質疑」。

如果說魯迅的啓蒙只是儒學思想在現代語境下的復活的話，那麼魯迅的質疑，才眞正具有了現代品格，使他有機會走出儒學語系，走向現代思想者的行列。

現代思想者魯迅是從他對啓蒙的質疑開始的。〔註 12〕

三、魯迅對啓蒙的超越

1927 年 12 月，魯迅教許廣平學習日文，課本中有一本是日文的《馬克思讀本》。1928 年 2 月，往內山書店購回日文版《社會主義從空想到科學》。此後馬克思主義的作品和有關蘇聯的著作大量進入魯迅的視野，魯迅在轉變。〔註 13〕

魯迅說「我現在愈加相信說話和弄筆的都是不中用的人，無論你說話如何有理，文章如何動人，都是空的。」〔註 14〕因爲「中國現在的社會情狀，止有實地的革命戰爭，一首詩嚇不走孫傳芳，一炮就把孫傳芳轟走了。」〔註 15〕而魯迅曾認爲，「我們的第一要著，是在改變他們的精神，而善於改變精神的是，我那時以爲當然要推文藝……」顯然，魯迅由注重精神「啓蒙」開始轉向現實地社會改造，事實上在上海，魯迅不但從思想上進一步接近了馬克思主義，並參與了大量的「社會——政治」活動。〔註 16〕

〔註 12〕本節引述魯迅作品中文句，皆出自魯迅小說《吶喊》、《彷徨》，見《魯迅全集》第 1 卷、第 2 卷，人民文學出版社，2005 年版。

〔註 13〕魯迅向馬克思主義靠近問題，請參閱韓明港：《哀、怒與虛無——魯迅的啓蒙困境與生命困境》，《當代文壇》，2010 年第 3 期。

〔註 14〕魯迅：《250518 致許廣平信》，見《魯迅全集》第 11 卷，民文學出版社，2005 年版，第 491 頁。

〔註 15〕魯迅：《革命時代的文學》，見《魯迅全集》第 3 卷，民文學出版社，2005 年版，第 442 頁。

〔註 16〕參見倪墨炎：《魯迅的社會活動》，上海：上海人民出版社，2006 年版。

　　魯迅的轉變可能來自於他的啓蒙困境與生命困境，來自於其所信奉的進化論與階級論之間相似的思維方式，來自於對現實的經濟社會生活的深度介入，這些問題——尤其是魯迅在上海對現實的社會經濟生活的介入——可能需要以後專章討論。

　　總之，魯迅在對啓蒙進行了深入的析解之後，逐漸地走向了對啓蒙的超越。這是魯迅之幸。

四、超越啓蒙與魯迅研究

　　魯迅的啓蒙理路是從孔孟到嚴復、梁啓超再到魯迅一脈相承的，是儒家的由「立人」而「立國」的思維路徑的重現，是一次尋求國族獨立、富強的嘗試，其最終目標是指向一個強大的國家，而非對個人天賦價值的確認，本身也並非像我們想像的那麼具有現代和開創性，更不能簡單地與歐洲的啓蒙進行比擬。

　　問題是，當魯迅的研究者試圖以啓蒙作爲魯迅研究乃至現代文學研究的價值元點時，不但無法接近一個眞實的魯迅，甚至會讓研究者自己重踐魯迅等人曾經走過的儒學路線。

　　魯迅的現代性和深刻性，不在於他的以「國民性改造」爲核心的啓蒙思想，而正在於其對啓蒙的質疑和超越，正是這種質疑和超越，成就了魯迅的深刻與偉大。

　　於研究者而言，超越啓蒙，才會有更開闊的視野，見到更深邃的空間。

參、魯迅的辛亥

姜異新[*]

辛亥革命

宣統三年,中國近代史上著名的辛亥年,歷史忽然改變了紀年稱謂——公元 1911 年,民國元年——民主共和的新紀元開啓了。

早在 1894 年 11 月,孫中山在美國檀香山組織了革命團體興中會,很多海外留學生起而傚仿,成立近似的革命團體,如在日本的光復會等。1905 年,孫中山將興中會、華興會、光復會聯合組成同盟會,提出「驅除韃虜,恢復中華,建立民國,平均地權」的綱領,各地開始建立正規的革命組織。

從 1895 年至 1911 年間,這些革命組織發動了多次武裝起義,雖像一簇簇煙花般轉瞬即逝,卻深深印在國民的腦際。其中,1911 年 4 月 27 日,黃興領導的廣州起義,雖然仍是失敗,卻極大地振奮了廣大民眾的鬥志,成為辛亥革命的前奏。而後,以文學社和共進會為主的革命黨人,調整戰略,把目標轉向長江流域,武昌起義成功發動,辛亥革命拉開序幕,各地陸續響應革命黨人推翻清政府的訴求,紛紛宣佈獨立。

1911 年 12 月 29 日,中國 17 個省的代表用無記名投票方式選舉臨時大總統,孫中山得了 16 票。1912 年 1 月 1 日在南京成立中華民國臨時政府,孫中山任臨時大總統。清帝宣佈退位,清朝走向終結。

4 月孫中山旋即辭職,袁世凱篡權,革命失敗了。1913 年 3 月 20 日,為了復辟帝制,袁世凱在上海暗殺了國民黨內主張用法律和內閣制來限制總統權限的宋教仁。國民黨於同年 7 月 12 日興兵討袁,開始「二次革命」,結果

---

* 姜異新,北京魯迅博物館,《魯迅研究月刊》編輯部。

兩個多月後再次失敗。

歷史上狹義的辛亥革命，便是指的從武昌起義成功到「二次革命」失敗這兩年的時間。而廣義上的辛亥革命則可上溯至最初革命團體的建立，是指橫跨了 19 年的整個革命歷程。辛亥革命推翻了清王朝，結束了統治中國兩千年之久的封建君主專制制度，成立了亞洲第一個民主共和國，開啓了民族的覺醒和民主的精神，是 20 世紀中華民族的第一次騰飛。這是一場為國家獨立、民族振興而奮鬥、探索的偉大實踐，在中國歷史上產生了深遠的影響。然而它無法從根本上摧毀封建勢力對中國的統治和帝國主義的侵略，此後的中國開始了神與魔爭地獄統治權的軍閥混戰時期。

對於魯迅來說，這貫穿了他從青少年到而立之年蔥蘢歲月的 19 年，是個人成長史上青春熱血的不朽記憶。「魯迅的辛亥」所要思考的，一是魯迅在現實的辛亥革命中做了什麼？辛亥革命對他有什麼重要意義？一是在魯迅眼中，辛亥年到底發生了一場什麼樣的革命？最重要的，魯迅至死都是一個戰鬥在思想文化戰線上，追求民主，反對專制的辛亥「老兵」。

魯迅的辛亥經歷

魯迅 1902 年東渡日本，第二年便留下了斷髮明志的照片。「我以我血薦軒轅」的革命豪氣絲毫不亞於鑒湖女俠秋瑾的「英雄也有雌！」

他參加了浙江同鄉會，在《浙江潮》上發表了《斯巴達之魂》等慷慨激昂的文字。特別是棄醫從文後，他翻譯了很多外國文學，選擇的多是東歐弱小受壓迫民族的作品，旨在激發同胞反抗強權爭取解放的意志。

迄今並無資料證明魯迅確曾正式加入任何一個與辛亥革命有關的組織，包括停留在許壽裳記憶中確定加入了的光復會。對於這個 1903 年醞釀於日本，1904 年 10 月正式成立於上海，由包括蔡元培、章太炎、陶成章、徐錫麟等浙江人領導的革命組織，魯迅自己也只說是接近，更不用說加入同盟會了，儘管他與會員們經常有往來。在自傳中，他也只提到參加了自由大同盟、左翼作家聯盟和民權（保障）同盟等。

不是沒有人動員魯迅，他甚至曾經被命令去執行一項暗殺計劃。魯迅的第一反應是，自己可以去，也可能會死，然而死後丟下母親，怎麼處置。革命者見他尚未行動，便先擔心死後的事，就不用他去了。

曾經還有一次，魯迅目睹一位革命領導泰然自若地和朋友聊天，彼時正

有下級遵照命令在目標處丟炸彈。震耳的**響聲傳來**，魯迅腦海中首先出現的是殺與被殺者身首異處的慘死圖景，他爲此坐臥不安。但見那位革命領導卻安之若素，彷彿什麼都沒有發生似的。後來魯迅承認，遠地方在革命，不相識的人們在革命，自己是的確有點高興聽的，然而，就在身邊革起命來，或者熟識的人去革命，自己就沒有那麼高興聽了。

不但如此，作爲官派留學生，魯迅還被自費留學的秋瑾宣判過「死刑」。事情是這樣的，1905 年 12 月 8 日，陳天華因抗議日本頒佈「取締清國留學生規則」而蹈海自殺，翌日，留學生們共推秋瑾爲召集人，在留學生會館之錦輝館召開陳天華追悼會，秋瑾主張集體回國，以示抗議；而魯迅、許壽裳等人，卻極力反對。會上，秋瑾拔出隨身攜帶的日本刀大喝一聲：「投降滿虜，賣友求榮。欺壓漢人，吃我一刀。」

對魯迅來說，壯懷激烈的革命情懷是最初閱讀時引發的一種起興，拜倫助希臘獨立的肖像，匈牙利愛國詩人裴多菲的愛國詩歌，章太炎所向披靡的獄中詩都令其心神俱旺。至少在 1905 年，魯迅還沒有體味到「凡有革命以前的幻想或理想的革命詩人，很可有碰死在自己所謳歌希望的現實上的運命」。而那個時候，清末很大一部分青年被革命浪潮所裹挾，魯迅便是這特別感應於反抗的青年中的一員，然而，他不同於渴望光復的「種族革命」者——將大號改爲「撲滿」「打清」，恨的只是辮子，馬褂和袍子，希望峨冠博帶，「重見漢官威儀」；也不同於復仇主義者——專意搜集明末遺民記錄滿人殘暴的禁書，鑽在東京或其他的圖書館裏，抄寫出來，印了，輸入中國，促人猛醒，希望使忘卻的舊恨復活；更不同於極易被捧殺的英雄主義者——歃血爲盟，江湖義氣，孜孜追求於永生不休的傳奇。

魯迅很少爲激進的民族情感所鼓蕩。實際上，他一直不滿於革命黨人狂熱的革命浪漫，「捨生取義、殺身成仁」的暗殺幻夢，賴以成事的隊伍又往往意氣，俠義，草莽，散漫，諸此種種因素複雜地混攬在一起，形成一種不乏野蠻的所謂「氣」，因之魯迅終究沒有成爲他們中的一員。

沒有加入光復會也是那個革命圈子裏的一分子，即便加入了也有自己的獨立思考，保持內心的自由。這從一開始沒有執行暗殺計劃，到之後作品中的時時反諷，一個批判性知識分子的質疑式思維是一直可以使人強烈感受得到的。

棄醫從文的魯迅曾經非常有自知之明地說：「革命者叫你去做，你只得遵

命，不許問的。我卻要問，要估量這事的價值，所以我不能夠做革命者。」後來在國民革命時代，他在給許廣平的信中又談到這一點：「凡做領導的人，一須勇猛，而我看事情太仔細，一仔細，即多疑慮，不易勇往直前，二須不惜用犧牲，而我最不願意使別人做犧牲（這其實還是革命以前的種種事情的刺激結果），也就不能有大局面。」

這樣的性情決定了魯迅將會走在一條孤獨漫長的文化啟蒙之路上，他注重紹介翻譯，特別是被壓迫民族的作品，引那叫喊和反抗的作者為同調。他用文字記錄時代，傳播被虐待者的苦痛，撕碎偽飾文明的假面，輸入優秀的異域精神食糧，以飼養內心荒蕪的民眾，而不是直接流血、大叫宣戰殺賊的暴力革命。他清醒地意識到自己不是「振臂一呼，應者雲集」的英雄，而且對這種「雲集」的「應者」，也是時刻要分析分析的。所謂「振臂一呼，萬眾響應」，正如古人的宣揚禮教，使兆民全化為正人君子，於是自然而然地變了「中華文物之邦」——魯迅眼中的「烏托邦」。

辛亥革命發生時，魯迅已回國兩年，並在浙江紹興府中學堂教書，後任兼學。1911 年 11 月 4 日，國民軍佔領杭州的消息傳到紹興，紹興府宣告光復。當時人心浮動，「許多男女，紛紛亂逃：城裏的逃到鄉下，鄉下的逃進城裏」，一面愁苦著奔走相告：「怎麼好呢？又換了一隻空肚鴨來了！」

紹興市民召開了一個慶祝杭州光復的大會，公推魯迅為大會主席。魯迅發表演講，提出當務之急是集合學生組成一支「武裝演說隊」，到街頭宣傳革命的意義，鼓動民眾熱情。他強調「在革命時期，人民武裝實屬必要，講演團亦須武裝，必要時就有力量抵抗反對者。」武裝好了的演說隊帶上沒有開刃的大刀、木棍之類準備出發，同學中忽有一位隊長發問：「萬一有人攔阻我們，怎麼辦？」魯迅反問：「你手上的指揮刀是做什麼用的？」結果遊行一遭，通衢張貼「溥儀逃，奕劻被逮」的新聞，直到回校也沒有遇到任何抵抗。

魯迅後來每談及此事，「總帶著不少的興趣描述當時的情景，就好像剛剛出發回來的那麼新鮮，感動」。

11 月 8 日晚上，魯迅和學校師生及市民到紹興西門外迎接光復會會員王金發率領的革命軍，一直到第二天黃昏，終於在紹興偏門外接到。三天後，王金發改組政府，自任都督，並委任魯迅擔任浙江山會師範學堂監督，聘請范愛農擔任學堂監學。做了校長的魯迅，頭戴一頂陸軍帽，談話簡明有力。

他第一次給學生講話，就鼓勵學生剪辮子。

王金發上任後，採取措施安定民心，他釋放獄囚，公祭先烈，平糶倉賑，減除苛稅，嚴禁鴉片，興辦實業，發展教育，籌餉擴軍，準備北伐。然而，很快就深陷舊勢力的捧場和包圍之中，忘其所以，漸漸變成老官僚一樣，開始任用同鄉親信，大發橫財。軍政分府首腦是原來的紹興知府程贊清，而治安科長是曾參與殺害秋瑾的浙江巡撫衙門刑名師爺章介眉，本來他已經以「平毀秋墓」的罪名被軍政府逮捕，後來卻以「毀家紓難」的名義捐獻一筆財產，被王金發釋放了。

這時，原紹興府學堂的幾位學生想辦一張報紙，對軍政分府施行輿論監督，於是請了魯迅等為發起人，這就是1912年1月3日創刊的《越鐸日報》。魯迅以「黃棘」的化名寫了發刊詞，指出徹底推翻專制的任重道遠，呼籲「紓自由之言議，盡個人之天權，促共和之進行，尺政治之得失，發社會之蒙覆，振勇毅之精神」。還刊登了很多批評時弊的文章，傳說都督被「罵」到怒不可遏，要來取人命了。魯迅卻仍大膽寫信去討經費，都督不耐煩的賞賜了二百元，同時傳令道：再來要，沒有了！

哪知王金發卻同時暗地裏送給《越鐸日報》五百元。魯迅聽說後，勸學生們不要收這「封口費」，但意見沒有被採納。恰巧許壽裳來信催去南京，魯迅便辭去校長，把賬目和一角又兩枚銅元的餘款交給都督府派來的接收員，是拖著鼻涕的。就在他離開後有兩三個星期，報館便被群兵們搗毀了。

這就是魯迅對於辛亥革命的實際參與——演講、宣傳、遊行、監督、辦報，寫批評文章。1912年2月應蔡元培之邀，魯迅至南京任民國政府教育部部員，從此做了14年的國家公務員，成為國民文化教育事業的創建者。

1912年，國民政府將武昌首義日10月10日定為國慶日，此後，魯迅的日記中1912、1913、1915、1926年的雙十節均明確記錄參與觀國慶紀念活動。特別是1926年在廈門過雙十節，看到廈大先行升旗禮，三呼萬歲，有很多演說、運動、放鞭炮，商民都自動的掛旗結綵慶賀，不像北京那樣，聽警察吩咐之後，才掛出一張污穢的五色旗來。這令魯迅「歡喜非常」，興奮地給許廣平寫信訴說這景象。

需要一提的細節是，1913年的雙十節袁世凱就任正式大總統，魯迅自己給自己寄了一封信，為的是得到特別紀念的郵局印。1916年的雙十節，他並去大荔會館訪章介眉，未遇。

　　雖然魯迅沒有做過什麼實際的革命工作，只是高興得很，自己也志不在武裝暴動，但他是贊成革命，並景仰真正的革命家的。徐錫麟、秋瑾就義後，他參加了浙江同鄉會舉辦的追悼會。特別是他後來高度評價孫中山為「創造民國的戰士」「第一人」，是「一個全體，永遠的革命者。無論所做的那一件，全都是革命。無論後人如何吹求他，冷落他，他終於全部都是革命。」「站出世間來就是革命，失敗了還是革命；中華民國成立之後，也沒有滿足過，沒有安逸過，仍然繼續著進向近於完全的革命的工作。直到臨終之際，他說道：革命尚未成功，同志仍須努力！」「這先前未曾有的中華民國存在，就是他的豐碑，就是他的紀念。」

　　為了民眾心智的健康養成，魯迅沒有選擇匆匆赴死，灑一腔熱血，而是艱難地活下去。當「城頭變幻大王旗」，「震駭一時的犧牲」尤顯得「無謂」。他默默隱隨在革命先驅者的影子裏，記錄下沸騰鮮血瞬間冷凝後無盡的蒼涼。他獨看到，炒食革命黨人心肝的不僅是當權者，更有默不作聲的民眾。他獨感受到，悲壯淋漓的詩文與英雄式的名號一樣，不過是紙片上的東西，於真正的革命沒有什麼大關係。他獨質問，就算是存在復仇，誰來做公平的裁判者？難道是自己嗎？他獨領悟到，「寬恕是美德」，像是沒有報復勇氣的怯漢發明的格言，更像是卑怯的壞人創造出來騙以寬恕的美名。

　　在魯迅心中，比暴力流血更緊要更艱難更偉大更堅實的工作是「改革自己的壞根性」；襲擊根深蒂固的所謂舊文明，令其動搖；攻打中國國民歷久養成的目光短淺，「卑怯」「貪婪」的最大病根——儘管這樣的改革真叫作「無從措手」，非常之難——然則，不改革「無論是專制，是共和，是什麼什麼，招牌雖換，貨色照舊，全不行的。」如何改革？那便是引起群眾公憤之餘，設法注入深沉的勇氣，鼓舞他們感情的時候，竭力啟發明白的理性，勇氣；而且還偏重於勇氣和理性，從此繼續地訓練許多年。

　　事實證明，魯迅是始終不渝地奮戰在這條文化戰線上的——怎樣點燃民眾心中的熱情之火，理性之燈，如何照亮他們內心晦暗的角落——魯迅辛亥蔥蘢歲月中樹立的高遠理想，直到生命最後一息都在為之殫精竭慮。他不是如暗殺式的革命者那樣，心中預設了雲集的應者，高估鮮血的震撼力量。而是深入民眾的大層中，以勇猛和毅力正視黑暗面，研究解剖文化習慣，於存於廢，慎選施行，決不浮游於表面，為習慣的岩石所壓碎，或停留於書齋中，高談闊論，大叫未來的光明，欺騙怠慢自己和聽眾。

這樣的深沉的韌性的戰鬥，實際上與辛亥革命志士以「拋頭顱，灑熱血」的方式實現民主，改變專制和奴役現狀的最終目的是一致的。他沒有選擇血的方式，而是選擇了言說和輸入精神食糧，這種對辛亥革命目標的獨異呼應，貫穿一代。革命先覺者的鮮血當然也沒有白流，至少換來了眾聲喧嘩的輿論時代，才使得魯迅這樣的思想者成為時代的驕子。

魯迅的辛亥書寫

對辛亥革命的親歷和反思，成為魯迅作為一個思想家寶貴的精神資源，而文學書寫貫穿始終，從處女作文言小說《懷舊》到未完絕筆之作《因太炎先生而想起的二三事》，辛亥成為魯迅筆墨一生的重要時空坐標。小說中有描寫，散文中有回憶，雜文中有批評，日記中有記錄，演講中有評說，他並建議寫一部民國建國史。

魯迅小說中的辛亥書寫多採用素淡的筆調，人物線條簡單傳神，白描下的庸眾形態各異，卻有著一樣麻木滯重的眼神。故事情節均圍繞著辛亥革命如何在民間傳播而展開。輿論場所包括蕪市私塾、華老栓的茶館、公務員的寓所、臨河土場的家庭餐桌、咸亨酒店等等。革命黨人、提倡改革的知識分子、乃至流氓無產者往往是被當作談助的話柄，消遣的材料，最終結局都是以不同的方式被庸眾所吞噬。

第一篇文言小說《懷舊》中，革命以「長毛且至」這一消息在小鎮「蕪市」迅速傳播，結果卻是一場虛驚。以革命為造反，發誓與之不共戴天的塾師「禿先生」和鄉紳金耀宗，被這一消息嚇得惶恐失態，千方百計以求自保，但不久即相告平安，僕傭也仍坐階前樹下以「長毛」事談古如常。

《吶喊》14 篇作品中，有三分之一是辛亥素描，主角均是生存在魯鎮的庸眾。《藥》中夏瑜的原型即秋瑾，這一場孤寂的革命獨角戲，被民眾們興奮的傳說欣賞著，革命者就義的鮮血成了民眾愚昧的藥引，治療與被治療的過程均被另一看不見的文化邏輯所主導，最後的結局卻是墳──他們都被莫名地吃掉了。

《阿 Q 正傳》透過辛亥革命在未莊的傳播，呈現了農民對革命飽滿的想像──革命黨便是造反，造反便是與他為難；革命黨的武裝是白盔白甲，穿的是崇正皇帝的素，他們拿著板刀，鋼鞭，炸彈，洋炮，三尖兩刃刀，鉤鐮槍……，來叫「同去，同去！」革命成功就是自我的膨脹──「我要什麼就

是什麼，我歡喜誰就是誰」。然而，革命在未莊的實際發生卻是趙秀才與錢洋鬼子砸了靜修庵裏「皇帝萬歲萬萬歲」的龍牌，將老尼姑當作滿政府，在光腦袋上給了不少棍子和栗鑿，並不許在最底層苟活的阿Q革命，最後將他送上刑場——被狼眼睛一樣可怕的庸眾目光吞噬了。

《頭髮的故事》以諷刺筆法表達了對辛亥革命的另類紀念，作者借N先生之口說出：「多少故人的臉，都浮在我眼前。幾個少年辛苦奔走了十多年，暗地裏一顆彈丸要了他的性命；幾個少年一擊不中，在監牢裏身受一個多月的苦刑；幾個少年懷著遠志，忽然蹤影全無，連屍首也不知那裡去了。——」然而，「他們忘卻了紀念，紀念也忘卻了他們。」「他們都在社會的冷笑惡罵迫害傾陷裏過了一生；現在他們的墳墓也早在忘卻裏漸漸平塌下去了。」

《風波》傳播的是「皇帝要坐龍庭了」這條消息，通過張勳復辟在魯鎮的小村莊引起的村民心理恐慌，彰顯了辛亥這場停留在辮子上的革命，於民眾的內心絲毫不觸及。

《彷徨》集沒有直接狀寫辛亥革命的篇章，卻突出了辛亥時代力圖改革的知識分子——實際就是魯迅自己。如呂緯甫、魏連殳都是百姓傳說中「吃洋教」的「新黨」，或是曾外出遊學又回到故鄉的教師，革命前無不敏捷精悍、議論奇警，滿腔熱情，在口口相傳的輿論場中卻是向來就不講什麼道理，永遠是冰冷的，但他們是有趣的話柄，民眾們從欣欣然打聽新聞，到遭了魔似的發議論，再到小報也匿名攻擊，學界也有流言，最後到無趣，因為生命同時寂滅了——呂緯甫發現自己像蠅子一樣飛了一個小圈子，又回來停在原地點，從此敷敷衍衍，教些「子曰詩云」來糊口；魏連殳則是在淒冷的夜裏孤獨地死去。

是什麼吞噬掉了這些鮮活的生命？這看不見的文化邏輯是什麼？正是魯迅所說的無知無勇無理性，單有怨憤的危險的「氣」，一遇國民卑怯的壞根性，便消散於無形。

《范愛農》中，徐錫麟刺殺安徽巡撫被挖心炒食後，留日學生中群情激昂，準備拍發電報到北京，痛斥滿政府的無人道，而范愛農獨冷靜超然，以為於事無補，沒有意義。對此，「我」的胸中立刻湧上一股「氣」——「天下可惡的人，當初以為是滿人，這時才知道還在其次；第一倒是范愛農。中國不革命則已，要革命，首先就必須將范愛農除去。」這種個人意氣聯結著阿Q的「革這夥媽媽的命」「第一個該死的是小D和趙太爺……」，聯結著禿先生

的私塾、華老栓的茶館、公務員的寓所、臨河土場的家庭餐桌、咸亨酒店等
輿論場所的文化氣場，聯結著整個民眾的心理結構，直到 1927 年，當魯迅在
中山大學演講，被稱爲「戰鬥者」、「革命者」時，聽到「禮堂上劈劈拍拍一
陣拍手」──很多人幻覺中的「登高一呼，應者雲集」，卻無法心安理得，乃
至忘乎所以，而是自然而然聯想到同鄉秋瑾姑娘「就是被這種劈劈拍拍的拍
手拍死的」──被身不由己地捧到戰士的高度。於是，轉而涉筆調侃到，莫
非自己也非「陣亡」不可麼？

　　如果說，魯迅小說中因重在凸顯國民文化心理，而頗多誇張和譏刺，那
麼對辛亥革命這一具體歷史事件明確的表述和評價則集中反映在他的雜文
裏，可以整理出系統的經驗教訓。他認爲廣州起義雖然失敗，但當年十月就
是武昌起義，第二年，中華民國便出現了，失敗的戰士就成爲革命成功的前
驅。「中國經了許多戰士的精神和血肉的培養，卻的確長出了一點先前多沒有
的幸福的花果來，也還有逐漸生長的希望。」而「首舉義旗於鄂」的武昌起
義之能發生，則是宣傳的功勞，「諸出響應，濤起風從，華夏故物，光復太半，
東南大府，亦赫然歸其主人。」中國「確實光明得多」，「將來很有希望。」
辛亥革命結束了清朝二百年的君主統治，開始向「人道」邁出一步，其歷史
功績，是不可磨滅的──「那時的所謂文明，卻確是洋文明，並不是國粹；
所謂共和，也是美國法國式的共和，不是周召共和的共和。」因而應時時緬
懷革命「先哲的精神」和先烈們的獻身精神，不斷弘揚，使之「活在戰鬥者
的心中」，此後他的文字中再也難見這樣發自肺腑的稱頌之言。

　　魯迅筆下更多的是對辛亥革命教訓的總結，他認爲這場革命之所以能夠
爆發，是因爲「排滿」「光復」的宣傳口號，既迎合了激進青年的「復仇和反
抗之心」，又迎合了保守人民的「復古」心理，因而易得響應。然而，後來並
未恢復「漢官威儀」，亦無「歷史上定例的開國之初的盛世」，只枉然失了一
條辮子，許多人也就因此失望或轉爲反動了。以後較新的改革，著著失敗，「改
革一兩，反動十斤」，最終被奴才主持了家政，內骨子當然是依舊。辛亥革命
成了「沙上建塔，頃刻倒壞」。孫中山沒有黨軍，因此不能不遷就有武力的別
人，和袁世凱妥協，於是種下病根，上演了一幕幕輪迴的醜劇。革命黨一派
紳士們所深惡痛絕的新氣──主張不管什麼，都從新來一回，彷彿惟獨自己
有公平，正當，穩健，圓滿，平和，毫無流弊的改革法。而南京政府一成立，
漂亮的紳士和商人看見似乎革命黨的人，便親密的說道：「我們本來都是『草

字頭』（按：指革命黨），一路的呵。」於是，又「服了『文明』的藥」，「咸
與維新」，不修舊怨，乃爲舊黨所乘。「二次革命的時候，就突出來幫著袁世
凱咬死了許多革命人」。革命後暫時稱爲「女俠」的秋瑾，便死於告密，旋即
無人提起。王金發捉住了殺害她的謀主，調集了告密的案卷，要爲她報仇。
然而終於將那謀主釋放了，據說是因爲已經成了民國，大家不應該再修舊
怨。但等到二次革命失敗後，王金發卻被袁世凱的走狗槍決了，參與其中的
是他所釋放的殺過秋瑾的謀主。秋瑾的故鄉也還是那樣的故鄉，年復一年，
絲毫沒有長進。

　　這樣的革命現狀，順民們如何能有新面貌？墮民不但安於做奴才，還要
做更廣泛的奴才，出錢去買做奴才的權利；學術界仍守著清初的「奴才家法」。
魯迅怎能不感到，革命以前，自己是做奴隸；革命以後不多久，就受了奴隸
的騙，變成他們的奴隸了。許多民國國民反而成爲民國的敵人，很像住在德
法等國裏的猶太人，意中別有一個國度。特別是二次革命失敗之後，一切均
漸漸壞下去。其實，「也不是新添的壞，乃是塗飾的新漆剝落已盡，於是舊相
又顯了出來。」讓人「看來看去，就看得懷疑起來，於是失望，頹唐得很了。」
而在魯迅看來，革命者應該充足實力，各種言動宣傳，只稍作輔佐即可，大
肆渲染，只有煽動氣盛，少乏理性，與民族壞根性結合，更易發生極大的流
弊。遍覽當時各種主義者的精神資源，其實都是舊貨，因而自己寧肯無所屬，
保持獨立，渺茫地寄希望於革命者能夠自己覺悟，自動改良。

　　魯迅臨終前的絕筆是《因太炎先生而想起的二三事》，是爲紀念辛亥革命
25 週年而寫的未完稿，緬懷了章太炎先生等辛亥革命的思想啓蒙先導者和其
他革命先驅者。文末提到黃興時寫道，「黃克強在東京作師範學生時，就始終
沒有斷髮，也未嘗大叫革命，所略顯其楚人的反抗的蠻性者，惟因日本學監，
誡學生不可赤膊，他卻偏光著上身，手挾洋磁臉盆，從浴室經過大院子，搖
搖擺擺的走入自修室去而已。」這一段描寫，就是魯迅三十年創作生涯中的
最後幾行文字。

　　魯迅在革命撲面而來時的深邃冷靜，不是沒有被視爲怯懦，他的紙上蒼
生，筆墨冷嘲，不是沒有招來鄙夷和批評——「只要看魯迅至今還活著，就
足見不是一個什麼好人。」——魯迅偏不給那些最適宜生存的人提供「大賣
消息，大造謠言」的材料——以白白獻出生命的方式。

　　魯迅的辛亥情結甚至使他成爲創造社青年眼中的落伍者——「常追懷過

去的昔日，追悼沒落的封建情緒，結局他反映的只是社會變革期中的落伍者的悲哀……」辛亥記憶成了「骸骨的迷戀」。辛亥的確是魯迅一生無法取代的重要時空坐標，當革命發生時，已是而立之年的他，有著自己獨特的判斷和立場，對後來一代是一個傳說，對於魯迅，卻是用筆墨干預過時政的親歷者和見證人。而追求思想革命的辛亥使魯迅找到了歸屬，真正理解了革命的內涵，才於之後奉獻出了一系列關於革命的真知灼見。

正是因為幻想過，高興過，才能深味革命其實是痛苦的，其中也必然混有污穢和血，決不是如詩人所想像的那般有趣，那般完美；革命尤其是現實的事，需要各種卑賤的，麻煩的工作，決不如詩人所想像的那般浪漫；革命當然有破壞，然而更需要建設，破壞是痛快的，但建設卻是麻煩的事。所以對於革命抱著浪漫諦克的幻想的人，一和革命接近，一到革命進行，便容易失望。革命不只是為了獲得民族的自由發展掃清政治上的障礙，不是讓人去死，而是為了讓人活。革命者須有奮發革命的精神，增加革命的才緒，堅固革命的魄力的力量。革命有血，有污穢，但只要有新生的嬰孩，「潰滅」便是「新生」的一部分。

魯迅辛亥書寫的反諷之鏡，是映照包括自己在內的廣大民眾的，是從革命志士血猶未冷的手中接過來繼續長鳴的警世鐘，而不是無關痛癢地指謫過氣的英雄，字裏行間即便幽默一下，都是悲憫的。他選擇了適合自己的戰線和作戰方式與策略。對於鬥爭武器——匕首投槍式的短文，他也有深刻的反省——辣手評文，也嘗煽動青年冒險，好用反語，迎頭一擊，稍一不慎，簡練流於晦澀，常招誤解於大出意料之外。

他同樣景仰革命黨人的勇敢赴死，不然，如何會呼籲去做一部中華民國的建國史給少年看？當看到人們已然踏著烈士的鮮血熱鬧地歡慶節日時，當看到國民政府徵集革命文物，竟把鄒容的革命史列入了「落伍者的醜史」時；當聽到「你造中山墓，與我何相干？一叫魂不去，再叫自承當」的南京民謠時，他分明是憂心如焚的，他擔心烈士的鮮血成為「不能久留在記憶裏的悲壯劇」，「都被人們踏滅了」，「什麼都要從新做過」。「叫人叫不著，自己頂石墳」竟包括了許多革命者的傳記和一部中國革命的歷史。

魯迅之愛護中華民國，焦唇敝舌，恐其衰微。他並不是在高臺上指揮「思想革命」，也不是叫別人去犧牲，自己冷眼旁觀；他不幻想文學對於革命的偉力，也不要爬進象牙之塔和知識階級裏去做高妙的幻想，而是志在做思想文

化戰線上清醒的革命人，以戰鬥的文章，奉獻辯論的生涯，以鍥而不捨的精神治麻木狀態的國度，時刻警惕和反抗自我的苦悶，努力減少賞玩、攀折，摘食革命果實的愚民。

革命者拋灑熱血灌漑自由樹，思想者嘔心瀝血發出現代的自己的聲音，爲了喚起民眾，消滅專制，踏上民主自由之路，獲得社會的長足進步，他們均以天下爲己任，給出全部的生命，共同構成了辛亥革命的寶貴遺產。

魯迅的辛亥遠遠沒有成爲往事。

肆、反抗商業化的鬥士
——論魯迅思想的一個重要側面

黎保榮[*]

摘要：鑒於過去的魯迅研究重視魯迅反抗奴役的政治體驗，反抗絕望的生命體驗和反抗封建與殖民的文化體驗，而輕視魯迅反抗文學商業化的經濟體驗，忽略了魯迅作爲社會存在的政治、經濟、文化、生命體驗中的「經濟」維度與「文學——經濟」的跨界視野。故此，很有必要梳理魯迅反抗文學商業化的思想構成、應對策略、心理誘因與文學史意義，探討魯迅反抗文學商業化的反經濟視角，維護文學獨立地位，以及把文學作爲反抗性精神資源的獨特性，探討魯迅反抗文學商業化的思想悖論與難以擺脫的寂寞悲涼，以求更加準確而完整地理解魯迅的思想世界。簡言之，反抗文學商業化不僅是魯迅研究，也是中國現代文學研究的一個既具學術價值又有現實意義的嶄新領域，有待學界共同關注。

關鍵詞：魯迅，反抗，商業化，思想，文學史意義

---

[*] 黎保榮，肇慶學院文學院副教授，四川大學文學與新聞學院博士後。

　　以往學界對作爲「鬥士」或「戰士」的魯迅，一般地認爲魯迅具備如下反抗性特徵：即反抗奴役的政治體驗，反抗絕望的生命體驗，反抗封建與殖民的文化體驗。但是學界往往忽略了其反抗文學商業化的經濟體驗，忽略了魯迅作爲社會存在的政治、經濟、文化、生命體驗中的「經濟」維度，忽略了魯迅在經濟方面的反抗性，因而輕易放過了魯迅的一個重要思想側面，因而也就構不成對魯迅思想的完整而準確的理解。鑒於此，梳理魯迅反抗文學商業化的思想構成、應對策略、心理誘因與文學史意義，便顯得尤爲必要極其重要，對中國現代文學史研究來說更是一個具有現實意義的新課題。

反抗商業化的思想構成

　　根據魯迅的《「京派」與「海派」》，到上海之後的魯迅本人是「近商者」，他不再當官（政府之官與學校之官），但繁榮的商業氛圍卻保證了他生活富足和身份自由，「近商者在使商獲利，而自己也賴以糊口」。只不過魯迅並未與商業沆瀣一氣，他把環境存在與思想獨立分開，如同留日期間他拿了清政府的官費，學自己所欲學，反對清政府一樣，他拿了商人的稿酬版稅，寫自己所欲寫，反抗文化與文學的商業化，進行思想文化啓蒙。

　　所謂商業化，一般而言是通過商品流通追求利潤，只不過它也可能包含著低質量、欺騙性、浮躁性、乏意義、平面化、狹隘性等等負面特徵。其實，幾十年前魯迅就對文學或「文場」（出版、傳媒、寫作）惡劣的商業化痛心疾首。

　　魯迅對商業化的概括可謂形象逼眞，它具有「三氣」：洋場氣，商人氣，流氓氣。「洋場氣」者沾染了都市洋場的風氣，空有浮誇而實際空虛一片，「所謂洋場氣，是不足懼的，其中空虛無物（因爲不過是『氣』）」〔註1〕，魯迅此言體現了對「洋場氣」的本質認識與輕蔑態度。

　　至於「商人氣」，魯迅更是經常提及：

　　「上海到處都是商人氣（北新也大爲商業化了），住得眞不舒服」（《書信・290820・致李霽野》）；

　　「一切伎倆，都已用出，不過是政客和商人的雜種法術，將『口號』『標語』之類，貼上了雜誌而已」（《280530・致章廷謙》）；

　　「上海的文場，正如商場」（《340920・致徐懋庸》）。

〔註1〕 魯迅：《魯迅全集》第 12 卷，人民文學出版社，2005 年版，第 190 頁。

　　短短三句話，彰顯了「商人氣」的多重特徵：文學與出版的商業化，上海商業氣息的泛濫肆虐，商業化對高尚事物（如北新）的侵染，商業與政治的同謀，商業化標籤醒目內容空洞，商人氣製造令人不舒服的壓抑感。

　　魯迅還對「流氓氣」大加貶斥：或者「這裡的有些書店老闆而兼作家者，斂錢方法直同流氓，……大約開書店，別處也如上海一樣，往往有流氓性者也」（《290708・致李霽野》），或者「上海穢區，千奇百怪，譯者作者，往往爲書賈所詆，除非你也是流氓」（《300903・致李秉中》），或者「上海的文場，……也是你槍我刀的世界，倘不是有流氓手段，除受傷以外，並不會落得什麼」（《340920・致徐懋庸》）。前一句既指明「商」（書店老闆）、「文」（作家）二位一體的流氓身份，又直斥了流氓的斂錢目的與斂錢方法卑劣，還指出流氓性普遍存在，肆虐於中國而不爲上海所獨有。中間一句公開宣佈書賈流氓之欺騙性和「穢區」氣，損害作者譯者利益。末句公然指出上海文場的兇險，以及流氓的動物兇猛、手段高明、最終得益。

　　再者，魯迅對一派霸道專賣、圈子意識嚴重的上海刊物極爲厭惡（《351118・致王治秋》），對一出風頭就排斥同志私心太重的新刊物（如《作家》之類），則痛斥其病態（《360523・致曹靖華》）。除卻抨擊圈子（專賣）意識之外，魯迅同樣不放過「投機」意識或趕時髦意識。「革命」辦起了革命咖啡店，書店更是招牌多多，他直斥書店「投機的居多」，招牌輪流轉，去年的「無產階級」招牌已過時，今年流行「女作家」招牌，連廣告也像香煙廣告般空洞花哨、不重文化，以致書店旋生旋滅，趨時則易過時（《290708・致李霽野》）。而在另一封信中，他感觸良多：「近來頗流行無產文學，出版物不立此爲旗幟，世間便以爲落伍，而作者殊寥寥。」〔註2〕此語將刊物追捧流行招牌與名實不符的面目暴露無遺。魯迅在其他場合將此等意識稱之爲「滑頭」意識，它既欺蒙又卑劣，重名聲不重內容，但往往落得聰明反被聰明誤的下場，魯迅1921年8月26日致宮竹心、1929年6月24日致李霽野的信都有涉於此。

　　三種「氣」，兩種「意識」，集中反映了在文學出版、銷售、創作、評論等方面的商業化傾向，概括起來，不外乎「策略」和「思想」兩種商業化，然而二者不能截然割裂。〔註3〕

〔註2〕魯迅：《魯迅全集》第12卷，人民文學出版社，2005年版，第233頁。
〔註3〕黎保榮：《魯迅的反商業化思想》，《名作欣賞》，2007年第18期。

　　所謂「策略」，著重產品、手段和利益，前述的「政客和商人的雜種法術」「斂錢方法直同流氓」、投機意識等都是商業化的策略。若把以出版、傳媒、寫作為中心的「文場」商業化策略歸納起來，大概存在著如下內容。

　　策略之一是以財、色為書籍銷售手段。

> 　　（以前）先定虛價，再打折扣，玩些互相欺騙的把戲。……（如今）老病出現了，先是小試其技：送畫片。繼而打折扣，自九折以至對折，但自然又不是舊法，因為總有一個定期和原因，或者因為學校開學，或者因為本店開張一年半的紀念之類。花色一點的還有贈絲襪，請吃冰淇淋，附送一隻錦盒，內藏十件寶貝，價值不資。更加見得切實，然而確是驚人的，是定一年報或買幾本書，便有得到「勸學獎金」一百元或「留學經費」二千元的希望。洋場上的「輪盤賭」，付給贏家的錢，最多也不過每一元付了三十六元，真不如買書，那「希望」之大，遠甚遠甚。〔註4〕

如果說這是「書中自有黃金屋」，有金有書，以財為銷售策略，正如魯迅《書籍和財色》一文所言「專以學生為對手的書店，所給的希望卻更其大，更其多」，因此欺騙也就更大更多。那麼，「書中自有顏如玉」，卻是以色為銷售策略，使得讀者欣賞或沉迷，在「秀色可餐」的欲望中順便購買書籍，以求有玉有書。

> 　　日報所附送的畫報上，不知為了什麼緣故而登載的什麼「女校高材生」和什麼「女士在樹下讀書」的照相之類，且作別論，則買書一元，贈送裸體畫片的勾當，是應該舉為帶著「顏如玉」氣味的一例的了。在醫學上，「婦人科」雖然設有專科，但在文藝上，「女作家」分為一類卻未免濫用了體質的差別，令人覺得有些特別的。但最露骨的是張競生博士所開的「美的書店」，曾經對面呆站著兩個年青臉白的女店員，給買主可以問她「《第三種水》出了沒有？」等類，一舉兩得，有玉有書。〔註5〕

在 1931 年的《新的「女將」》中，魯迅也對這種「書中自有顏如玉」的銷售行徑大加嘲笑：在上海的日報的星期附錄畫報，書店的什麼什麼月刊畫報，出得比別處起勁，主角或者賣點都是「女士」；例如：「A 女士，B 女校皇后，

〔註4〕魯迅：《魯迅全集》第 4 卷，人民文學出版社，2005 年版，第 165 頁。
〔註5〕魯迅：《魯迅全集》第 4 卷，人民文學出版社，2005 年版，第 166 頁。

性喜音樂。」「C女士，D女校高材生，愛養叭兒狗。」「E女士，F大學肄業，為G先生之第五女公子。」而女士們的裝束，春夏秋三季都是時裝，到了入秋，天氣涼了，不料日本兵恰恰侵入了東三省，於是畫報上就出現了白長衫的看護服，或托槍的戎裝的女士們。〔註6〕魯迅不無幽默地指出「這是可以使讀者喜歡的，因為富於戲劇性。」但其最終結果卻不是做事，而是「做戲」，「喜歡玩把戲」罷了，令人反感。

第二種策略是以名人作金字招牌。

例如《革命咖啡店》嘲諷了「革命咖啡店的革命底廣告式文字」：

> 「讀者們，我卻發現了這樣一家我們所理想的樂園，我一共去了兩次，我在那裡遇見了我們今日文藝界上的名人，龔冰廬，魯迅，郁達夫等。並且認識了孟超，潘漢年，葉靈鳳等，他們有的在那裡高談著他們的主張，有的在那裡默默沉思，我在那裡領會到不少教益呢。……」

> 但我又有幾句聲明——

> 就是：這樣的咖啡店裏，我沒有上去過，那一位作者所「遇見」的，又是別一人。……

> 上海灘上，一舉兩得的買賣本來多。大如弄幾本雜誌，便算革命；小如買多少錢書籍，即贈送真絲光襪或請吃冰淇淋——雖然我至今還猜不透那些惠顧的人們，究竟是意在看書呢，還是要穿絲光襪。至於咖啡店，先前只聽說不過可以兼看舞女，使女，「以飽眼福」罷了。誰料這回竟是「名人」，給人「教益」，還演「高談」「沉思」種種好玩的把戲，那簡直是現實的樂園了。〔註7〕

在這篇文章裏，魯迅一方面指出廣告的胡編亂造，無中生有，名不副實；另一方面指出文化商人在財色的銷售手段之外，還有以名人為招牌，消費名人的策略，魯迅一直想逃名，卻屢屢被人賣名，這是無奈，但這也從側面反映了魯迅在當時文壇的確大名鼎鼎威名遠揚；再一方面，名人們在革命咖啡店既喝咖啡又給人教益，讀者邊喝咖啡邊接受教益，而且談的是無產階級文學，使得革命咖啡店變成了革命大戲院，「理想的樂園」變成了「現實的樂園」，

〔註6〕 魯迅：《魯迅全集》第4卷，人民文學出版社，2005年版，第343頁。
〔註7〕 魯迅：《魯迅全集》第4卷，人民文學出版社，2005年版，第117～118頁。

在那裡上演著「種種好玩的把戲」。

而《「商定」文豪》則可說糅合了上述的投機意識、圈子意識和名人招牌：封建文豪、革命文豪、真假文豪、新舊文豪，什麼流行就有什麼文豪，這是一種「商定」；另一種「商定」是以幾個詩人、小說家、批評家的「酷評」劃定勢力範圍，打倒彼文豪，攙出此文豪，當然要能賣錢才行，不然「文」就「豪」不起來了。簡言之，諷刺了「文藝廣告的誇大」，揭穿了商家「根子是在賣錢」的真相，以及文豪與商家互相借助，最終文豪作品雖無價值雖然賤賣，但是卻藉此「爬了上去」（進大學，進衙門）的目的。

又如《大小騙》、《〈走到出版界〉的「戰略」》、《新的世故》，都體現了打著名人招牌，卻欺世盜名，欺騙讀者的齷齪行徑。

策略之三是自賣自誇。

如《文攤秘訣十條》：

> 二，須多談胡適之之流，但上面應加「我的朋友」四字，但仍須譏笑他幾句。
>
> 三，須設法辦一份小報或期刊，竭力將自己的作品登在第一篇，目錄用二號字。
>
> 四，須設法將自己的照片登載雜誌上，但片上須看見玻璃書箱一排，裏面都是洋裝書，而自己則作伏案看書，或默想之狀。
>
> 六，須編《世界文學家辭典》一部，將自己和老婆兒子，悉數詳細編入。
>
> 七，須取《史記》或《漢書》中文章一二篇，略改字句，用自己的名字出版，同時又編《世界史學家辭典》一部，辦法同上。

[註8]

簡言之是濫竽充數，自賣自誇，自吹自擂，不知廉恥。這種行徑在《文人無文》中大同小異，或者「改首古文，算是自作」，或者「編幾張期刊，暗捧自己」，或者「湊一本書學家辭典，連自己也塞在裏面，就成為世界名人」。

第四種策略則為捐作文學家。

一種捐班是因為自己有錢，捐作文學家，如文壇「暴發戶意在用墨水洗去銅臭，這才爬上一向為破落戶所主宰的文壇來，以自附於『風雅之林』，又並不想另樹一幟，因此也決不標新立異」，顯示出「暴發戶的做作的頹唐」，

[註8] 魯迅：《魯迅全集》第8卷，人民文學出版社，2005年版，第373頁。

卻並不「顧影自憐」，倒在「沾沾自喜」，以此為「爬上去」的手段。〔註9〕

在另外的場合，魯迅更是鞭闢入裏：

> 捐做「文學家」也用不著什麼新花樣。只要開一隻書店，拉幾
> 個作家，雇一些幫閒，出一種小報，「今天天氣好」是也須會說的，
> 就寫了出來，印了上去，交給報販，不消一年半載，包管成功。但
> 是，古董的花紋和文字的拓片是不能用的了，應該代以電影明星和
> 摩登女子的照片，因為這才是新時代的美術。「愛美」的人物在中國
> 還多得很，而「文學家」或「藝術家」也就這樣的起來了。〔註10〕

從此可見，捐文學家不會折本，而且「名利雙收」。

另一種捐班是因為岳丈、老婆富裕闊綽，捐個文學家做做。

> 術曰：要登文壇，須闊太太，遺產必需，官司莫怕。……最好
> 是有富岳家，有闊太太，用賠嫁錢，作文學資本，笑罵隨他笑罵，
> 惡作我自印之。「作品」一出，頭銜自來，贅婿雖能被婦家所輕，但
> 一登文壇，即聲價十倍，太太也就高興，不至於自打麻將，連眼梢
> 也一動不動了，這就是「交相為用」。……所以倘欲登龍，也要乘
> 龍，「書中自有黃金屋」，早成古話，現在是「金中自有文學家」當
> 令了。〔註11〕

還有一種策略就是粗製濫造，改頭換面，誤導讀者。例如《書的還魂和趕造》就對商家亂編質量低劣叢書的齷齪行徑大加針砭：

> 推測起新花樣來：其一，是豫先設定一種叢書的大名，羅列目
> 錄，大如宇宙，微至蒼蠅身上的細菌，無所不包，這才分頭覓人，
> 託他譯作，限定時日，必須完工，雖然譯作者未必定是專家，但總
> 之有許多手同時在稿紙上寫字，於是不必窮年累月，一大部煌煌巨
> 製也就出現了；其二，是原有一批零碎的舊譯作，一向不甚流行，
> 或者雖曾流行，而現在卻已經過了時候，於是聚在一起，略加類別，
> 開成一串五花八門的目錄，而一大部煌煌巨製也就出現了。

> 彙印新作，當然是很好的，但新作必須是精粹的本子，這才可
> 以救讀者們的智識的饑荒。就是重印舊作，也並不算壞，不過這舊作

〔註9〕 魯迅：《魯迅全集》第6卷，人民文學出版社，2005年版，第353頁。
〔註10〕 魯迅：《魯迅全集》第5卷，人民文學出版社，2005年版，第281～282頁。
〔註11〕 魯迅：《魯迅全集》第5卷，人民文學出版社，2005年版，第291～292頁。

> 必須已是一種帶著文獻性的本子，這才足供讀者們的研究。如果僅僅
> 是剋日速成的草稿，或是棧房角落的存書，改換新裝，招搖過市，
> 但以「大」或「多」或「廉」誘人，使讀者化去不少的錢，實際上卻
> 不過得到一大堆廢物，這惡影響之在讀書界是很不小的。〔註12〕

在此，魯迅痛心疾首地指出商家趕造的書籍或者是粗製濫造、內容空洞、剋日速成的文化快餐；或者是零碎不堪、過時守舊的文化冷飯；或者以「大」（煌煌巨製）或「多」（「本數又多，一下子可以填滿幾書架，規模不大的圖書館有這幾部，館員就省下時常留心選購新書的精神了」）或「廉」（價錢比單行本便宜，又可分期支付）或「精」（使得讀者誤認為「被選進叢書裏的，總該是必要的書籍」）誤導讀者，使得讀者耗費大量金錢卻得到一大堆廢物，影響惡劣。如此誤導讀者的出版惡行在《所謂「國學」》中也得到體現，同樣是既大且廉，但是錯字迭出，破句連篇，甚至並無標明年月，讓人分不清是何朝版本，「簡直是拿少年來開玩笑」。

究其原因，這些策略的出現是出版者「明白讀者們的心想」「又很明白購買者們的經濟狀況」〔註13〕，摸準了讀者的心理和錢包，才施展其渾身解數來謀求暢銷，贏得眼球效應，才能有利可圖，歸根到底「根子是在賣錢」。故此，魯迅才在《上海文藝之一瞥》入木三分地指出「現在上海雖然還出版著一大堆的所謂文藝雜誌，其實卻等於空虛。以營業為目的的書店所出的東西，因為怕遭殃，就竭力選些不關痛癢的文章」〔註14〕；在另一私人場合，又鞭闢入裏地評論「蓋上海書店，無論其說話如何漂亮，而其實則出版之際，一欲安全，二欲多售，三欲不化本錢，四欲大發其財」〔註15〕。這可謂對「商業化」的窮形盡相，即唯利是圖、空虛無物、無關痛癢，不批評政治或保持政治中立，又貪婪又狡猾，有名無實，諸如此類，真可謂不刊之論，精辟之言。

而所謂「思想」的商業化，是指在創作、評論等過程中，作者的思想、見識、人格等也被惡劣的商業化所污染損害。

首先是「廣告式批評」。

魯迅在《我們要批評家》中大聲疾呼「我們所需要的，就只得還是幾個

〔註12〕魯迅：《魯迅全集》第6卷，人民文學出版社，2005年版，第238～239頁。
〔註13〕魯迅：《魯迅全集》第6卷，人民文學出版社，2005年版，第239頁。
〔註14〕魯迅：《魯迅全集》第4卷，人民文學出版社，2005年版，第309頁。
〔註15〕魯迅：《魯迅全集》第12卷，人民文學出版社，2005年版，第270～271頁。

堅實的，明白的，真懂得社會科學及其文藝理論的批評家。」只是現實情況令人大為失望。

批評家們或者為別人寫廣告式的文章：每一個文學團體，都有「一個盡職於宣傳本團體的光榮和功績的批評家」，只是他們圈子意識太強，剛愎自用，畫地為牢，固步自封，使得「每一個文學團體以外的作品，都被『打發』或默殺了」，甚至趁勢一筆抹殺其為「阿貓阿狗」。(《我們要批評家》) 如此一來，便造成了三種不堪設想的後果：

後果之一是使得讀者受迷惑被誤導，結果卻更加困惑，吸納了一大堆廢物。

> 青年的讀者迷於廣告式批評的符咒，以為讀了「革命的」創作，便有出路，自己和社會，都可以得救，於是隨手拈來，大口吞下，不料許多許多是並不是滋養品，是新袋子裏的酸酒，紅紙包裏的爛肉，那結果，是吃得胸口癢癢的，好像要嘔吐。〔註16〕

後果之二是這些自以為進步，自命清高的文學團體，卻如《隨感錄·四十八》所言「本領要新，思想要舊」，互相扭打，自相殘殺，窩裏鬥而又各顧各，自私自利，缺乏團隊精神與高尚目標，反而使得舊堡壘看鬧劇，獲得了無聲的勝利。

> 這些團體，都說是志在改革，向舊的堡壘取攻勢的，然而還在中途，就在舊的堡壘之下紛紛自己扭打起來，扭得大家乏力了，這才放開了手，因為不過是「扭」而已矣，所以大創是沒有的，僅僅喘著氣。一面喘著氣，一面各自以為勝利，唱著凱歌。舊堡壘上簡直無須守兵，只要袖手俯首，看這些新的敵人自己所唱的喜劇就夠。他無聲，但他勝利了。〔註17〕

後果之三是隨時提防替別人做了廣告。

如《「某」字的第四義》便是明證：某刊物的某作家說《太白》不指出某刊物的名目來，原以為是「某」字的第三義 (即顧全讀者對於某刊物的信任)，孰料熟悉商情的朋友說如果在文章中寫明了名目，豈不就等於替你登廣告？魯迅諷刺其為「暴露了一個人的思想之齷齪」。在後來的《「京派」和「海派」》裏，魯迅依舊援引這一例子，並且公開聲明：「仔細一想，他的話

〔註16〕魯迅：《魯迅全集》第4卷，人民文學出版社，2005年版，第245頁。
〔註17〕魯迅：《魯迅全集》第4卷，人民文學出版社，2005年版，第245～246頁。

實在千眞萬確：被稱讚固然可以代廣告，被罵也可以代廣告，張揚了榮是廣告，張揚了辱又何嘗非廣告。……我這回的不說出這刊物的名目來，主意卻正在不替它作廣告，……他們那裡肯放過這機會，他們自己會敲了鑼來承認的。」〔註18〕

更有甚者自己寫文章爲自己做廣告，自吹自擂，恬不知恥。

例如「自己替別人來給自己的東西作序」：

> 夫序，原是古已有之，有別人做的，也有自己做的。但這未免太迂，不合於「新時代」的「文學家」的胃口。因爲自序難於吹牛，而別人來做，也不見得定規拍馬，那自然只好解放解放，即自己替別人來給自己的東西作序，術語曰「摘錄來信」，眞說得好像錦上添花。「好評一束」還須附在後頭，代序卻一開卷就看見一大番頌揚，彷彿名角一登場，滿場就大喝一聲彩，何等有趣。〔註19〕

而《六論「文人相輕」──二賣》裏所抨擊的那些無聊的文章則是什麼都可以「賣」，賣富、賣窮或病、賣窮和富、賣孝、賣俏，諸如此類。

甚而至於作者不僅化名爲另一個人，也化名爲一個社，評價自己的批評，「行」，評價自己的創作，也「行」；評價與自己相關的書店出版的書籍，這邊一套，「行」，那邊一套，也「行」。對此，魯迅極爲反感：「倘使只爲了自吹自捧，那眞是『就近又有點卑劣了』。」〔註20〕

除卻上述的廣告式批評，思想的商業化還體現爲寫作趕時髦。

前述魯迅抨擊書店「投機的居多」，頻頻更換招牌，去年用「無產階級」招牌，今年要用「女作家」招牌，這是商家的營銷策略和趕時髦心態，不幸的是寫作也趕時髦，一窩蜂地來寫無產階級文學，寫女性文學，但魯迅「作者殊寥寥」一語則嚴正地指出這些趕時髦的文學創作缺乏經典作品和嚴肅作家，故此「掛著『革命的』招牌的創作小說的讀者已經減少」（《我們要批評家》），趨時往往容易過時。

在另外的場合，魯迅通過對幽默小品潮流分析總結了趕時髦寫作的三個步驟：起初是取得轟動效應，連鎖反應，名利雙收，一發不可收拾：「去年是『幽默』大走鴻運的時候，《論語》以外，也是開口幽默，閉口幽默，這人是

〔註18〕魯迅：《魯迅全集》第 6 卷，人民文學出版社，2005 年版，第 313 頁。

〔註19〕魯迅：《魯迅全集》第 5 卷，人民文學出版社，2005 年版，第 231 頁。

〔註20〕魯迅：《魯迅全集》第 5 卷，人民文學出版社，2005 年版，第 492～493 頁。

幽默家，那人也是幽默家。」（《小品文的生機》）緊接下來是作者隊伍混亂，作品低劣，千篇一律，自相標榜，亂七八糟：「轟的一聲，天下無不幽默和小品，幽默那有這許多，於是幽默就是滑稽，滑稽就是說笑話，說笑話就是諷刺，諷刺就是謾罵。油腔滑調，幽默也；『天朗氣清』，小品也」。（《一思而行》）結果卻是對時髦思潮的反動和大罵，幽默時髦「今年就大塌其臺，這不對，那又不對，一切罪惡，全歸幽默，甚至於比之文場的丑腳。罵幽默竟好像是洗澡，只要來一下，自己就會乾淨似的了。」〔註 21〕「有些人既有以此起家之勢，勢必有想反此以名世之人，於是轟然一聲，天下無不罵幽默和小品。」〔註 22〕就連始作俑者林語堂都變得距離「幽默」或「閒適」之道遙遠。對此，魯迅不禁大爲感慨：「總之，一個名詞歸化中國，不久就弄成一團糟。」〔註 23〕

再次，思想商業化還表現爲作品粗製濫造。

或者是「剪貼，瞎抄，販賣，假冒」（《大小騙》）。或者是「前周作稿，次周登報，上月剪貼，下月出書」（《「商定」文豪》），牟取名利，但速度奇快的作品質量不言而喻，故此後來顯示出「文豪們的眞價值，照價二折，五角一堆」。或者甚而至於亂寫與尋開心：

> 一種，是古裏古怪的詩和尼采式的短句，以及幾年前的所謂未來派的作品。這些大概是用怪字面，生句子，沒意思的硬連起來的，還加上好幾行很長的點線。作者本來就是亂寫，自己也不知道什麼意思。但認眞的讀者卻以爲裏面有著深意，用心的來研究它，結果是到底莫名其妙，只好怪自己淺薄。假如你去請教作者本人罷，他一定不加解釋，只是鄙夷的對你笑一笑。這笑，也就愈見其深。

> 還有一種，是作者原不過「尋開心」，說的時候本來不當眞，說過也就忘記了。當然和先前的主張會衝突，當然在同一篇文章裏自己也會衝突。但是你應該知道作者原以爲作文和吃飯不同，不必認眞的。你若認眞的看，只能怪自己傻。〔註 24〕

〔註 21〕 魯迅：《魯迅全集》第 5 卷，人民文學出版社，2005 年版，第 487 頁。
〔註 22〕 魯迅：《魯迅全集》第 5 卷，人民文學出版社，2005 年版，第 499 頁。
〔註 23〕 魯迅：《魯迅全集》第 5 卷，人民文學出版社，2005 年版，第 499 頁。
〔註 24〕 魯迅：《魯迅全集》第 6 卷，人民文學出版社，2005 年版，第 279 頁。

換言之，一種是以光怪陸離、並無深意、空洞無物的假象來迷惑讀者，既獲利又獲高深之名；另一種是自相矛盾自打嘴巴，以尋開心的不嚴肅的態度來對待寫作玩弄讀者，稿費當眞但文章不當眞，令忠厚的讀者或研究者大吃「冤枉苦頭」卻又一無所獲。

而造謠賣錢則是思想商業化的第四種表現。

造謠奉行唯利是圖原則，置天理正義於不顧，因爲謠言「易於號召讀者」（《歸厚》），「可以增加一點銷場」（《論「人言可畏」》），讀者多銷量便大，銷量大利益便多。而爲達到此目的需要幾方面配合。或者筆法有趣，善於幻想和描寫，此其一。魯迅驚訝「我到上海後，所驚異的事物之一是新聞記事的章回小說化。無論怎樣的慘事，都要說得有趣——海式的有趣。」〔註25〕變鮮血作鮮花，變悲慘爲快樂，趣味不僅要有而且還須持久（「章回小說化」），以語言的快感、語言的過剩爲滿足，大肆渲染，雖渲染了寫作能力，但也渲染出其道德淪喪。或者選準焦點（賣點），此其二。一者以材料爲賣點，如秘聞野事、小道消息，「消息那裡有這麼多呢，於是造謠言。……零零碎碎的塞進讀者的腦裏去，使消息和秘聞之類成爲他們的全部大學問。這功績的褒獎是稿費之外，還有消息獎」（《祝〈濤聲〉》），捕捉到讀者的獵奇心理，從而擴大報刊銷售量。二者賣身份，「傳媒強調的是認同身份，……故而其主流和賣點常常是『女性的』而非『男性的』」，〔註26〕換言之對女性身份關注有加，如秦理齋夫人（《論秦理齋夫人事》），如阮玲玉（《論「人言可畏」》），如女性乳房（《憂「天乳」》），無論與女性相關的是名人抑或是平民百姓，無論是生理（乳房），抑或是生命（自殺），都受萬眾矚目，此即爲新聞報刊的「重女輕男」或「女性化現象」。「女性」身份值得熱賣，「名人」或「公眾人物」身份更值得大賣。之所以魯迅在身體、婚姻、名譽上屢次被造謠，是因爲他是爲人們所熟知的公眾人物，故此有關他的消息很容易受人關注，對提高報刊的銷售量有極大幫助。甚至可以說，高長虹對魯迅的造謠中傷在某種意義上也是利用他的知名度搶佔「眼球效應」，爭奪或取代《莽原》，以拓展地盤與提升名氣。（《〈走到出版界〉的「戰略」、《新的世故》）而魯迅的《論「人言可畏」》則可謂融合兩種身份加以論析，其論析之準確與深度叫人歎服。有關

〔註25〕魯迅：《魯迅全集》第8卷，人民文學出版社，2005年版，第241頁。
〔註26〕陸揚、王毅：《大眾文化與傳媒》，上海三聯書店，2000年版，第105～106頁。

「女性」身份，魯迅批評新聞記者對男人大都寫得老實，對於女性則描寫得天花亂墜，「妙筆生花」，或年紀和相貌「豆蔻年華，玲瓏可愛」，或性情水性楊花，「奇淫不減武則天」，諸如此類。有關「名人」身份，魯迅感慨萬千，阮玲玉是電影明星，是大家熟悉的名人，因此她更是給報章湊熱鬧的好材料，有利於報刊提高銷量擴大影響。之所以她的事情令銷量增加，基於兩種心理，一種是接近心理、看熱鬧心理，「小市民總愛聽人們的醜聞，尤其是有些熟識的人的醜聞」；另一種是比較心理、精神勝利法，讀者心想自己雖然沒有阮玲玉漂亮、有本領、有技藝，卻比她正經、出身高、有勇氣，「化幾個銅元就發見了自己的優勝，那當然是很上算的。」總而言之，「身份資本」或「身體資本」既能夠賺取金錢與名氣，又轉而成為「被消費資本」，讀者與記者在「消費名人」的時候，能夠成就一個名人，也能夠使名人走向末路。只不過只有當這些名人「不會有名公巨卿在內」（《論「人言可畏」》），才可以被描寫，被「消閒」（《歸厚》）。在這種程度上，謠言傳播成為消費、消閒與炒作，成為利潤的生產與再生產，成為窺視欲的生產與再生產。〔註27〕

以上種種，都具有商業化的形態與實質，都充滿了「商人見識」，都貽害讀者，唯利是圖，「根子是在賣錢」。只不過有的「專賣」，有的「廣賣」；有的狡猾，有的兇猛；有的空洞，有的污穢；有的身份單一，有的身份多變，諸如此類。魯迅甚至對同人刊物《語絲》，也因其濫登廣告而大失所望，可見他對商業化的極度牴觸與深度蔑視。

反抗商業化的應對策略與心理動因

那麼，魯迅在公開宣佈文學或「文場」商業化的思想構成與種種弊端之後，又是如何「反抗商業化」的呢？

為了反抗商業化刊物、出版的缺乏個性，魯迅要求以辦好有個性的刊物來置換壞刊物。如許廣平曾在《札記》中回憶魯迅的辦刊思想：他主張刊物應該獨具個性，不可雷同化（而商業化的刊物則比較雷同），並且強調需要添加新生力量，如此便為刊物奠定了獨特性，增強了生命力。例如《語絲》敢說話的風格，《莽原》文明批評和社會批評的基調，便呈現出刊物的個性。此外，魯迅提出未名社的立足點在於多量出版與出版的書可靠（《261205·致韋

〔註27〕 黎保榮：《魯迅對報刊謠言及其啟蒙涵蘊的深層分析》，《名作欣賞》，2010 年第 6 期。

素園》）；而在 1934 年 4 月 12 日致姚克的信中，他提到他希望出一種刊物，專門介紹「並不高超而實則有益」的東西。兩封信對刊物的期望都在於「可靠」和「有益」，如此便保證了刊物的質量，保證了深度影響力，而多量出版則保證了刊物的數量，保證了廣度影響力，結合起來就是刊物的個性與「立足點」。

而爲了好刊物能夠保持個性和生命力，魯迅極爲注重以刊物爲園地培養新人，並以此反抗商業化的圈子意識和名人招牌。

魯迅對新人的關注可謂有口皆碑。郁達夫回憶「魯迅的對於後進的提拔，可以說是無微不至。《語絲》發刊以後，有些新人的稿子，差不多都是魯迅推薦的。」〔註 28〕李霽野也認爲魯迅「是一向注意培養青年人的，總隨時注意發現新人」。〔註 29〕如推薦高長虹等人、沉鐘社和未名社諸子、葉紫、柔石、蕭軍、蕭紅等等就是證明。而魯迅一旦發現了新人才，會常常無私地助其寫作，助其資財。然而魯迅的注重新人，固然有郁達夫在《回憶魯迅》中說的「唯恐諸編輯的埋沒了他」，不想埋沒人才，但也有他的原則，如《兩地書‧三四》所言：「新做文章的人，在我所編的報上，也比較的易於登出……但若做得稍久，該有更進步之成績，而偏又偷懶，有敷衍之意，則我要加以猛烈之打擊。」

簡言之，爲了新人的成長，魯迅給他們發表作品的機會與發揮才能的園地，但他同時要求稿件的質量和新人的進步，嚴格督促新人須認眞與進取。

但是魯迅培養新人，不只是爲了新人自身，也是爲了刊物的生長與壯大。例如在 1931 年 10 月 27 日，魯迅在給曹靖華的信中評價道「未名社開創不易，現在送給別人，實在可惜。那第一大錯，是在京的幾位，向來不肯收納新分子進去，所以自己放手，就無接辦之人了。」許廣平在回憶魯迅的《札記》中也有類似的說法，即辦刊物應多量吸收新作家，範圍要放大。從發現新人到接納新人，可以說是跨進了一大步，因爲發現新人，發表新作，只是對其才華的重視，新人還是外在於刊物的，只是作爲作者而非成員而存在；而接納新人，讓其進入刊物、社團，參與內部的編輯、管理等事務，不僅鍛鍊了其能力，有利於結成聯合戰線，還爲刊物注入了生命力，作爲刊物的生

〔註 28〕魯迅博物館等選編：《魯迅回憶錄》（散篇，上冊），北京出版社，1999 年版，第 153 頁。
〔註 29〕魯迅博物館等選編：《魯迅回憶錄》（散篇，上冊），北京出版社，1999 年版，第 251 頁。

力軍，免得陷入「自己放手，就無接辦之人」的困境。很明顯，接納新人是著手於刊物的發展，著眼於將來的，這體現出魯迅深遠的眼光。

而爲了反抗商業化的浮誇虛假、粗製濫造、空洞無物，魯迅主張認眞、眞誠與眞實。所謂「洋場氣，……敵不過認眞」（《290624·致李霽野》）正可以看出他的認眞態度。據內山完造回憶，魯迅批評中國人的不認眞，認爲「中國把日本全部排斥都行，可是只有那認眞卻斷乎排斥不得，無論有什麼事，那一點是非學習不可的。」〔註30〕可見他對認眞的高度重視。他辦刊物亦如是，整天又寫又譯，看稿改稿，小到封面、標題、字號、標點符號、分行、色彩、校對等等都一絲不苟。李霽野回憶經過自己校過兩次的印稿，魯迅往往能發現其中的錯誤，所以他總想在魯迅所校對的印稿中尋找疏忽之處，「但成功的時候卻絕少」，不服氣卻不得不服氣〔註31〕。他就是以實際的範例教導人們工作要嚴肅認眞，不可喧囂取巧，只有如此，才能把刊物辦好，〔註32〕才能眞正反抗文學商業化，或於文學商業化的歪風邪氣中屹立不倒。

魯迅除了提倡以認眞的精神對待文學出版與傳媒之外，還倡導眞誠，這也可說是認眞的延續。例如魯迅自擬的廣告就極爲眞誠樸實，不玩花樣，不炒作不自誇。

且看《〈唐宋傳奇集〉廣告》：

> 魯迅校錄。共九卷。唐人作者五卷三十二篇，宋人作者三卷十六篇。末一卷爲《稗邊小綴》，即魯迅所作考證，文言一萬五六千字。是一部小心謹愼，用許多善本，校訂編成的書。編者在序例上說：「本集篇卷無多，而成就頗亦非易。……廣賴眾力，才成此編。」則其不草率從事也可想。治文學史則資爲材料，嗜文藝則玩其詞華，有此一編，誠爲兩得。〔註33〕

這則廣告毫無廢話，毫無噱頭，質樸實在，展示了校錄者、內容、編者的認眞、此書的作用，使人一目了然，知根知底。

即使有時直接說到印數和價格，魯迅也能做到有一說一，以誠待人。

〔註30〕 魯迅博物館等選編：《魯迅回憶錄》（散篇，下冊），北京出版社，1999 年版，第 1493 頁。

〔註31〕 魯迅博物館等選編：《魯迅回憶錄》（散篇，上冊），北京出版社，1999 年版，第 253 頁。

〔註32〕 黎保榮：《魯迅的反商業化思想》，《名作欣賞》，2007 年第 18 期。

〔註33〕 劉運峰編：《魯迅佚文全集》上，群言出版社，2001 年版，第 396 頁。

　　例如《〈木刻紀程〉出版告白》除了選輯者、內容、實價、郵寄費、代售點之外，特別表明此書：「用原刻木版，中國紙精印，訂成一冊。只有八十本發售。愛好木刻者，以速購爲佳。」〔註34〕在《文藝連叢之三：〈壞孩子及其他〉廣告》中魯迅則指出該書收錄的短篇小說「沒有一篇是可以一笑就了的」，具有「更加深廣，更加嚴肅」、「觀察的廣博，思想的陰鬱」的特徵，再加上內附的木刻，不能不說它是「一冊價廉而物美的書」。〔註35〕而《〈阿庚畫：死魂靈一百圖〉廣告》則一方面指明該書的寫實風格、絕版難得、紙墨皆良，「紹介名作而兼及如此多數的插圖，在中國實爲空前之舉」的特點，另一方面也懇切地聲明：「只印一千本，且難再版，主意非在貿利，定價竭力從廉」。這一點從其價格和紙張就可以判斷，實在不虛。〔註36〕在另一個廣告中，則直言「無能」和「缺錢」：「親自試過的，會知道翻譯有時比創作還麻煩，即此小工作，也不敢自說一定下得去；然而譯者總盡自己的力和心，如果終於下不去了，那大概是無能之故，並非敢於騙版稅。版稅現在還不能養活一個著作者，而況是收在《未名叢刊》中。因爲這書的紙墨裝訂是好的，印的本數是少的，而定價是不貴的。但爲難的是缺本錢；所希望的只在愛護本刊者以現錢直接來購買，我們就感激不盡了。」〔註37〕

　　而落實到寫作上，魯迅則針對虛假浮躁、造謠惑眾、時髦空洞的文學商業化現象（尤其其中包含的國民劣根性）而大聲疾呼「眞實」的重要性。魯迅要求作者眞誠眞實，要「有眞意，去粉飾，少做作，勿賣弄」（《作文秘訣》），要有「直抒已見的誠心和勇氣」（《葉永蓁作〈小小十年〉小引》），要「將自己的眞心的話發表出來」「只有眞的聲音，才能感動中國的人和世界的人；必須有了眞的聲音，才能和世界的人同在世界上生活」，而且這聲音必須是「現代的，自己的」聲音。〔註38〕此外，魯迅強調所有的報刊與限制都束縛不了他的創作，「如果藝術之宮裏有這麼麻煩的禁令，倒不如不進去；還是站在沙漠上，看看飛沙走石，樂則大笑，悲則大叫，憤則大罵」（《華蓋集·題記》），換言之，他注重書寫的眞實，並從眞實達到自由。

　　再者，魯迅爲了反抗商業化的貽害讀者而提倡文學出版應該有利讀者。

〔註34〕劉運峰編：《魯迅佚文全集》上，群言出版社，2001 年版，第 413 頁。

〔註35〕劉運峰編：《魯迅佚文全集》下，群言出版社，2001 年版，第 503 頁。

〔註36〕劉運峰編：《魯迅佚文全集》下，群言出版社，2001 年版，第 504 頁。

〔註37〕劉運峰編：《魯迅佚文全集》上，群言出版社，2001 年版，第 372 頁。

〔註38〕魯迅：《魯迅全集》第 4 卷，人民文學出版社，2005 年版，第 15 頁。

在魯迅的心中，其理想讀者大概是認知、教育、審美型讀者，或曰閱讀、理解、欣賞他的作品及其所編書刊的讀者，而非娛樂型、消閒型的讀者。他希望「讀者也因此得到有統系的知識，不是比隨便的裝飾和賞玩好得多麼？」〔註39〕。黃源在《魯迅先生與譯文》中也談到魯迅的讀者意識：少數讀者購得《譯文》後不作為時髦裝飾品，但能從頭至尾讀一遍，《譯文》只是供給少數真正想用功的人作為「他山之石」的。簡言之，魯迅對將書刊作為時髦裝飾品的有閒型、消費型讀者甚為反感，他期待的理想讀者貴精不貴多，崇實不崇虛，重有益不重娛樂。因此，魯迅要求刊物對讀者誠實，不欺騙讀者，不使讀者上當，在他 1929 年 4 月 20 日、1929 年 7 月 8 日致李霽野的信中就涉及於此。他甚至寧願虧損也要印製裝訂較好的書刊給讀者，這讓許廣平深受感動，「這種替讀者想的一種無我心情，我是時常體會到的」〔註40〕。又如他在自費出版的《凱綏‧珂勒惠支版畫選集》的版權頁上印上「有人翻印，功德無量」八個字，在對抗書報審查制度和商業化現象的同時，也體現了他有益讀者的準則。〔註41〕

而為了反抗無論是鴛鴦蝴蝶派還是走狗文藝的商業化幫閒化，及其唯利是圖與膽小怕事，魯迅力主報刊必須打造「發言之地」。

《〈越鐸〉出世辭》的一段話，可謂是魯迅報刊啟蒙思想的高度概括：

> 爰立斯報，就商同胞，舉文宣意，希冀治化。紓自由之言論，
> 盡個人之天權，促共和之進行，尺政治之得失，發社會之蒙覆，振
> 勇毅之精神。灌輸真知，揚表方物。〔註42〕

其中「紓自由之言論，⋯⋯尺政治之得失」四句儼然表明言論自由是個人的「天權」，也是民主社會的表徵，它可指出政治得失之所在，促進民主共和，使人享有更大的自由。

而《語絲》的發刊詞，雖然是周作人所寫，但多少代表作為雜誌同仁的魯迅的意思：

> 我們只覺得現在中國的生活太是枯燥，思想界太是沉悶，感到
> 一種不愉快，想說幾句話，所以創刊這張小報，作自由發表的地

〔註39〕魯迅：《魯迅全集》第 12 卷，人民文學出版社，2005 年版，第 93 頁。
〔註40〕魯迅博物館等選編：《魯迅回憶錄》（散篇，中冊），北京出版社，1999 年版，第 522 頁。
〔註41〕黎保榮：《魯迅的反商業化思想》，《名作欣賞》，2007 年第 18 期。
〔註42〕魯迅：《魯迅全集》第 8 卷，人民文學出版社，2005 年版，第 42 頁。

> 方。……我們所想做的只是想衝破一點中國的生活和思想界的昏濁
> 停滯的空氣，我們個人的思想盡自不同，但對於一切專斷與卑劣之
> 反抗則沒有差異。我們這個周刊的主張，是提倡自由思想，獨立判
> 斷，和美的生活。

從此可見生活的枯燥和思想的沉悶是《語絲》產生的現實基礎，「自由發表」
是言論自由的外在表現，「自由思想」是言論自由的內在根源，或者說思想
自由與表達思想的自由是言論自由的根本屬性。而「對於一切專斷與卑劣之
反抗」則是言論自由的目標或內在精神。難怪魯迅在 1927 年 8 月 17 日給章
廷謙的信中高度評價《語絲》，認為《語絲》所說的話，有好些是其他刊物
所不肯說，不敢說，不能說的。而這正表明了《語絲》的勇氣、自由與反抗
精神。

　　到了《莽原》時期，《莽原》周刊出版預告表示要「率性而言，憑心而論，
忠於現世，望彼將來」；《〈華蓋集〉題記》則表達他「早就希望中國的青年站
出來，對於中國的社會，文明，都毫無忌憚地加以批評，因此曾編印《莽原
周刊》，作為發言之地」的思想。

　　而在給許廣平的信中，魯迅關於打造「發言之地」或言論自由的思想更
強烈也更堅定：

> 中國現今文壇（？）的狀況，實在不佳，……最缺少的是「文
> 明批評」和「社會批評」，我之以《莽原》起鬨，大半也就為了想由
> 此引起新的這一種批評者來，雖在割去敝舌之後，也還有人說話，
> 繼續撕去舊社會的假面。〔註43〕

從上可以看出，《莽原》說話的語氣明顯比《越鐸》、《語絲》兩者的創刊詞重
一些強硬一些，不停留在一般的說話自由與反抗專斷，而是要造出新的批評
者，打造輿論空間（「發言之地」），要「毫無忌憚」的揭露社會的黑暗，撕去
舊社會的假面，一個「割」字和一個「撕」字正反映了魯迅雖九死其尤未悔
的決心。他在《兩地書》的一九、二四、三三、三四都要求投稿中多「評論」
「議論」「撒潑文章」，就是要爭取與擴大言論空間。到了 1930 年代自由的空
氣都快滅絕，「『自由』更當然不過是一句反話」的時候，魯迅仍然想方設法
爭取發言之地，例如辦報，用多種筆名投稿，文章結集出版時將文章還原，
展現其韌性戰鬥的風格。

〔註43〕魯迅：《魯迅全集》第 11 卷，人民文學出版社，2005 年版，第 64 頁。

　　魯迅要求刊物打造「發言之地」，其根源是言論的不自由，這與嚴峻黑暗的社會環境有關，也源於國民黨的書報審查制度。如 1930 年 12 月頒佈《國民政府出版法》，1931 年 1 月頒佈《危害民國緊急治罪法》，以及 1934 年 5 月在上海設立圖書雜誌審查委員會，等等。此種政策旨在文化統制，正如馬克思指出的，把思想方式置於法律追究的範圍之內，是專制主義檢查制度的特徵。在這種文學暗殺政策之下，刊物中「凡有進步性的，也均被刪削摧殘，大抵辦不〔下〕去」〔註44〕，被壓迫得奄奄一息了。

　　只不過，出乎魯迅意料之外的是，他以刊物打造發言之地，以文學叩開言路之門，反抗權力卻獲得了話語權與影響力，也因此擴大了讀者群，提高了報刊銷售量（如投稿《申報‧自由談》就是明證），反抗商業化卻獲得了商業化的效果。因為說到底，知識分子爭取言論自由，其實是對話語權力的享有與爭奪，話語權力雖然沒有執政權力實在，但它借助報刊的廣泛發行獲得了它強烈的擴張性與滲透性，話語權力是一種交往權力，從有限的交往（固定讀者）迅速上升到多向交往甚至無限交往（間接讀者、潛在讀者），使得話語影響力如核聚變一樣連鎖反應無法想像，構成了話語權力的不可知性。雖然話語權力不能取代執政權力，但對後者起到極強的削弱或顛覆作用，它要打破執政權力的一元結構，營造多種權力衝突或並立的多元結構，對執政權力形成極大的挑戰或壓力。正是對於話語權力（言論自由）的可能滲透性、多元性、不可知性、顛覆性的恐懼，執政權力要打壓言論自由，要用欽定的話語權力（如官辦、幫閒刊物）弱化、對抗、取消自由的話語權力。而且，魯迅作為一個見解深刻的名人，再加上大量複製的報刊，名盛言揚，對執政權力更是揮之不去的陰影。

　　在討論魯迅反抗文學或文場商業化的應對策略之後，不能不思考其心理動因，究竟是什麼原因導致魯迅反抗商業化呢？

　　首要原因在於他基本上是志士辦報，辦報是為了思想文化啟蒙，批判權力，是「為人生」的，無論是留日時期還是《新青年》時期抑或是三十年代，都如是。

　　留學日本時期，除卻維新派、革命派的報刊之外，魯迅也經常閱覽留日學生創辦的報刊，它們的政治、文化、學術思想或多或少對他有著感染。不過魯迅考慮到當時《民報》等報刊只關注政治和學術，忽略文藝，1907 年夏

〔註44〕魯迅：《魯迅全集》第 13 卷，人民文學出版社，2005 年版，第 270 頁。

天便與許壽裳等人籌辦《新生》雜誌，以改變國民精神，雖然最後《新生》沒有誕生，但它的生命（如《摩羅詩力說》《文化偏至論》《破惡聲論》等）便轉入到《河南》雜誌上去了。15 年後（1922 年）魯迅在《吶喊‧自序》中仍舊事重提，足見《新生》在其心中的重要地位，或許在一定程度上，魯迅已經有意無意間形成了一種《新生》情結，他要用報刊創造精神的、文化的、民族的新生，故此，魯迅終其一生，奮鬥不息，除了寫作和翻譯，他至少參編、主編過 20 多種報刊。從東京而紹興而北京而廈門而上海，報業活動幾乎貫穿魯迅終生，可見魯迅對報刊的看重，正是社會風氣、文化思潮、個人經歷、啓蒙責任使得魯迅極為關注報刊的創辦和編輯，注重文學的獨立與傳播。〔註 45〕

而魯迅基本上只擔任了著作人與編輯人的角色，並未介入出版、發行、銷售等商業味濃厚的環節（1929 年 9 月 27 日他也在致李霽野的信中坦言自己「不善於經營事務」）也為他反抗商業化提供了心理根源，因此他不關注市場的影響與變化，不關注文學作品、文學書刊作為商品的屬性及其必然的商品化過程與目的，他只關注讀者「需要什麼」，不關注讀者「想要什麼」，只關注書刊的精英立場啓蒙責任，不注重書刊的商業利潤，以及在此基礎上的持續發展。

再次魯迅從多官的帝都北京來到多商的租界上海、「東方的巴黎」上海，面對的是赤裸裸的利益關係和拜金主義，生活環境發生變化，故此研究或創作環境和心境隨之發生改變，大致上北京的商業化程度遠遠不及上海大都會十里洋場濃厚，而且當時魯迅在教育部、大學、《新青年》等單位，對商業化現象所見有限（雖然他也反對把文學作為消閒的、遊戲的態度，反對書局以銷路為由而停辦《新青年》），故此魯迅北京時期的反抗商業化思想遠遠不如上海時期強烈（他反抗商業化的文章絕大多數是移居上海之後的產物）。一言以蔽之，他的生活從北京時期的「優越」、餘裕變成了上海時期的緊張、迫切、快節奏，加之以他發現各種商業化的刊物媚俗有害，醜態百出，反抗商業化在所難免。兼且他是 1927 年 46 歲才到達上海定居，換言之他的啓蒙思想、精英立場已經根深蒂固，難以磨滅，故此，他反抗商業化是勢在必行。

另外，不能不說中國傳統重農輕商的集體無意識對魯迅產生或多或少的影響。因為中國「商品經濟缺乏獨立發展的性格，特別是中國歷朝奉行不渝

〔註 45〕黎保榮：《論魯迅與報刊關係及其啓發意義》，《晉陽學刊》，2009 年第 6 期。

的『重農抑商』政策,更加強了商品經濟的依附性」,「在中國農耕經濟內部滋長的商品經濟,同樣具有較活躍的『革命』性質,對自然經濟有著潛在的腐蝕瓦解作用,但是這種腐蝕瓦解作用成長到一定程度,往往因農耕經濟的多元化結構而被化解或吸收,中國封建社會裏官僚、地主和富商大賈的互相轉化,就是一個明顯的例子」。〔註46〕故此,魯迅的小說沒有出現一個正面的商人形象,以上文章也涉及文人混闊了便進衙門去當官,透露了商人與政客的合謀。這種「輕商」傳統心態便是魯迅反抗商業化的精神資源,本來傳統商品經濟的依附性造就了中國文人在內心深處對寧靜自足的東方農業文明的嚮往。更何況當時的上海「直到1923年它還是一個有城牆的古城,二十年代眞正的工業也只是揚子浦一處的紡織業……直到後來上海以神話般的速度繁榮起來之後,以法租界毗鄰的地區還保留著老上海的面貌,是典型的江南古城風格,是一種『時代的殘留』」。〔註47〕換言之也是傳統與現代、鄉村與都市交錯的社會,這就為反抗商業化提供了社會土壤。況且,魯迅自小生長在小鎮,一直工作在鄉土氣息濃鬱的城市,到46歲才移居上海,習慣了農民式的生活方式,也習慣了農民式的精耕細作(他的純文學作品和學術著作都是精耕細作的產物),而不習慣上海商業化浮躁空洞的寫作方式和短平快的運作方式。如此,他的反抗商業化思想可謂是箭在弦上不得不發。

反抗商業化的文學史意義

如果說思想構成屬於魯迅反抗商業化的「是什麼」,應對策略屬於魯迅反抗商業化的「怎麼樣」,心理動因屬於魯迅反抗商業化的「為什麼」,那麼文學史意義則屬於魯迅反抗商業化的「為什麼需要」。

其實從宏觀而言,魯迅只是反抗文學文化商業化的一位著名代表,事實上,反抗商業化儼然成為中國現代文學史的一大思潮,也是迄今為止鮮有研究的課題,非常值得深入探討。因此,很有必要結合中國現代文學史的三大歷史階段,對此進行梳理。

先看「五四」時期,早在1921年1月,主張為人生而藝術的文學研究會就大聲疾呼:「將文藝當作高興時的遊戲或失意時的消遣的時候,現在已經過去了。我們相信文學是一種工作,而且又是於人生很切要的一種工作」,

---

〔註46〕張岱年、方克立主編:《中國文化概論》,北京師範大學出版社,1994年版,
　　　　第43～46頁。
〔註47〕李書磊:《都市的遷徒》,時代文藝出版社,1993年版,第17～18頁。

〔註48〕很明顯就是針對鴛鴦蝴蝶派之類的商業化味道較濃的文學來說的。1922年，文學研究會的中堅茅盾發表了《自然主義與中國現代文學》，他公開聲明：他反對以文學為遊戲的觀念，認為那些對這種觀念「中毒」的「小說家本著他們的『吟風弄月文人風流』的素志，遊戲起筆墨來，結果也拋棄了真實的人生不察不寫，只寫了些佯啼假笑的不自然的惡謔；其甚者，竟空撰男女淫欲之事，創為『黑幕小說』，以自快其『文字上的手淫』。所以現代的章回體小說，在思想方面說來，毫無價值。」進而批判文學要有「資產」，有「美妻」的所謂「『藝術觀』，替他說得好些，是中了中國成語所謂『書中自有黃金屋，書中有女顏如玉』的毒，若要老實不客氣說，簡直是中了『拜金主義』的毒，是真藝術的仇敵。對於藝術不忠誠的態度，再沒有比這厲害些的了。在他們看來，小說是一件商品，只要有地方銷，是可趕製出來的：只要能迎合社會心理，無論怎樣遷就都可以的。這兩個觀念，是摧殘文藝萌芽的濃霜」。更嚴正聲明：「舊派把文學看作消遣品，看作遊戲之事，看作載道之器，或竟看作牟利的商品，新派以為文學是表現人生的，訴通人與人間的情感，擴大人們的同情的。凡抱了這種嚴正的觀念而作出來的小說，我以為無論好歹，總比那些以遊戲消閒為目的的作品要正派得多。」〔註49〕鄭振鐸則在《新文學觀的建設》中對文學的讀者、作者、讀物、觀念的商業化金錢化娛樂化現象極力鞭撻：「現在的讀者卻正以消遣暇而才讀文學，作者正以取得金錢之故，而才去著作娛樂的文學。此即文學之所以墮落的最大原因。嚴格說來，則這種以娛樂為目的的讀物，可以說他就不是文學。……娛樂派的文學觀是使文學墮落，使文學失其天真，使文學陷溺於金錢之阱的重要原因」。〔註50〕而「五四」時期成立的另一大文學流派──主張為藝術而藝術的創造社，其代表人物成仿吾也在《新文學之使命》中高聲吶喊：「文學決不是遊戲，決不是容易的東西。……我們要追求文學的全！我們要實現文學的美！」〔註51〕而主張「任意而談，無所顧忌」的語絲社在《〈語絲〉發刊詞》

〔註48〕北京大學等主編：《文學運動史料選》第一冊，上海教育出版社，1979年版，第175頁。

〔註49〕沈雁冰：《自然主義與中國現代文學》，《小說月報》，1922年第13卷第7號。

〔註50〕北京大學等主編：《文學運動史料選》第一冊，上海教育出版社，1979年版，第184～185頁。

〔註51〕北京大學等主編：《文學運動史料選》第一冊，上海教育出版社，1979年版，第217～218頁。

中也大力鼓吹：提倡「自由思想，獨立判斷，和美的生活」，「對於一切專斷與卑劣之反抗」。〔註52〕換言之這種專斷與卑劣無論來自政治還是商業都要反抗，這種反抗甚至針對《語絲》自身的商業化，因為它呈現出從初辦時候「對於廣告的選擇極嚴」到後來「廣告雜亂」的「顯著變遷」，不僅書籍廣告，連醫生的診例、襪廠的廣告、治療遺精的廣告都出現了，「看廣告的種類，大概是就可以推見這刊物的性質的」，使得同仁建議撤銷廣告，也使得魯迅萬分失望，決然選擇退出該刊。〔註53〕另外，主張為革命而藝術的早期共產黨作家同樣反對文學商業化，如楚女在《藝術與生活》中強調：「我們底藝術製作——是應當為了要表現這段人生底那個被現實所刺激而起的內心衝動而表現；卻不可因為是要供他人娛樂，或社會的嗜好，或因得金錢而表現。」〔註54〕又如澤民則在《文學與革命的文學》中極力攻擊「紅花柳綠」「風花雪月」的文學，提倡「有力的文學」和「革命的文學」。〔註55〕

　　接下來的 1930 年代即所謂第二個十年，反抗文學商業化勢頭依然不減。左翼作家一邊破喉裂嗓鼓吹革命文學，反抗政治專制，一邊不遺餘力地反抗商業化：例如蔣光慈在其《關於革命文學》中反對「頹廢的，市儈的享樂主義的作品」；〔註56〕郭沫若在《桌子的跳舞》中呼籲「組織一個反拜金主義的文藝家的大同盟」，在《新興大眾文藝的認識》中反感「現在上海通行著的，什麼紅綠小說黑幕小說」等「外貌雖很冠冕堂皇，然而內容卻是反動」的大眾文藝通俗小說；〔註57〕而鄭伯奇也大力抨擊「市井文儈投機的時事小說武俠小說」以及「新式的三角四角老七老八鴛鴦蝴蝶才子佳人」等娛樂遊戲型小說〔註58〕。此外，自由主義作家雖然指出「商業有自由，不錯」，但是同時

〔註52〕北京大學等主編：《文學運動史料選》第一冊，上海教育出版社，1979 年版，第 234 頁。

〔註53〕魯迅：《魯迅全集》第 4 卷，人民文學出版社，2005 年版，第 175～176 頁。

〔註54〕北京大學等主編：《文學運動史料選》第一冊，上海教育出版社，1979 年版，第 401 頁。

〔註55〕北京大學等主編：《文學運動史料選》第一冊，上海教育出版社，1979 年版，第 405～407 頁。

〔註56〕北京大學等主編：《文學運動史料選》第二冊，上海教育出版社，1979 年版，第 28 頁。

〔註57〕北京大學等主編：《文學運動史料選》第二冊，上海教育出版社，1979 年版，第 108～364 頁。

〔註58〕北京大學等主編：《文學運動史料選》第二冊，上海教育出版社，1979 年版，第 367～370 頁。

也把當時的思想比作一個市場,「這思想的市場上也是擺滿了攤子,開滿了店鋪,掛滿了招牌,扯滿了旗號,貼滿了廣告」,以此謀利,但是鑑於思想市場的混亂與「不正當」,指出「在這類買賣上不能應用商業自由的原則」,反對「投機事業」,並且標舉「健康與尊嚴」的原則。〔註59〕甚至連右翼的《民族主義文藝運動宣言》也援引了左翼畫家對只「為自己的名譽和黃金,為自己的地盤與奢華的生活」的「拜金主義畫家們」的強烈譴責而沒有表示反感,只是希望他們能為文藝的中心意識服務。〔註60〕

　　1940 年代,雖然戰爭頻仍,硝煙四起,但是反抗法西斯反抗反動派的政治浪潮洶湧澎湃,並不意味著反抗商業化思潮的銷聲匿跡,相反,作家對其的思考卻更加深入。例如楊華(葉以群)的《文學底商業性和政治性》回應沈從文的《文藝運動的重造》,他指出「在資本主義性質的社會裏,要求文學作品不帶商品的性質,是不可能的」,而且「在現社會裏,由於一般民眾文化水準底逐漸提高和讀者範圍底逐漸擴大」,不至於造成幾個業有成就的作者為著迎合商人,兼顧商業作用而擱筆,例如魯迅、茅盾、徐志摩、丁玲、巴金、曹禺、艾蕪等等作家,「都絕無例外地是不投好讀者的趣味,不迎合商業底心理,而完全以真實的作品獲得廣大讀者底愛護」,這就證明:業有成就或能有成就的作者,「只要他們自信心不滅,毅力不衰,則文學底商業化的現象是決不至於逼致他們『擱筆』的」。〔註61〕

　　如果說魯迅的反抗文學商業化的思想貫穿「五四」和 1930 年代,那麼沈從文的反抗文學商業化的思想則貫穿 1930 與 1940 年代,而且他和魯迅一樣,是中國現代文學史上反抗文學商業化思想的集大成者。例如他在 1930 年代發表的《現代中國文學的小感想》、《論中國創作小說》、《作家間需要一種新運動》等文,在 1940 年代發表的《白話文問題》、《新的文學運動與新的文學觀》、《小說作者和讀者》、《文藝運動的重造》等文都體現出他對文學商業化的深刻思考。他對文學商業化的思考集中在如下幾個方面:一、必要的商業化對文學的正面作用。或者是使得作家能夠謀生,成為職業作家:「作品

〔註59〕 北京大學等主編:《文學運動史料選》第三冊,上海教育出版社,1979 年版,
　　　　 第 4～5 頁。

〔註60〕 北京大學等主編:《文學運動史料選》第三冊,上海教育出版社,1979 年版,
　　　　 第 78～79 頁。

〔註61〕 北京大學等主編:《文學運動史料選》第四冊,上海教育出版社,1979 年版,
　　　　 第 299～300 頁。

變成商品，也未嘗無好處。正因爲既具有商品意義，即產生經濟學上的價值作用。生產者可以藉此爲生，於是方有『職業作家』。」或者是作品要用商品方式推廣：非職業作家「眼光當然不在製作商品，可是卻恰好因作品可以用商品方式分佈推廣，引起各方面讀者關心，方有許多優秀示範作品繼續產生。」〔註62〕或者對「有膽量印書賠錢」，「明白印賠錢書刊載不諧俗文章是必需做的事」，「不願與習氣同歸於盡」的刊物編輯和書店主持人表示敬意。〔註63〕關於此，魯迅也曾有相似見解，他認爲作品「是賣錢的……一賣錢，這就是商品，買主也有了說好說歹的權利了。」（《看書瑣記（三）》）二、商業化對文學的傷害。或者誤導讀者，使得讀者「在市儈廣告中，以及一些類似廣告的批評中」，在「有形的廣告與無形的廣告」中，「欺騙」讀者，致使「許多人在受騙以後，對創作，用鄙視代替了尊重」。〔註64〕或者趣味變得低下，「作品作爲商品之一種，用同一意義分佈，投資者當然即不免從生意經上著眼，趣味日益低下，影響再壞也不以爲意。」故此出版商極力推銷張資平、章衣萍、張競生的作品；並且由於「商業的競爭，一切趣味的俯就，使中國新的文學，與爲時稍前低級趣味的『海派文學』，有了許多混淆的機會……從這混淆的結果上看來，創作的精神，是完全墮落了的。」〔註65〕或者由此而使得新文學粗製濫造，重數量不重質量，文學刊物書籍泛濫成災；同時重利益不重質量，「一本書影響大小估價好壞，商人看來全在銷行的意義上」；故此造成了作品的平庸無奇，作品看去都「差不多」，記著「時代」，忘了「藝術」；〔註66〕甚而至於有的名作者購買別人的作品據爲己有，弄虛作假。〔註67〕三、商業化與政治（革命文學）的關係思考。沈從文指出1927年後，新文學運動與上海商業結緣，「作品成爲大老闆商品之一種」，1930年後，又與國內政治不可分，「成爲在朝在野政策工具之一部」，致使「作者的創造力一面既得迎合商人，一面又得附會政策，目的既集中在商業作用與政治效果兩件事情上，它的墮落是必然的，不可避免的。」〔註68〕他甚至深刻

〔註62〕 沈從文：《抽象的抒情》，復旦大學出版社，2004年版，第2頁。
〔註63〕 沈從文：《抽象的抒情》，復旦大學出版社，2004年版，第47～48頁。
〔註64〕 沈從文：《抽象的抒情》，復旦大學出版社，2004年版，第56～57頁。
〔註65〕 沈從文：《抽象的抒情》，復旦大學出版社，2004年版，第1、57頁。
〔註66〕 沈從文：《抽象的抒情》，復旦大學出版社，2004年版，第44～57頁。
〔註67〕 沈從文：《抽象的抒情》，復旦大學出版社，2004年版，第75頁。
〔註68〕 沈從文：《抽象的抒情》，復旦大學出版社，2004年版，第1頁。

地指出從日文轉譯的新興小說熱銷使得商業競爭激烈，於是商人訂購，作者創作革命小說，促使了「中國文學的轉換方向」，促使了革命文學的興盛，「鄙視個人主義的幻滅而為階級爭鬥的頑強」，由美的文學轉向力的文學，甚至連作品中的粗暴和憤怒都是模仿外國作品。〔註 69〕與此同時，他反思作家不能作政客的「打手」，「表面上作品能支配政治，改造社會，教育群眾」，事實上不過是被政客「畜養」，使得作品由「表現真理」轉成「解釋政策」、「宣傳政策」，「作政治點綴物」。〔註 70〕此外，他對「作家中的政客」或「文學政客」極為反感，〔註 71〕對「作家的市儈工具化與官僚同流化」甚為痛惜。〔註 72〕

四、反抗商業化與拒絕讀者。沈從文首先把作家分為三種，最好的是誠實的、有生命深度的作家；次之是以文學作為中和感情的方式，「到寫作時即變成取悅讀者的關心，以及作品文字風格的注意」，容易為多數讀者接受；最次者是本不適宜創作，又並無什麼情感需要迫切表現，但是揣摩風氣，選定一種流行題目，抄抄撮撮，從事寫作，雖無個人的熱誠和興趣，雖會隨生隨滅，但是被商人看中，在一時之間得到多數讀者。〔註 73〕沈從文傾向於第一種作者，強調「好作者固然稀少，好讀者也極難得」，故此主張「作家有意放棄多數，離開多數」，因為「一個誠實的作者若需要讀者，需要的或許倒是那種少數解味的讀者。作者感情觀念的永生，便靠的是那在各個時代中少數讀者的存在，實證那個永生的可能的夢。對於在商業習慣與流行風氣下所能獲得的多數讀者，有心疏忽或不大關心，都勢不可免。」為此，他要求這些少數讀者「要生命有個深度」，能夠「體味人生，理解人生」。〔註 74〕也為此，他在《邊城‧題記》中公開聲明「這本書的出版，即或並不為領導多數的理論家與批評家所棄，被領導的多數讀者又並不完全放棄它，但本書作者，卻早已存心把這個『多數』放棄了」；在《從文小說習作選‧代序》中近乎挑釁：「你們（讀者）歡喜什麼，瞭解什麼，切盼什麼，我一時尚注意不到」，「你們要的事多容易辦！可是我不能給你們這個。我存心放棄你們」。〔註 75〕其

〔註 69〕 沈從文：《抽象的抒情》，復旦大學出版社，2004 年版，第 38 頁。
〔註 70〕 沈從文：《抽象的抒情》，復旦大學出版社，2004 年版，第 2 頁。
〔註 71〕 沈從文：《抽象的抒情》，復旦大學出版社，2004 年版，第 15 頁。
〔註 72〕 沈從文：《抽象的抒情》，復旦大學出版社，2004 年版，第 21 頁。
〔註 73〕 沈從文：《抽象的抒情》，復旦大學出版社，2004 年版，第 24～25 頁。
〔註 74〕 沈從文：《抽象的抒情》，復旦大學出版社，2004 年版，第 22～26 頁。
〔註 75〕 沈從文：《抽象的抒情》，復旦大學出版社，2004 年版，第 351～358 頁。

實，魯迅亦然，除了上述的反對娛樂型、消閒型的讀者以外，他以「自言自語」命名的《野草》滲透著孤獨悲涼，形式陌生荒誕，不注重他人的聽或讀，甚至不需要讀者，「將讀者推到一定的『距離』之外」，〔註76〕製造作者和讀者的緊張關係。

以上不厭其煩地梳理中國現代文學的反抗商業化思潮，並非脫離魯迅的相關思想，而是把魯迅放置在一個更為廣闊的背景中去考察，而是為了準確理解魯迅的反抗商業化思想在其中占著怎樣的地位，具有怎樣的價值，與其他作家相比的異中之同是什麼，同中之異或曰其獨特性又是什麼，總而言之，具有怎樣的文學史意義。

可以說魯迅的反抗商業化思想在中國現代文學史上並非獨一無二，但卻是獨樹一幟、最為集中、最具代表性的。

所謂並非獨一無二，它是指魯迅的反抗商業化思想與其他作家的相關思想一樣，具有相似的文學史意義。

首先從外部考察，以魯迅為首的現代作家的反抗商業化思想為文學研究提供了一種「反經濟」維度。因為以往從經濟維度研究中國現代文學，大抵分為幾個層面：或者從總體的經濟角度進行研究，對於這個問題，以往一般注重政治經濟學視野，但從 1990 年代以來有所改變，如魯湘元的《稿費怎樣攪動文壇——市場經濟與中國近現代文學》（紅旗出版社，1998 年）、陳明遠的《文化人的經濟生活》（文匯出版社，2005 年）和《何以為生：文化名人的經濟背景》（新華出版社，2007 年），最近李怡先生主編的《民國經濟與現代文學》（臺灣花木蘭文化出版社，2012 年）更是集大成者。或者從都市文化維度進行探討，如李書磊的《都市的遷徙——現代小說與城市文化》（時代文藝出版社，1993 年）、李歐梵的《上海摩登》（哈佛大學出版社，1999 年；北京大學出版社，2001 年）、李今的《海派小說與現代都市文化》（安徽教育出版社，2000 年）、周小儀的《唯美主義與消費文化》（北京大學出版社，2002 年），以及陳思和主編的都市研究叢書（如陳曉蘭的《文學中的巴黎與上海》等等）。或者從傳媒、文化傳播、文學制度的視角進行論述，如陳平原、山口守編的《大眾傳媒與現代文學》（新世界出版社，2003 年）、馬永強的《文化傳播與現代中國文學》（安徽大學出版社，2003 年）和王本朝的《中國現代文

〔註76〕錢理群、王得後編：《魯迅散文全編・前言》，浙江文藝出版社，1991 年版，第 26 頁。

學制度研究》（西南師範大學出版社，2002 年）等等。只是這些著作大多從正面著眼，很少從反角度進行挖掘和深入，事實上反商業化、反都市、反傳媒、反讀者都充斥於中國現代作家筆下，且不說魯迅的反抗商業化思想為之提供了很好的例證，就拿反都市而言，例如王統照稱都市為「毒藥」，郁達夫自認是都市的「零餘者」，沈從文更抨擊都市人患了「寺宦症」。

其次從內部考量，以魯迅為首的現代作家的反抗商業化思想旨在維護文學的獨立地位和審美價值。除了對於鴛鴦蝴蝶派之類的商業化文學大加鞭撻之外，即使對於革命文學，魯迅也辯證地指出「在我自己，是以為若據性格感情等，都受『支配於經濟』（也可以說根據於經濟組織或依存於經濟組織）之說，則這些就一定都帶著階級性。但是『都帶』，而非『只有』。」〔註 77〕所以他反對以文藝來作宣傳（政治的、商業的雙重宣傳），但是掛滿招牌卻又空洞無物的革命文學，「我以為當先求內容的充實和技巧的上達，不必忙於掛招牌。……一說『技巧』，革命文學家是又要討厭的。但我以為一切文藝固是宣傳，而一切宣傳卻並非全是文藝，這正如一切花皆有色（我將白也算作色），而凡顏色未必都是花一樣。革命之所以于口號，標語，布告，電報，教科書……之外，要用文藝者，就因為它是文藝。」〔註 78〕出於同樣理由，魯迅也抨擊雖然正在盛行，遍滿報刊，但卻是走到了危機的小品文，他指出「生存的小品文，必須是匕首，是投槍，能和讀者一同殺出一條生存的血路的東西；但自然，它也能給人愉快和休息，然而這並不是『小擺設』，更不是撫慰和麻痺，它給人的愉快和休息是休養，是勞作和戰鬥之前的準備。」〔註 79〕如果說沈從文為了維護文學的獨立地位和審美價值，反抗商業化和政治化對文學的腐蝕，呼籲重建「新的文運新的文學觀，從消極言，是作者一反當前附庸依賴精神，不甘心成為貪財商人的流行貨，與狡猾政客的裝飾品。從積極言，一定要在作品中輸入一個健康雄強的人生觀」〔註 80〕，注重生命與美，那麼魯迅的相似反抗則注重精神與力，或者說兩者都有力，但是沈從文傾向的是疏離性的力量，而魯迅傾向的是反抗性的力量，魯迅把文學（甚至自身）作為一種反抗性的精神資源，是那麼突兀，又是那麼犀利，就那樣橫亙在中國現代文學史上，成為重要的、不可忽視的存在。這種反抗精神（無論是反抗商

〔註77〕 魯迅：《魯迅全集》第 4 卷，人民文學出版社，2005 年版，第 128 頁。
〔註78〕 魯迅：《魯迅全集》第 4 卷，人民文學出版社，2005 年版，第 84～85 頁。
〔註79〕 魯迅：《魯迅全集》第 4 卷，人民文學出版社，2005 年版，第 592～593 頁。
〔註80〕 沈從文：《抽象的抒情》，復旦大學出版社，2004 年版，第 5 頁。

業化還是政治化），對於當下文學甚至學術的娛樂化、愚樂化與濫收版面費現象都不能不說是一種警醒。

以上所提到的其他作家的反抗商業化思想，魯迅基本都有所涉及，但是有一種思想是魯迅獨有，而其他作家付之闕如的，這體現了魯迅的獨樹一幟，這種思想就是魯迅從反抗商業化中發現新的奴役關係。換言之他發現奴役關係不僅存在於政權奴役這一顯在的層面，還散佈在出版、傳媒、商業等隱在的領域，如以上「商業化」中的商人氣、流氓氣、圈子意識、滑頭意識等都深藏著奴役關係，此之為奴役關係的普泛性、彌散性。換言之，奴役關係獲得它的政治性質的同時，也獲得了它的經濟性質、行業性質，概言之，社會性質甚至日常性質，即奴役關係無處不在。而這些奴役關係之所以可能，正是因為權力（權力思維）、強弱對比與利益心態的存在，只要權力在手，只要己比人強，只要有機可乘，或直接或間接，都將走向奴役。來自「下面」的權力與來自「上面」的權力互相影響，有權者奴役無權者，被奴役者奴役更弱者，從政客、老闆、作者到讀者，現實的奴役演變為瞞與騙的精神奴役，社會結構如此，就難以走出奴役與被奴役的怪圈，而這正是魯迅所悲哀的，對「商業化」中奴役關係的發現加深了他的悲哀。〔註81〕

這種商業領域的反奴役思想體現為兩大方面。第一方面是魯迅敏銳地發現被渲染的商業化中存在著奴役關係，本來商業化的廣告、出版等等都有著被渲染誇張的成分，魯迅的深刻之處在於他還從被渲染的寫作中發現奴役關係和權力意識。他抨擊報刊通過生花妙筆，大肆渲染，獲得眼球效應，藉以謀利的造謠誹謗誣陷，實質上包含著極深的權力意識，對人們造成了深深的傷害。例如《論「人言可畏」》，其中的謠言誹謗內含三個層面的權力。第一層面是政權，新聞記者辯解說那些「記載大抵採用經官的事實」，實際上也大半是官司已經吃到公安局或工部局去了的案件，問題是「這種案件，是不會有名公巨卿在內的」，而且阮玲玉「沒有機關報」（政權的象徵）無法抗爭，如果有的話，也輪不到新聞記者多嘴多舌了。如此，政權上的官官相衛，新聞界與政權異構同質的共謀關係，新聞記者迴避政權的原則與政權幫兇、幫閒的事實便一目了然，欲蓋彌彰。換言之，權力與知識攜手共進，利用知識來擴張社會控制與商業利潤，知識因而具有意識形態與商業手段的雙重性質。第二層面是男權，所以新聞記者對男人是一筆帶過，對阮玲玉卻極盡渲

〔註81〕 黎保榮：《魯迅的反商業化思想》，《名作欣賞》，2007 年第 18 期。

染污蔑之能事，男女差別如此，雖有商業考慮，但暗含著男權意識卻是毋庸置疑的，此男權一也；對於一位「智識者」，「一個出到社會上了的女性」知識女性，輕薄句子已足夠讓其受傷，更不必說故意張揚特別渲染的文字了，因而這是一種「玩弄著女性」的男權思想與男權壓迫，此男權二也。在這種意義上說，報刊（報刊謠言）的賣點是「女性的」，但其思想與權力結構終究是「男性的」。第三層面，就報刊本身而言，存在著一種話語權。知識浸透了權力的汁液，一旦與報刊、新聞傳媒界聯合，便獲得了廣泛性、滲透性的話語權力，它可以支持與加強政權，也可以抗衡與顛覆政權，即使遭到政權壓抑，它依然可以用輿論權力、語言權力織就一張張網，對弱者造成極大的心理壓力與名譽傷害，所謂「人言可畏」。魯迅尖銳地批評報章雖遭政權壓制，不能「逞心而談」，但是「新聞的威力其實是並未全盤墜地的，……對強者它是弱者，但對更弱者它卻還是強者」，可以耀武揚威，於是阮玲玉之類的弱者，便成了「發揚餘威的好材料」了，這就是話語的權力的體現。報刊憑藉的就是語言，這些挖隱私的、大肆渲染的、誹謗的語言，形成話語權力的重重網絡，直接造成了阮玲玉「人言可畏」的心理陰影與絕望自殺的結局。可以說，報刊傳媒對阮玲玉的批評，其本身沒有政治背景，卻體現了強對弱的奴役，男對女的奴役，其手段都為語言，換言之，魯迅從中有意無意發掘出新的奴役關係──語言奴役，在此是傳媒語言（而非政治語言）的奴役，是播撒性極強的語言奴役，在語言中隱藏的奴役關係令人寒心。〔註82〕

而第二方面則是魯迅在被特許的商業化現象中發現奴役關係的存在。

> 然而統治階級對於文藝，也並非沒有積極的建設。一方面，他們將幾個書店的原先的老闆和店員趕開，暗暗換上肯聽喉使的自己的一夥。……還有一方面，是做些文章，印行雜誌，以代被禁止的左翼的刊物，至今為止，已將十種。……官僚的書店沒有人來，刊物沒有人看，救濟的方法，是去強迫早經有名，而並不分明左傾的作者來做文章，幫助他們的刊物的流佈。

> 統治階級的官僚，感覺比學者慢一點，但去年也就日加迫壓了。禁期刊，禁書籍，不但內容略有革命性的，而且連書面用紅字的，作者是俄國的，綏拉菲摩維支，伊凡諾夫和奧格涅夫不必說了，連

〔註82〕黎保榮：《魯迅對報刊謠言及其啟蒙涵蘊的深層分析》，《名作欣賞》，2010年第6期。

> 契呵夫和安特來夫的有些小說，也都在禁止之列。於是使書店只好
> 出算學教科書和童話，如 Mr. Cat 和 Miss Rose 談天，稱讚春天如何
> 可愛之類——因為至爾妙倫所作的童話的譯本也已被禁止，所以只
> 好竭力稱讚春天。
>
> 　在這樣的情形之下，那些讀者們，凡是一向愛讀舊式的強盜小
> 說的和新式的肉欲小說的，倒並不覺得不便。然而較進步的青年，
> 就覺得無書可讀，他們不得已，只得看看空話很多，內容極少——
> 這樣的才不至於被禁止——的書，姑且安慰饑渴。〔註83〕

簡言之，被官僚特許的商業化現象並不單純屬於商業行徑，而是政治與商業
的合謀，無論是禁止（禁期刊，禁書籍），還是替換（趕開書店原先的老闆和
店員，換上同夥），無論是自作（做些文章，印行雜誌，讓胡說八道的官辦刊
物與幫閒湊趣的「文學」雜誌充斥市場，造成一種天下太平的假象），還是
強作（強迫早經有名，而並不分明左傾的作者來做文章，幫助他們的刊物的
流佈），無論是作者稱讚春天，還是讀者無書可讀，都潛伏著奴役關係和權力
陰影。

　然而歷史的弔詭在於，無論魯迅如何反抗文學商業化，他卻不得不面對
「反抗商業化」的悖論。商業化的社會環境、作品作為商品的屬性和商業化
的過程等外在因素姑且不論，單就魯迅自身而言：後期魯迅放棄教席，在上
海「賣文為生」，尤其是 1932 年大學院津貼撤銷以後，版稅、稿酬和編輯費
便成為他主要的經濟來源。加上房子、家用、買書、看病、看電影、赴宴諸
如此類，開銷甚大，他更需要大量地「賣文謀生」，而當時上海商業文化的繁
榮為其提供了中產階級的經濟收入，也讓其在保持經濟獨立的同時，保持了
人格獨立，此其一。另外，他也深知自己的名氣與文章可以賣得高價。據
1996 年 11 期的《魯迅研究月刊》轉引《傳記文學》的資料，當年《申報‧自
由談》對魯迅的作品，特別提高稿酬為每千字三十元。不過，他的文章使
《自由談》發行數字直線上昇，也表明給他的待遇合情合理。〔註 84〕當然，
在絕大多數情況下，魯迅注重「賣」的商業化，而非「文」的商業化，就算
「賣」他也只是私下賣名氣實際上靠文章，因為當時他都用筆名，讀者不知

〔註83〕 魯迅：《魯迅全集》第 4 卷，人民文學出版社，2005 年版，第 293～294 頁。
〔註84〕 根據黎保榮《魯迅〈自由談〉稿酬考證及其啟發意義》（《新文學史料》，2008
　　　　年第 2 期）考證，魯迅在《申報‧自由談》的稿酬是每千字 10 元。

其真實身份。簡言之他與上述的商業化弊病相去甚遠，他旨在以寫作進行思想文化啓蒙。

鑒於此，有學者指出魯迅等「市民藝術家」的兩種身份（既是市民又是藝術家）與文學商品的兩種屬性（既是文學又是商品）所隱藏的商業化的複雜性：「市民」對「藝術家」有一種基本的規約，而「藝術家」對「市民」卻也有一種超越；具體到作品來看，文學作品在城市的人文循環中固然是一件商品，是作者出賣、讀者購買的對象，是文化市場中的一個環節；但又得承認它又是一件特殊的商品，是與香煙、時裝不同的商品，它自身的內容對它的商品外殼有一種衝破乃至否定；擴大到文壇，它既是一塊聖地又是一個名利場，所以它既可稱文苑又可稱文攤。因而文壇中人須得既重名利又重精神，而且有趣的是，那些在文壇汲汲於名利的作家卻往往一無所成而最終兩手空空，而那些看來不計名利、埋頭於名山事業的作家卻結果成就斐然、名利雙收；嚴肅作家的嚴肅態度固然令人刮目相看，但既有文學市場那種特殊的市場規律在，你安知他的嚴肅不是順從於市場規律的生意經？不管是有意爲之還是客觀達成，以藝術成就造成市民地位、商業價值是值得讚許的。〔註85〕

甚至可以說魯迅的悖論在於他一方面反抗文學商業化，但是另一方面他的創作卻也被商業化現象所幫助所啓發。因爲「商業文化以其特有的囂鬧、駁雜與混沌，消解和沖淡著專制政權的文化圍剿與輿論鉗制，拓展也活躍著黑暗時代的言論空間，這在客觀上有利於魯迅所進行的社會批判和文明批判，特別是有利於魯迅將一些憂憤深廣的作品順利地輸送到讀者面前」；另外，商業文化熱衷於標新立異，逐奇求怪，「這平添了魯迅的精神困擾，但也給他帶來了全方面的心理刺激和文學靈感，使他能夠站在思想和文化的前沿陣地，不間斷地同各種各樣的新事物和新現象，展開碰撞和對話，從而爆發出旺盛而持久的精神創造力」。〔註86〕正因如此，魯迅指出「除官辦及其走狗辦的刊物之外，別的書店的期刊，還是不能不設種種方法，加入幾篇比較的急進的作品去，他們也知道專賣空杯，這生意決難久長。左翼文藝有革命的讀者大眾支持，『將來』正屬於這一面。」（魯迅《黑暗中國的文藝界的現狀》）此乃商業化對創作及發表的幫助。也因爲如此，魯迅在《二心集·序言》聲

〔註85〕李書磊：《都市的遷徙》，時代文藝出版社，1993年版，第55～56頁。
〔註86〕古耜：《商業文化大潮中的魯迅》，《文學自由談》，2009年第3期。

明：「因為揭載的刊物有些不同，文字必得和它們相稱」，即在一定程度上，報刊對作品的風格要求（其實也是報刊的賣點）對魯迅的創作發生了或多或少的影響與啟發，也激發了魯迅的創造力，例如報刊對短評、雜感的篇幅短小、內容充實的要求造就了魯迅雜文的短小精悍、思想濃縮與文字洗練，《花邊文學》就是證明，所謂「花邊」既表重要，又限制篇幅，造就了魯迅雜文「精悍的語氣」。

綜上所述，梳理魯迅反抗文化與文學商業化的思想構成、應對策略、心理誘因，及其文學史意義和悖論，不僅對中國現代文學研究，還對中國現代思想史研究提供了很好的參照坐標和啟示價值。從經濟（商業）角度切入文學，又從文學角度反省經濟（商業），不單純是審視文學，也不單純是審視經濟，而是對文學、經濟的雙重審視，打造了一種「文學——經濟」的跨界視野，這就為中國現代文學研究提供了新的維度。

只不過，魯迅的反抗文學商業化思想最終是寂寞的。就歷史而言，像魯迅這樣長期而深入地反抗商業化的作家幾為鳳毛麟角（其他作家基本上是喊一兩嗓子之後就銷聲匿迹不予理睬），故此魯迅可以說是中國現代文學史上反抗商業化思想的最具代表性的作家，也是最孤獨的作家。就領域而言，魯迅既反抗舊文學的商業化，也反抗新文學的商業化，既反抗右翼文學的商業化，也反抗左翼革命文學的商業化，又反抗自由主義文學的商業化，甚至反抗摯友刊物（如北新的《語絲》）的商業化，簡直是左中右開弓，堅持「睜了眼看」的清醒的現實主義精神，和「橫站」的戰鬥姿態。就本質而言，魯迅的反抗商業化思想其實是反傳播的。無論是從狹義的文學書報角度來看，還是從廣義的文化傳播而言（對魯迅來說，是寫作、翻譯、報刊出版傳播等），他的反抗精神與「戰鬥主義」本質上是反傳播的，或者說反大眾傳播的，因為大眾傳播著重的是信息的傳播，是利益、市場、文化工業的進展，而魯迅的反抗商業化的文學傳播思想注重的卻是「思想的傳播」，或曰「思想革命」：如他主編的《語絲》任意而談，無所顧忌，但其他刊物卻不肯也不敢說《語絲》之所說；書報出版業竭盡全力投入市場擴大銷路，魯迅卻要反商業化；一般書報出版業「根子是在賣錢」，魯迅卻要「振勇毅之精神」，注重社會批評與文明批評，打造發言之地。雖然他也認識到一般讀者把書刊作為「裝飾與賞玩」（《書信·271206·致李小峰》），各種商業化手段的出現也在於出版者「明白讀者們的心想」（《書的還魂和趕造》），但他還是只想把他的思想（文化）

傳播給「少數讀者」「少數眞正用功的人」（黃源《魯迅先生與譯文》）。正是由於這種「思想傳播」的觀念和「理想讀者」的意識，他只注重讀者「需要什麼」，不注重讀者「想要什麼」，也正因他這種「傳播理想」的存在，導致大眾傳播手段與他的傳播目的之間的背反或差距，因此若從傳播手段或途徑而言，魯迅的文學文化傳播是悲劇性的。這已經不是一個「不善於經營事務」的經營手段與能力的問題，而是一個思想的問題。例如從翻譯傳播來看，按周作人的《魯迅的青年時代》，他就是反傳播的，1909 年他與周作人翻譯《域外小說集》，他選擇的不是大家名家，而更多是東歐北歐的「弱小民族國家」的作家作品、「偏僻的作品」，結果第一冊一千本和第二冊五百本在東京與上海都各賣出二十冊上下，「以後再沒有人買了」〔註87〕；直到 1934 年的《譯文》雜誌，他依然只重視少數讀者，不顧銷路，也就難以推廣。這還只是文本選擇、讀者意識的反傳播，在翻譯語言上也如此，《域外小說集》的古奧，翻譯俄文理論著作語言的艱澀便是證明。個中原因即在於他注重「思想傳播」而非大眾傳播，注重「精神食糧」而非消閒裝飾（所以別人翻譯是以能力、性情爲基礎，而他則爲了思想傳播不顧一切地硬譯）。爲此，即使像刊物《猛進》這樣「單槍匹馬在戰鬥」，他卻認爲「很好」。而他主編、參編的刊物大多短壽，除了言論環境等外在因素，更主要是他的思想傳播、思想革命與大眾傳播的目的殊異，與一般讀者的興趣衝突。這只是思想傳播和大眾傳播的差異，更有甚者魯迅有時是「拒絕傳播」的，如「鐵屋子」意象，他不希望「驚起了較爲清醒的幾個人」，認爲以文學和思想改革中國「希望之必無」，實質上就是反傳播的；又如他多次聲明《野草》只屬於自己，不希望青年讀者讀之。總之，主觀上，魯迅重視思想傳播，要造就「精神界的戰士」，至於客觀上的讀者影響、傳播效果則無暇無力顧及，即使單槍匹馬、讀者甚少也不改初衷。所以，在「思想」與「傳播」之間，魯迅可謂處境艦尬，難免「寂寞」。其實，魯迅對此是有自知之明的，他曾在《通訊》中說道：

> 我想，現在的辦法，首先還得用那幾年以前《新青年》上已經說過的「思想革命」。……雖然未免可悲，但我以爲除此沒有別的法。而且還是準備「思想革命」的戰士，和目下的社會無關。待到戰士養成了，於是再決勝負。我這種迂遠而且渺茫的意見，自己也覺得

〔註87〕魯迅博物館等選編：《魯迅回憶錄》專著中冊，北京出版社，1999 年版，第889 頁。

是可歎的。〔註88〕

換言之，魯迅是明白自己「思想革命」（包括反抗商業化思想）的前途黯淡，「和目下的社會無關」，是「迂遠」、「渺茫」、「可悲」、「可歎」的，充滿了啓蒙無效體驗，他只是習慣了反抗絕望，知其不可爲而爲之罷了。而後代讀者以寂寞叩響魯迅的寂寞，因爲寂寞，故能叩問靈魂，把「無聲的中國」變爲「有聲有魂的中國」，這不也是魯迅所希望的嗎？

〔註88〕魯迅：《魯迅全集》第 3 卷，人民文學出版社，2005 年版，第 23 頁。

伍、傑作還是拙作？
——對《狂人日記》評價差異的思考

李直飛[*]

摘要：傳統對《狂人日記》的評價與魯迅本人的評價存在著明顯的差異，差異存在的背後，是兩種不同標準的碰撞，傳統的評價標準站在文學史的角度，極力擡高《狂人日記》的地位，其中帶有著功利性和急迫性，而魯迅站在自身的寫作立場，對《狂人日記》頗有不滿。傳統評價的「禮教吃人」主題縮小了魯迅原初的意義，而在藝術形式方面擴大了魯迅的原意。這樣一種情況的存在，表明了理解魯迅、評價現代文學還需要相當的路要走。

關鍵詞：《狂人日記》；傳統評價；魯迅；差異

---

* 李直飛，文學博士，雲南師範大學文學院副教授。

1918 年 5 月，《新青年》第 4 卷第 5 號發表了魯迅的小說《狂人日記》，因爲是中國現代文學史上第一篇白話小說，因此佔有很高的地位。然而，對於這篇小說，作家本人的自評和評論家的評論從一開始存在著差異。

一、兩種評價之間

魯迅自己對《狂人日記》的評價早與評論界的評價。他在小說發表之後不久 1918 年 8 月 20 日致許壽棠的信中說道：

> 《狂人日記》實爲拙作，又有白話詩署「唐俟」者，亦僕所爲。
> 前曾言中國根柢全在道教，此說近頗廣行。以此讀史，有多種問題可以迎刃而解。後以偶閱《通鑑》，乃悟中國人尚是食人民族，因此成篇。此種發見，關係亦甚大，而知者尚寥寥也。〔註1〕

這裡並沒有說明爲什麼《狂人日記》是拙作，但點明了《狂人日記》「吃人」的主題，有意思的是，魯迅在這裡並沒有說明《狂人日記》是封建禮教和家族制度吃人，僅僅只是說吃人，這與後來的評價頗有不同。

而評論界較早對《狂人日記》作出評價的是 8 個月後傅斯年在 1919 年 2 月 1 日出版的《新潮》第 1 卷第 2 號上說：「就文章而言，唐俟君的《狂人日記》用寫實的筆法，達寄託的旨趣，誠然是中國第一篇好小說。」〔註2〕之後，在第 1 卷第 4 號的《新潮》上，傅斯年又在《一段瘋話》裏又談到了對《狂人日記》的讀後感：

> 又譬如魯迅先生所作《狂人日記》的狂人，對於人世的見解，真個透徹極了，但是世人總不能不說他是狂人。哼哼！狂人！狂人！耶穌、蘇格拉底在古代，托爾斯泰、尼采在近代，世人何嘗不稱他做狂人呢？但是過些時，何以無數的非狂人跟著狂人走呢？文化的進步，都由於有若干狂人，不問能不能，不管大家願不願，一個人去闢不經人迹的路。最初大家笑他，厭他，恨他，一會兒便要驚怪他，佩服他，終結還是愛他，像神明一般地待他。所以我敢決然斷定，瘋子是烏托邦的發明家，未來社會的製造者。至於他的命運，又是受嘲於當年，受敬於死後。這一般的非瘋子，偏是「前倨後恭」、「二三其德」的，還配說自己不瘋，說人家瘋嗎？

〔註1〕 《魯迅全集》第 11 卷（《兩地書書信（1904～1926）》），北京：人民文學出版社，2005 年版，第 365 頁。
〔註2〕 1919 年《新潮》第 1 卷第 2 號。

> 瘋子以外，最可愛的人物，便是小孩子。小孩子的神情心景，
> 不是我這笨思想說得出的。我們應當敬從的是瘋子，最當親愛的是
> 孩子。瘋子是我們的老師，孩子是我們的朋友。我們帶著孩子，跟
> 著瘋子走——走向光明去。〔註3〕

傅斯年將《狂人日記》視爲是「中國第一篇好小說」，禮讚「狂人」，在《狂人日記》評價史上一開始就將其地位擡得很高。

而幾乎與傅斯年發表上述稱讚《狂人日記》言論的同時，魯迅 1919 年 4 月 16 日回信給傅斯年說：

> 《狂人日記》很幼稚，而且太逼促，照藝術上說，是不應該的。
> 來信說好，大約是夜間飛禽都歸巢睡覺，所以單見蝙蝠能幹了。我
> 自己知道實在不是作家，現在的亂嚷，是想鬧出幾個新的創作家
> 來……〔註4〕

魯迅從藝術上指出了《狂人日記》「幼稚」、「逼促」的毛病，並說傅斯年認爲《狂人日記》好使因爲當時的白話小說不多的緣故。

1919 年 11 月，《新青年》第 6 卷第 6 號發表了吳虞的《吃人與禮教》，更明白地說出：

> 我讀《新青年》裏魯迅君的「狂人日記」，不覺得發了許多感
> 想。我們中國人，最妙是一面會吃人，一面又能夠講禮教。吃人與
> 禮教，本來是極相矛盾的事，然而他們在當時歷史上，卻認爲並行
> 不悖的，這眞正是奇怪了！
>
> 我們如今應該明白了！吃人的就是講禮教的！講禮教的就是吃
> 人的呀！〔註5〕

吳虞在這裡點明了魯迅《狂人日記》「禮教吃人」的主題。很有意思的是吳虞將魯迅的「中國人尚是食人民族」轉化成爲了「禮教吃人」的主題，「禮教吃人」之後也成爲了對《狂人日記》的經典解讀。

1923 年 10 月 8 日茅盾在《時世新報》副刊《文學》第 91 期發表的《讀〈吶喊〉》：

> 它的題目，體裁，風格，乃至裏面的思想，都是極新奇可怪的：

〔註3〕1919 年《新潮》第 1 卷第 4 號。
〔註4〕1919 年《新潮》第 1 卷第 5 號。
〔註5〕吳虞：《吃人與禮教》，1919 年 11 月 1 日《新青年》第 6 卷第 6 號。

這便是魯迅君的第一篇創作《狂人日記》。

這篇文章，除了古怪而不足爲訓的體式外，還頗有些「離經叛道」的思想。傳統的舊禮教，在這裡受著最刻薄的攻擊，蒙上了「吃人」罪名了。

在青年方面，狂人日記的最大影響是在體裁上，給青年們一個暗示，使他們拋棄「舊酒瓶」，努力用新形式，來表現自己的思想。〔註6〕

也許是離「五四」已經過去了一段時間，茅盾對《狂人日記》的評價不再是居於對「狂人」的熱切「吶喊」，形成了較爲冷靜的評價，從反封建禮教的主題到藝術形式的運用上都給予了總結，成爲公認的評價《狂人日記》的力作。

但之後魯迅對《狂人日記》的評價，依然不高。1933 年在《我怎麽做起小說來》說：

但我的來做小說，也並非自以爲有做小說的才能，只因爲那時是住在北京的會館裏的，要做論文罷，沒有參考書，要翻譯罷，沒有底本，就只好做一點小說模樣的東西塞責，這就是《狂人日記》。大約所仰仗的全在先前看過的百來篇外國作品和一點醫學上的知識，此外的準備，一點也沒有。〔註7〕

依然認爲《狂人日記》是搪塞之作，與一般評論者的評價差異很大。

1935 年在《新文學大系》所作的「導言」總結中說：

從一九一八年五月起，《狂人日記》、《孔乙己》、《藥》等，陸續的出現了，算是顯示了「文學革命」的實績，又因爲那時的認爲「表現的深刻和格式的特別」，頗激動了一部分青年讀者的心。然而這激動，卻是向來怠慢了紹介歐洲大陸文學的緣故。一八三四年頃，俄國的果戈理就已經寫了《狂人日記》；一八八三年頃，尼采也借了蘇魯支的嘴，說過「你們已經走了從蟲豸到人的路，在你們裏面還有許多份是蟲豸。你們做過猴子，到了現在，人還尤其猴子，無論比哪一個猴子」的。而且《藥》的收束，也分明的留著安特萊夫式的

〔註6〕茅盾：《讀〈吶喊〉》，1923 年 10 月 8 日《時事新報・文學》。
〔註7〕魯迅：《我怎麽做起小說來》，《魯迅全集》第 4 卷，北京：人民文學出版社，2005 年 11 月，第 526 頁。

陰冷。但後起的《狂人日記》意在暴露家族制度和禮教的弊害，卻
比果戈理的憂憤深廣，也不如尼采的超人的渺茫。〔註8〕

在這篇「導言」裏面，魯迅提出的「表現的深刻和格式的特別」成為了評價包括《狂人日記》在內的魯迅小說的經典解釋，《狂人日記》「意在暴露家族制度和禮教的弊害」也成為了定論，但魯迅還是表現出了對《狂人日記》的不滿，認為《狂人日記》之所以受到讀者的歡迎，是因為「向來怠慢了紹介歐洲大陸文學的緣故」，言下之意即是不是因為《狂人日記》有多麼的好。

從上述的梳理來看，魯迅自己評價《狂人日記》與其他評論者的評論始終存在著差異。魯迅多次表現出對《狂人日記》的不滿，很顯然並不僅僅是謙遜，而是有著他自己的評價標準，而傳統的對《狂人日記》評價也形成了自己固定的闡釋路徑，這兩者之間的差異，是我們在研究《狂人日記》的時候不能不引起注意的。

二、《狂人日記》評價傳統的形成

奠定《狂人日記》傳統闡釋路向的正是上述傅斯年、吳虞、茅盾等人的論述，這個評價傳統的形成並非一蹴而就的，而是經過了一段時間歷練的。一個引人注目的現象是，魯迅的《狂人日記》發表之後，並未像當下許多文學史所說的「小說發表之後立即引起巨大反響」〔註9〕，從現在的統計來看，從 1918 年魯迅發表《狂人日記》到 1923 年小說集《吶喊》出版，期間評論魯迅的文章只刊發過十一篇，而評價《狂人日記》的則才有五篇〔註10〕；茅盾在《讀〈吶喊〉》中也寫道：「前無古人的文藝作品《狂人日記》於是遂悄悄地閃了過去，不曾在『文壇』上掀起了顯著的風波。」〔註11〕這很明顯的表現出了《狂人日記》發表的時候讀者的冷清，也表明了在新文學運動初期，現代文學讀者群體並未形成。這裡有必要梳理一下魯迅發表《狂人日記》之時，中國現代文學讀者群體的情況。

1918 年《狂人日記》發表的時候，正值中國文學讀者新舊轉換之際。儘

〔註8〕 《且介亭雜文二集・〈中國新文學大系〉小說二集序》。

〔註9〕 朱棟霖、朱曉進、龍泉明主編《中國現代文學史》（1917～2000），北京：北京大學出版社，2012 年版，第 57～58 頁。

〔註10〕 〔美〕周杉 Eva Shan Chou 著，由元譯：《魯迅讀者群的形成：1918～1923》，《魯迅研究月刊》，2013 年第 3 期。

〔註11〕 茅盾：《讀〈吶喊〉》，《時事新報・文學》，1923 年 10 月 8 日。

管《新青年》1917 年宣稱其發行量已經到達一萬五千冊〔註12〕，但老牌的文學雜誌《小說月報》直到 1918 年才顯示出銷量下滑的迹象〔註13〕，並且一直延續到 1921 才開始改革，這顯示出在這一段時間內，一直是新文學讀者形成、舊文學讀者衰減的時期。1918 年，新文學讀者的培養才開始，而《新青年》更注重的是社會熱點的討論，文學並不占主要，「從《新青年》上，此外也沒有養成什麼小說的作家。較多的倒是在《新潮》」〔註14〕，《新青年》沒有養成什麼作家，自然在培養現代文學讀者方面也是有所欠缺的，這樣一來，魯迅發表《狂人日記》的時候，讀者較少也是在情理之中了。非但這時候現代文學讀者群體尚不成熟，就是整個現代文壇在這一時期內也還沒有形成，白話文通令全國使用是 1920 年，現代文學社團的蜂擁而出也是在 1920 年以後，「據統計，1921 年到 1923 年，全國出現大小文學社團 40 餘個，出版文藝刊物 50 多種。而到 1925 年，文學社團和相應刊物激增到 100 多個」〔註15〕，也就是說，現代文壇的形成遲於《狂人日記》的發表，而《狂人日記》所具有的現代性品格，超出了傳統中國讀者的閱讀經驗，導致了「文壇無法評判魯迅的價值」〔註16〕。在這樣一個《狂人日記》讀者群體處於空白期的時候，只有思想覺悟、藝術敏銳的圈子裏面的評論者才能發現《狂人日記》的價值，他們的評論就顯得尤為珍貴。

從《狂人日記》最早的幾篇評論者來看，顯然都出自於同一圈子裏面的人，傅斯年、吳虞都是《新青年》的撰稿人，而《新青年》當時正在集中火力批判封建禮教，「幾乎是無句不狂，有字皆怪的」〔註17〕。當時的傅斯年，初闖社會，看當時的社會幾乎是什麼都不順眼，「對於殊樣社會的態度，用個不好的典故，便是『愛之欲其生，惡之欲其死』，用個好典故，便是『見善若驚，疾惡如仇』」〔註18〕，這樣一個充滿著激烈情緒的的年青人，正是魯迅所

〔註12〕汪原放：《亞東圖書館與陳獨秀》，上海：學林出版社，2006 年版，第 33 頁。
〔註13〕柳珊：《在歷史縫隙間掙扎——1910～1920 年間〈小說月報〉研究》，南昌：百花洲文藝出版社，2004 年，第 48 頁。
〔註14〕《且介亭雜文二集·〈中國新文學大系〉小說二集序》。
〔註15〕錢理群、溫儒敏、吳福輝著：《中國現代文學三十年》（修訂本），北京：北京大學出版社，2004 年版，第 16 頁。
〔註16〕〔美〕周杉 Eva Shan Chou 著，由元譯：《魯迅讀者群的形成：1918～1923》，《魯迅研究月刊》，2013 年第 3 期。
〔註17〕茅盾：《讀〈吶喊〉》，1923 年 10 月 8 日《時事新報·文學》。
〔註18〕傅斯年：《〈新潮〉之回顧與前瞻》，《傅斯年全集》第四冊。

期望的「破壞中國的寂寞」〔註19〕的人，他在答覆魯迅的信中表達了他與魯迅的一致：「現在的中國是再要寂寞沒有的，別人都不肯叫，只好我們叫叫，大家叫得醒了。有人大叫就是我們的功勞。有人說我們是夜貓，其實夜貓也是很好的。晚上別的叫聲都沉靜了，樂得有它叫叫，解解寂寞，況且夜貓可以叫醒了公雞，公雞可以叫明了天，天明就好了承。」〔註20〕在當時「五四」的氛圍裏面，對於「狂人」形象的歌頌那是情理之中的事。而吳虞將《狂人日記》的主題歸結爲「禮教吃人」，一方面正如魯迅後來在《吶喊》自序中所言，這篇小說確實有著「須聽將令」的「禮教吃人」的因子，一方面與整個新文化運動的思潮及吳虞自身相關。新文化運動當時正重新「評判孔子，抨擊文化專制主義，倡導思想自由」〔註21〕，其中攻擊儒家最激烈的正是被胡適譽爲「只手打孔家店」的吳虞，在寫出《吃人與禮教》之前，就已經發表了《辯孟子關楊・墨之非》、《家庭制度爲專制主義之根據論》、《非孝》等批判封建禮教的一系列文章，一九一〇年因揭露其父醜聞而被視爲「名教罪人」，對封建禮教可謂是深惡痛絕，因而攻擊起來也是不遺餘力，魯迅《狂人日記》的出現，吳虞用歷史上吃人的實例對魯迅《狂人日記》的「禮教吃人」進行了闡釋，正好符合了五四的時代精神及吳虞自身對封建禮教的憎惡。在某種程度上，形成了早期對《狂人日記》中狂人的推崇、禮教吃人的闡釋，是當時的社會思潮、闡釋者立場及作品本身的合力形成的。

在當時現代文學讀者群體尚未成熟的時候，傅斯年、吳虞等人對《狂人日記》的解讀在這一闡釋空白期形成了某種空谷足音的感覺。而後來的闡釋著沿著他們的闡釋路向走下去從一定程度上與他們已經形成的權威闡釋相關。到了1920年代之後，現代文學的閱讀群體成形，現代文學閱讀群體壯大，也就在這個時期，傅斯年、吳虞、茅盾等人都成爲了現代文學的「權威」。傅斯年曾經主編過影響很大的《新潮》雜誌，是五四運動中的學生領袖，早已在《新青年》、《新潮》等雜誌上撰稿贏得名聲，到了三十年代胡適編輯的《中國新文學大系・建設理論集》收論文47篇，傅斯年占7篇，其數量僅次於胡適本人，足可看出其當時的影響〔註22〕；而吳虞早在五四時期已經爆的大名，

〔註19〕 《傅斯年答魯迅》，《傅斯年全集》第七冊。

〔註20〕 傅斯年：《〈新潮〉之回顧與前瞻》，《傅斯年全集》第四冊。

〔註21〕 錢理群、溫儒敏、吳福輝著：《中國現代文學三十年》（修訂本），北京：北京大學出版社，2004年，第7頁。

〔註22〕 張泰：《論五四時期傅斯年的激進與隱退》，《南京廣播電視大學學報》，1996

陳獨秀編輯的《新青年》連續 6 期刊登他批判儒家、反對孔子的文章，成為和陳獨秀齊名的人物，胡適口中的「中國思想界的清道夫」，也因此於 1921年受邀執教於北京大學；茅盾的《讀〈吶喊〉》儘管發表得比傅斯年、吳虞要晚，但因為是從文學藝術的角度而不僅僅是思想的角度對《狂人日記》進行的解讀，因此更顯在文學史上的重要性，並且茅盾當時是大名鼎鼎的《小說月報》的主編，在《小說月報》的好幾期上刊登了《春季創作漫談》、《評四五六月的創作》等，隱然已經成為了文壇領袖。這些已經形成的文學「權威」，無疑對剛剛形成的現代文學閱讀群體對《狂人日記》的評價形成了強烈的導向作用。

而事實也是如此，之後主要評論《狂人日記》的論文都是遵從傅斯年、吳虞、茅盾的評價路徑進行的，包括幾部重要的文學史。王瑤的《中國新文學史稿》，將《狂人日記》定性為：「充滿了反封建的戰鬥熱情」〔註23〕，沿襲了五四起源的論述，同時《狂人日記》也在反孔反封建的意義上被確立為現代文學的「創世紀」標誌。〔註24〕其後的文學史，包括20世紀80年代突破學術禁區的幾部文學史，都沒有突破這個藩籬。影響很大的錢理群等人編著的《中國現代文學三十年》詳細闡述了《狂人日記》現代技巧因素，基本上延續的還是茅盾的評論；朱棟霖等人新編的《中國現代文學史》（1917～2000）視「《狂人日記》……揭露了從家族到社會的『吃人』現象，抨擊了封建家族制度和禮教的『吃人』本質，表現了現代人最初的覺醒意識」〔註25〕，這些文學史的影響之大，其權威性使得《狂人日記》的「封建禮教吃人」和日記體的創新形式成為了學術常識和慣性。

三、魯迅的標準

一般來說，作家本人對作品的評價往往是最為權威的，但評論者在評價《狂人日記》的時候，對魯迅本人對這篇小說的評價往往是有選擇性的摘取的，並且選取的往往是魯迅在《中國新文學大系・小說二集・導言》中總結

年第 2 期。

〔註23〕王瑤：《中國新文學史稿》，開明書店，1951 年，第 84 頁。

〔註24〕李音：《何種「反封建」？——〈狂人日記〉經典化考論》，《文藝爭鳴》，2009年第 3 期。

〔註25〕朱棟霖、朱曉進、龍泉明主編：《中國現代文學史》（1917～2000），北京：北京大學出版社，2012 年版，第 63 頁。

性的評語：「……算是顯示了『文學革命』的實績……表現的深刻和格式的特別……意在暴露家族制度和禮教的弊害」，魯迅其他的關於這篇小說的評語幾乎被屏蔽了，這真是一個值得深思的現象。

從一般評論者對《狂人日記》的推崇備至與魯迅對這篇小說多次的不滿，我們不難看出一般的評論標準與魯迅的看法並不在同一個平面內。從前面的分析可以看出來，一般的評論大約集中在第一篇白話小說、反封建性和日記體、象徵等表現形式上。這是站在文學史的高度來評價這篇小說的標準，而魯迅顯然並不是站在文學史的高度上，更多的時候，魯迅評價《狂人日記》是站在自身的寫作歷程中，與其後的作品對照中來看的。這兩個標準有著重合的地方，但也有著不一致的地方，當過度突出《狂人日記》的文學史意義的時候，我們可能會遮蔽一些這部小說本身的一些東西，從而把魯迅的世界縮小了。

回過頭來看看一般評論者與魯迅對《狂人日記》的評價，其差異主要表現在兩個地方，一是關於「吃人」的主題，二是關於藝術手法。

從當前的資料來看，魯迅談到《狂人日記》主題的主要有那麼幾次，一次是 1918 年 8 月 20 日致許壽裳的信說「乃悟中國人尚是食人民族，因此成篇」；一次是在 1924 年 1 月 12 日，《京報副刊》發表孫伏園《關於魯迅先生》一文，文中談到「魯迅最不願意的竟有人給小孩子選讀《狂人日記》。他說：『中國書籍雖然缺乏，給小孩子看的書雖然尤其缺乏，但萬想不到會輪到我的《吶喊》。』他說他雖然悲觀，但到今日的中小學生長大了的時代，也許不至於『吃人』了，那麼這種兇險的印象給他們做什麼」〔註 26〕；還有一次是在 1935 年在《新文學大系》所作的「導言」總結「《狂人日記》意在暴露家族制度和禮教的弊害」。從這幾次所涉及的內容來看，前兩次魯迅提及的都是「食人」、「吃人」，而沒有具體說是「家族制度和禮教吃人」。很顯然，「吃人」遠比「家族制度和禮教吃人」的所指範圍要廣得多。翻開《狂人日記》仔細閱讀，不難發現其中有著象徵著「封建家族和禮教制度吃人」的比喻意象，但更多的是具體的現實或歷史存在著的「吃人」現象。魯迅是站在「人」的角度來寫作《狂人日記》的，不僅僅可以從上面他三次談及的《狂人日記》的主題可以看出，從其他方面也可以得到佐證，《京報副刊》發表的孫伏園《關於魯迅先生》一文，除了提到魯迅先生不滿意將《狂人日記》作

〔註 26〕《注釋〈華蓋集續編〉札記（一）》，《魯迅研究資料》（4）。

為教材之外，還提到魯迅對於自己的小說作品之評價。「我曾問魯迅先生，其中哪一篇最好，他說他最喜歡《孔乙己》，所以譯了外國文。我問他的好處，他說能於寥寥數頁之中，將社會對於苦人的冷淡，不慌不忙地描寫出來，諷刺又不很明顯，有大家風度。」〔註27〕研究者在引用的時候，往往只注意到《孔乙己》「不慌不忙地描寫出來，諷刺又不明顯的從容」，而忽略了前面一句「將社會對於苦人的冷淡」，這一句話顯示出來的魯迅對「人」的同情，是站在一個除了封建科舉制度或者是禮教制度之外更廣的「人類」的角度在寫作。魯迅對《狂人日記》的不滿與對《孔乙己》的讚賞已經廣為人知，如果我們將《狂人日記》與《孔乙己》作對比的話，除了藝術手法的「逼促」與「從容」相區別之外，我們可能感受更多的是魯迅對孔乙己傾注了更多的同情，而《狂人日記》除了「可怖」或者「惶恐」，更多的是一種思想的直露，在對「人」的同情上顯然弱於《孔乙己》。也就是說在評價《狂人日記》的時候，從吳虞提出「禮教吃人」開始，出自於當時五四批判的現實需要，實行一種「選擇性的疏忽」，已經縮小了魯迅原初的意義，由「吃人」變成了「禮教吃人」。

這裡似乎有一個矛盾，魯迅在上述三次談到《狂人日記》的主題時，前兩次說的是「食人」、「吃人」，而在《新文學大系·小說二集·導言》中則說「暴露家族制度和禮教的弊害」，魯迅自己也把他當初的意義給縮小了。如果我們結合編寫《新文學大系》的前因後果也許可以看出一些端倪。編寫《新文學大系》於 1935 年開始，而當時文壇上的情況是國民黨「提倡所謂『禮義廉恥』，推行『新生活運動』，鼓吹『尊孔讀經』，『恢復固有文化』。一批無恥的御用文人大肆攻擊白話文學，提倡『文言復興』；還利用劉半農的逝世，借題咒罵五四文學革命。社會上充滿著一股復古倒退的逆流。」〔註28〕面對著這股「復古」逆流，魯迅當時寫了大量的雜文進行批判，比如《趨時和復古》反對的是「復古」，《此生或彼生》說的是文言的不合時宜等，其實這是一場捍衛五四，攻擊封建的鬥爭。魯迅在寫《編選感言》的時候說到：

> 這是新的小說的開始時候。技術是不能和現在的好作家相比較的，但把時代記在心裏，就知道那時倒很少有隨隨便便的作品。內

〔註27〕《注釋〈華蓋集續編〉札記（一）》，《魯迅研究資料》（4）。
〔註28〕趙家璧：《從一段魯迅軼文所想到的——回憶魯迅編選〈中國新文學大系·小說二集〉》，《山東師院學報》，1977 年第 5 期。

容當然更和現在不同了，但奇怪的是二十年後的現在的有些作品，卻仍然趕不上那時候的。

　　後來，小說的地位提高了，作品也大進步，只是同時也孿生了一個兄弟，叫作「濫造」。〔註29〕

魯迅在言及當時的小說創作的時候，與五四前後的小說作了比較，結合魯迅當時正在不斷攻擊封建復古，我們有理由相信，魯迅在編選《新文學大系》的時候，也有著反對封建復古的考慮。於是，筆者這裡不妄猜測，魯迅在《新文學大系·小說二集·導言》中評價《狂人日記》與之前有不同，將其定位為「意在暴露家族制度和禮教的弊害」，大約有以下幾個原因：一是《狂人日記》中確實存在著「禮教吃人」；二是經過評論者的不斷評論，到了 20 世紀 30 年代，《狂人日記》「禮教吃人」已經在讀者心目中形成了定論；三是出於當時捍衛五四，批判封建復古逆流的需要，將《狂人日記》定位為「意在暴露家族制度和禮教的弊害」。

　　而在藝術上，魯迅提到《狂人日記》太過「逼促」，不如《孔乙己》的「不慌不忙」、「從容」，之所以受讀者喜歡，是因為「向來怠慢了紹介歐洲大陸文學的緣故」，我們從魯迅的表述中不難看出，魯迅是將《狂人日記》置於他的整個創作過程和與外國文學作比較的，與之後的創作來看，「此後雖然脫離了外國作家的影響，技巧稍為圓熟，刻劃也稍加深切，如《肥皂》，《離婚》等，但一面也減少了熱情，不為讀者們所注意了〔註30〕」，魯迅很顯然認為《狂人日記》的藝術是不夠成熟的；與外國作家相比較，《狂人日記》受到果戈理的同名小說的影響依然嚴重。這裡我們可以看出魯迅在藝術上的不斷追求成熟與獨創。在傳統的評論裏面，《狂人日記》的創作通常是與五四之前的文學創作相比較的，「這奇文中的冷雋的句子，挺峭的文調，對照著那含蓄半吐的意義，和淡淡的象徵主義的色彩，便構成了異樣的風格，使人一見就感著不可言喻的悲哀的愉快」〔註31〕，茅盾的這段話，成為了從藝術角度來闡釋《狂人日記》的經典，也就是說，傳統闡釋《狂人日記》是將其放在中國新舊文學轉型的歷史線條中去看待它的價值的，而往往缺乏了將其放在整個魯迅創

〔註29〕趙家璧：《從一段魯迅軼文所想到的——回憶魯迅編選〈中國新文學大系·小說二集〉》，《山東師院學報》，1977 年第 5 期。
〔註30〕《且介亭雜文二集·〈中國新文學大系〉小說二集序》。
〔註31〕茅盾：《讀〈吶喊〉》，1923 年 10 月 8 日《時事新報·文學》。

作過程中作比較，放大了魯迅的本意。這也許是有著「新文學創作實績」的偉大功績不容質疑的考慮吧。

從上面的論述我們可以看出，在《狂人日記》的思想主題層面，傳統的評價是縮小了魯迅原來的意義，而在藝術技巧層面，又放大了魯迅的原初意義。在這一個「縮小」一個「放大」之間，產生了傳統對《狂人日記》評價與魯迅自身評價的差異，而這種差異的存在，表明了傳統評價的某種功利性與急切性，似乎，我們要消化魯迅，要冷靜、客觀的評價現代文學，還需要相當的路要走。

陸、文學敘事與歷史眞實
——爲魯迅筆下的庸醫何廉臣正名

盧　軍[*]

摘要：魯迅筆下被經典化了的庸醫陳蓮河即清末至民國時期紹興名醫何廉臣，何是魯迅父親周伯宜生前爲其診治的最後一個醫生，被魯迅視爲巫醫不分的江湖派騙子和導致其父 37 歲就拋妻別子離世的罪魁禍首。魯迅因之數次著文討伐這位同鄉。但周作人、周建人兄弟相關回憶文字中關於何廉臣的記述與魯迅有不少出入之處。再將近代醫史上關於何廉臣行醫治學的史料，與當代醫者對周伯宜病因、症狀、死亡原因、何廉臣的治療方案等結合起來進行綜合考證，可以看出：魯迅將父親之死歸咎於何廉臣是有失公允的。歷史上的何廉臣絕非魯迅所說的「有意的騙子」，而是一位醫學造詣頗深、提倡「輸入新知」、融匯中西醫學來治病救人的一代名醫。魯迅對中醫與何廉臣所持偏激態度的原因大致有二：其一是喪父之痛和個人的私怨；其二是這種視中醫爲封建殘餘而排斥抨擊的姿態是印著鮮明時代風格烙印的，即魯迅是站在反封建反傳統文化的啓蒙立場來批判中醫的，矛頭指向並非何廉臣個人。

關鍵詞：魯迅，何廉臣，周伯宜，中醫觀，庸醫，傳統文化

* 盧軍，女，山東萊蕪人，四川大學文學與新聞學院博士後，聊城大學文學院副教授，碩士生導師，主要從事中國現當代文學研究。

　　魯迅所著回憶性散文《父親的病》中爲其父周伯宜治病的 S 城名醫陳蓮河因開了「蟋蟀一對（要原配）」的藥引子而成爲國人心中迂腐可笑的庸醫的代表人物。陳蓮河即清末至民國時期紹興名醫何廉臣，魯迅有意把其名用諧音顚倒過來寫。魯迅數次著文討伐這位同鄉。那麼，魯迅與何廉臣到底有何恩怨呢？

一

　　魯迅不信任中醫是眾所周知的事，他的小說雜文中冷嘲貶低中醫的章節至少有四十餘處，早年甚至痛斥中醫爲「殺人之醫」（《致蔣抑厄》），《吶喊·自序》中說：「我還記得先前的醫生的議論和方藥，和現在所知道的比較起來，便漸漸的悟得中醫不過是一種有意的或無意的騙子」〔註1〕。顯然，何廉臣是被魯迅歸爲「有意的騙子」一類的。何廉臣在魯迅筆下出現三次：

　　（一）發表於 1918 年 5 月 4 日的《狂人日記》中第四小節描述的中醫何先生：

> 　　我大哥引了一個老頭子，慢慢走來；他滿眼凶光，怕我看出，只是低頭向著地，從眼鏡橫邊暗暗看我。……大哥說，「今天請何先生來，給你診一診。」我說「可以！」其實我豈不知道這老頭子是劊子手扮的！無非借了看脈這名目，揣一揣肥瘠：因這功勞，也分一片肉吃。我也不怕；雖然不吃人，膽子卻比他們還壯。伸出兩個拳頭，看他如何下手。老頭子坐著，閉了眼睛，摸了好一會，呆了好一會：便張開他鬼眼睛說，「不要亂想。靜靜的養幾天，就好了。」……老頭子跨出門，走不多遠，便低聲對大哥說道，「趕緊吃罷！」大哥點點頭。……這幾天是退一步想：假使那老頭子不是劊子手扮的，眞是醫生，也仍然是吃人的人。他們的祖師李時珍做的「本草什麼」上，明明寫著人肉可以煎吃；他還能說自己不吃人麼？

魯迅從外貌、動作、語言幾方面簡筆勾畫出的何先生絕非懸壺濟世的醫者，而是一個封建勢力的幫兇、一個心存歹念的殺人不見血的劊子手。魯迅將其與明代醫學家李時珍和他的巨著《本草綱目》一併加以嘲諷鞭撻。

〔註1〕　魯迅：《〈吶喊〉自序》，《魯迅全集》第 1 卷，北京：人民文學出版社，1981年版，第 416 頁。

（二）發表於 1919 年 10 月的小說《明天》中的庸醫叫何小仙。寡婦單四嫂子帶上家中所有的錢去何氏診所，把醫治重病兒子的最後一絲希望寄託在何小仙身上。

> 何小仙伸開兩個指頭按脈，指甲足有四寸多長，單四嫂子暗地納罕，心裏計算：寶兒該有活命了。但總免不了著急，忍不住要問，便局局促促的說：
>
> 「先生，——我家的寶兒什麼病呀？」
>
> 「他中焦塞著。」
>
> 「不妨事麼？他……」
>
> 「先去吃兩帖。」
>
> 「他喘不過氣來，鼻翅子都扇著呢。」
>
> 「這是火克金……」

何小仙說了半句話後便閉上眼睛。他的助手很快開好一張藥方，指著紙角上的幾個字說道：「這第一味保嬰活命丸，須是賈家濟世老店才有！」一個留著四寸長指甲的男人在現實生活中實為罕見，魯迅用漫畫化的筆法塑造的何小仙哪裏像個救命的醫生，簡直是個索命的妖道。他開的「保嬰活命丸」頗具反諷色彩，寶兒服後下午就夭折了。「小仙」、「半仙」等都屬漢語言詞彙中的貶義詞，絕非稱讚其醫術高超、妙手回春。當心急如焚的病人家屬問及病情時，何小仙用漫不經心、故弄玄虛的話語敷衍塞責，昏庸麻木，視貧弱患者的生命如草芥，令人痛恨。他還毫無醫德可言，指明保嬰活命丸只有賈家濟世老店才有。「賈」諧音「假」，與《紅樓夢》中的「賈」有類似功用。連單四嫂子這樣一個粗笨女人也想到了：何醫生、賈家藥店和自己，正是一個三角點關係。這說明何小仙與賈家藥店存在經濟利益關係。

（三）寫於 1926 年 10 月的的回憶性散文集《朝花夕拾》中的《父親的病》裏，魯迅詳盡地描述了父親治療的經過。為魯迅父親看病的醫生中時間最久的是姚芝仙，有兩整年他隔日一回來診治魯迅父親的病。在「父親的水腫是逐日利害，將要不能起床」的情況下，自感江郎才盡的姚芝仙遂推薦何廉臣來接替：

> 陳蓮河的診金也是一元四角。但前回的名醫的臉是圓而胖的，他卻長而胖了：這一點頗不同。還有用藥也不同。前回的名醫是一個人還可以辦的，這一回卻是一個人有些辦不妥帖了，因為他一張

藥方上，總兼有一種特別的丸散和一種奇特的藥引。

　　蘆根和經霜三年的甘蔗，他就從來沒有用過。最平常的是「蟋蟀一對」，旁注小字道：「要原配，即本在一窠中者。」似乎昆蟲也要貞節，續弦或再醮，連做藥資格也喪失了。還有「平地木十株」呢。……

　　……藥引尋到了，然而還有一種特別的丸藥：敗鼓皮丸。這「敗鼓皮丸」就是用打破的舊鼓皮做成；水腫一名鼓脹，一用打破的鼓皮自然就可以克伏他。

　　陳蓮河先生開方之後，就懇切詳細地給我們說明。

　　「我有一種丹，」有一回陳蓮河先生說，「點在舌上，我想一定可以見效。因為舌乃心之靈苗……。價錢也並不貴，只要兩塊錢一盒……。」

　　我父親沉思了一會，搖搖頭。

　　「我這樣用藥還會不大見效，」有一回陳蓮河先生又說，「我想，可以請人看一看，可有什麼冤愆……。醫能醫病，不能醫命，對不對？自然，這也許是前世的事……。」

　　我的父親沉思了一會，搖搖頭。

　　……

　　不肯用靈丹點在舌頭上，又想不出「冤愆」來，自然，單吃了一百多天的「敗鼓皮丸」有什麼用呢？依然打不破水腫，父親終於躺在床上喘氣了。還請一回陳蓮河先生，這回是特拔，大洋十元。他仍舊泰然的開了一張方，但已停止敗鼓皮丸不用，藥引也不很神妙了，所以只消半天，藥就煎好，灌下去，卻從口角上回了出來。

在該文中，魯迅對陳蓮河（即何廉臣）的討伐從五方面展開：1、收取高昂的出診費，無視病人經濟承受能力。2、開出的藥引多屬刁鑽怪異，諸如「原配蟋蟀一對」、「平地木十株」。3、用打破的鼓皮製成的「敗鼓皮丸」來治療水腫，據說是借鼓皮尅服腫脹之意，是唯心和荒唐可笑的。4、對於病理解說的謬誤，用「舌乃心之靈苗」之類的話故弄玄虛、欺蒙患者，把患者久病不

愈歸爲前世的冤愆事。5、涉嫌兼職藥託，因「敗鼓皮丸」只有在天保堂獨家出售，而天保堂顯然已與何廉臣診所結成經濟同盟。這與《明天》中何小仙開的保嬰活命丸指明只有賈家濟世老店才有道理相同。因此，魯迅譏諷何廉臣爲傳說中的上古名醫軒轅岐伯的「嫡派門徒」，因爲軒轅時候是巫醫不分的。

奇怪的是，名醫姚芝仙爲其父周伯宜治病時間最長，姚芝仙同樣收取高昂的診金，但對病人的態度卻是漫不經心的，「去時，卻只是草草地一看」。何廉臣接手治療周伯宜時其已病入膏肓，但不知爲何魯迅倒沒有對姚芝仙大加討伐，而是對何廉臣憤恨有加。或許因爲周伯宜最後在何廉臣手裏死去，魯迅把帳一併算在他頭上了吧。魯迅事後對中醫和何廉臣的譏諷，明顯帶有個人的色彩。「我有4年多，曾經常常，——幾乎是每天，出入於質鋪和藥店裏，年紀可是忘卻了，總之是藥店的櫃檯正和我一樣高，質鋪的是比我高一倍，我從一倍高的櫃檯外送上衣服或首飾去，在侮蔑裏接了錢，再到一樣高的櫃檯上給我久病的父親去買藥。回家之後，又須忙別的事了，因爲開方的醫生是最有名的，以此所用的藥引也奇特：冬天的蘆根，經霜三年的甘蔗，蟋蟀要原對的，結子的平地木，……多不是容易辦到的東西。然而我的父親終於日重一日的亡故了。」正因爲中醫在少年魯迅的心中留下如此深刻的烙印，於是他至死不信中醫，後於1904年東渡日本學習西醫，目的單純明朗：「我的夢很美滿，預備卒業回來，救治像我父親似的被誤的病人的疾苦，戰爭時候便去當軍醫，一面又促進了國人對於維新的信仰」〔註2〕。

二

但是翻閱資料，關於父親周伯宜的病，周氏兄弟的敘述是有差異的，有關何廉臣形象的描述也不盡相同。

周作人也作了同名文章《父親的病》，主要是補充更正一些魯迅《吶喊》自序中記憶中失實之處：「魯迅的父親伯宜公是清光緒丙申（一八九六年）九月去世的，序上說有四年多常常出入於質鋪和藥店裏，推算該是癸巳至丙申，但這乃是記憶錯誤，因爲甲午八月伯宜公的妹子嫁在東關金家的因難產去世，他去送入殮，親自爲穿衣服，可知那時還是康健，所以生病可能是在這

〔註2〕 魯迅：《〈吶喊〉自序》，《魯迅全集》第 1 卷，北京：人民文學出版社，1981
　　　 年版，第 416 頁。

年的冬天或是次年的春天。那時所請教的醫生，最初有一個姓馮的，每來總是酒醉醺醺，說話前後不符，就不再請了，他的一句名言『舌爲心之靈苗』，被魯迅記錄下來，但是掛在別人的賬上了」〔註3〕。據此可知，當年何廉臣到底開了什麼方劑爲其父治療魯迅未必能記得清楚，因爲周伯宜從1893年冬患病到1896年10月病故歷時頗久，時年十幾歲的魯迅對醫生的診治方案記憶有誤是在所難免的事。至少「舌爲心之靈苗」並非何廉臣說的，點在舌頭上的丹藥也是馮姓醫生開的。

周作人在談及小說《明天》中的人物何小仙時說到，《明天》並沒有原型，只是魯迅虛構的一個故事，並非寫實小說。寶兒所患的病大概是肺炎，因魯迅心裏想念著六歲時因肺炎死亡的四弟。「在記述單四嫂子抱了小孩去找醫生的時候，魯迅重重的譴責那些庸醫，與五六年後所寫《朝花夕拾》中的一篇《父親的病》可以比較。什麼中焦塞著，什麼火克金，說著這類的話亂開藥方，明瞭的顯出不學無術，草菅人命的神氣。醫生何小仙的姓名也顯示與爲魯迅的父親醫病的何廉臣（《朝花夕拾》中稱作陳蓮河）有聯帶的關係，《狂人日記》裏的醫生也是姓何。」〔註4〕從周作人文中可進一步證實，魯迅塑造的何小仙、何醫生、陳蓮河都是何廉臣的化名。

在周建人的回憶文章中，何廉臣的形象有別於長兄。周伯宜故世後，魯迅的祖父和祖母都是延請何廉臣診病。據周建人回憶：1904年5月間，祖父周福清生了病，看樣子好像感冒、發熱、有點氣急，人倒似乎還有精神，祖母和母親商量後請來專門醫治傷寒感冒雜症的名醫何廉臣來給他診治。何廉臣給祖父把脈、看過舌苔後，對祖父說：「老先生，我照直說了吧，想來你也是一個曠達的人，必不見怪。」祖父請其直說。何廉臣說：「你這毛病，醫藥書中沒有這樣的方子留下來，隨便開方也不好，我不開了，你可以準備後事了。」「我們在旁邊的人聽了很突然，因爲祖父不像要死的樣子，是不是醫生弄錯了呢？可是這醫生卻好像很有把握的樣子，拿了出診費就走了。」〔註5〕祖父制止了家人請別的醫生，開始安排自己的後事。家人都認爲祖父一向身

〔註3〕 周作人：《周作人自編文集・魯迅小說裏的人物》，石家莊：河北教育出版社，2002年版，第7頁。
〔註4〕 周作人：《周作人自編文集・魯迅小說裏的人物》，石家莊：河北教育出版社，2002年版，第36頁。
〔註5〕 參見周建人口述、周曄編寫：《魯迅故家的敗落》，長沙：湖南人民出版社，1984年版，第214頁。

體健康、很少生病，只要安心靜養，也許會好起來的，但幾天後他突然說起不來了，當晚在熟睡中停止呼吸。

1910 年春天，魯迅祖母生病，總是發燒，自認爲是風寒感冒，家人請了一個據說藥方很靈驗的郎中給祖母看病，把脈、看舌苔之後，他就開了方，並說：「這是兩貼藥，吃了包好。」才吃一貼，就退了燒，家人都很高興，說藥眞靈。可是，祖母開始出汗，手心的汗是黏的，還發涼。家人開始覺得嚴重。拖延幾天後，魯迅母親還是去請來了名醫何廉臣。何廉臣把脈、看舌苔後，問母親：「老太太吃過什麼藥嗎？」母親便拿出上次那個郎中開的藥方來，何廉臣看過後表示，如果不看到病人，單看藥方是再好沒有的，「只有一點，他把病人的年齡忘了，如果老太太不是六十九歲，而是四、五十歲，那麼，吃了這貼藥，包好。他把麻黃的分量開得太重，老年人是抵擋不住的。」他隨後開了一貼藥，讓家人煎服，說如果服下冷汗沒有了，人不昏了，再來叫我。如果冷汗止不住，你們不必叫我了，準備後事吧！」〔註6〕幾天以後的農曆四月初五，正如何廉臣所預料的那樣，魯迅祖母停止了呼吸。如周建人回憶無誤，那麼何廉臣的醫術確是很高明的，決不是故弄玄虛蒙蔽病人的江湖派醫生。且魯迅家人都很信服他，否則不會在周伯宜去世後還一再請他看病。可見，除魯迅外，家人並未把周伯宜的早逝歸咎於他。

三

那麼，近代史上眞實的何廉臣是怎樣一個醫生呢？查閱《中醫大辭典》、《中醫名詞術語精華辭典》、《中國歷史人物辭典》等工具書，對何廉臣生平簡介可歸納如下：何廉臣（1860～1929），名炳元，浙江紹興人，近代醫學家。出生於世醫之家，祖父何秀山爲名醫。先後從師數人，有樊開周、祖秀山、沈雲臣、沈蘭姹、嚴繼春、趙晴初等名醫。在學術上思想少保守，不墨守成規，敢於提出不同見解。對不同師承均能融匯貫通，反對把切脈在診病中的作用過度誇大，主張全面「觀形察色、驗舌辨苦、查病源、度病所、審病狀、究病變，然後參之以脈」，才不致「爲脈所惑」。西洋醫學在中國傳播之後，他又廣購歐美西醫著作譯本，悉心研習，汲其所長，主張中西匯通。20 世紀初，周雷樵發起組織中國醫學會，何廉臣擔任中國醫學會副會長

〔註6〕參見周建人口述、周曄編寫：《魯迅故家的敗落》，長沙：湖南人民出版社，1984 年版，第 284 頁。

兼紹興醫學會會長。1908 年，創辦《紹興醫藥學報》，主持編輯事務，該報是全國最早提倡「發明古學，輸入新知」的醫藥學報之一，章太炎也有數文在此發表。

爲把多年積累總結的醫學經驗流傳後世，何廉臣行醫之餘勤於著述，現存世的有《濕溫時疫治療法》、《實驗藥物學》、《新醫宗必讀》、《廉臣醫案》、《印岩醫話》、《重訂廣溫熱論》、《選按通俗傷寒論》、《何書田醫學妙諦總纂》、《全國名醫驗案類編》、《增訂時病論》、《新訂溫病條辯》、《新訂傷寒廣要》、《新醫宗必讀》、《藥學彙講》、《婦科學釋》、《新方要訣》、《通俗傷寒論》、《感證寶筏》、《中風新詮》、《內經存眞》、《內科證治全書》、《藥學粹言》、《肺癆彙篇》、《痛風新論》、《傷寒百證歌注》、《新纂兒科診斷學》等多種著作。何十分重視醫案的記載及整理，設計新醫案式爲：病源、病狀、病所、病變、診斷、療法、藥方、看護。尤其是晚年選編的《全國名醫驗案類編》在全國頗有影響。1929 年，北洋政府排斥中醫於正規教育系列之外，全國中醫界奮起抗爭，發起反對「取締中醫案」鬥爭，並組織「醫藥救亡請願」，何廉臣不顧年邁多病，與紹興醫界同仁一起全力支持請願活動。一生熱心公益，參加同善局組織的施醫施藥活動，不遺餘力。

何廉臣行醫五十年，浙東、西一帶婦孺皆知，聲望很高，被人們稱爲「斟酌古今，融貫中西」、「以醫學聞世，群推泰斗」的名醫，以至「清一代浙派諸家，皆個乎後矣」。〔註7〕

當下的中醫界也對何廉臣推崇有加，視其爲近代中醫溫病學派的領軍人物之一、「紹派傷寒」的傑出代表、中醫外感病「寒溫兼融」思想的倡導者。天津中醫藥大學的張宏瑛稱其「秉承家學，醫技卓越，著述等身；……何氏以中醫基礎理論爲本，斟酌古今，參以西方醫學之見，治療手法注重靈活多變，其辯證、處方細膩嚴謹，醫學技藝爐火純青」〔註8〕；南京中醫藥大學兼職教授，中華中醫學會及世界傳統醫學會全國委員周午平讚許何廉臣「在學術上，反對保守，倡導革新，主張凡有利於發展中醫學術的見解，都要『講求而研究之』」〔註9〕。

〔註7〕 王德林、裘士雄：《魯迅與紹興名醫何廉臣》，《紹興文理學院學報》（社科版），1984 年第 2 期，第 31、34 頁。

〔註8〕 張宏瑛：《疏調氣機助濕運化汗利兩解辟邪出路──「紹派傷寒」名醫何炳元對濕溫病的特色論治》，《浙江中醫雜誌》，2010 年第 1 期，第 32 頁。

〔註9〕 周午平：《何氏〈重訂廣溫熱論〉「透」法擷萃》，《福建中醫藥》，1985 年第 3

　　另一個重要的疑問是當年何廉臣給魯迅父親的診治是否有誤。那首先要分析周伯宜發病治療的整個經過。魯迅的父親周伯宜於 1893 年冬一病不起，至 1895 年秋冬病勢日加嚴重，起初是大量吐血，繼而發展到腳背浮腫、小腿腫和胸腹腫、水腫越來越厲害，嚴重時氣喘以至呼吸困難。1896 年 10 月 12 日（農曆 9 月 6 日）去世，終年三十七歲。他到底死於什麼病？研究者眾說紛紜。有代表性的是：1、死於肝硬化腹水（肝癌？）、俗稱膨脹病，中醫稱單腹脹。2、充血性心力衰竭引起的水腫和呼吸困難。3、原發病以肺結核的可能性大，不排除酒精性肝硬化。

　　北京厚樸中醫學堂堂主、當代著名中醫專家徐文兵根據史料記述，初步診斷魯迅的父親所患為（酒精性）肝硬化腹水——臌脹。一、病因：1、鬱怒成積。1893 年秋魯迅祖父周福清科場賄賂案發，周福清潛逃，其子周伯宜在杭州鄉試，與賄賂案情有涉，故被從考場捉去拘捕審訊頂罪，後又被革去秀才。直到周福清到官府自首，周伯宜才被放歸。因精神上蒙受沉重打擊，周伯宜出獄後變得喜怒無常、酗酒、吸鴉片，無緣無故就會把妻子端來的飯菜摔出窗外。周福清的案子由浙江省上報刑部，經「欽旨」定為「斬監候」，關入杭州監獄，官府、差人藉此敲詐勒索，周家不得不賣田當物，用大量錢財打通官府，打點營救，從此家境敗落。作為舊式讀書人的周伯宜唯一的人生希望在科舉上，被革去功名後無法去參加鄉試。所以每到應考的日子，魯迅的母親魯瑞就要把筆墨都藏起來，怕他傷心。生病後，經過幾年的診療，療效並不理想，這一切都使他的脾氣變得更加乖戾暴躁。周建人回憶說「父親的性情好像變幻無常的氣候，一天要反覆好多次」〔註10〕。憂鬱惱怒，肝失疏泄，失其條達，日久鬱怒成積。

　　2、酒精中毒：按照中醫理論，憂思傷脾，鬱怒傷肝，情志不遂，易成大病。肝氣不舒，情志不遂的人，也更容易發怒。而發怒的過程，氣血上湧，讓人面紅目赤，腹脹脅滿，既不利於消化，也不利於氣血運行。傷肝的人，應當節制情緒，調節飲食，而不能過量飲酒。但周伯宜無法面對自己前途被毀、父親生死難卜、家境每況愈下的現實，整日借酒澆愁。周伯宜愛用水果作下酒物，魯迅常去上街買鴨梨、蘋果、花紅之類給父親下酒；根據紹興人

期，第 16 頁。

〔註10〕　參見周建人口述、周曄編寫：《魯迅故家的敗落》，長沙：湖南人民出版社，1984 年版，第 114 頁。

飲食習慣，凡用水果作下酒物者多飲的是白酒（燒酒），白酒含酒精濃度大，因此對肝臟損害更爲嚴重，日久肝鬱血液。而其父在生病期間照樣喝酒，從不忌口，故造成病況每下。漸漸地他的脾胃、肺腎也受到影響，除了脅肋疼痛之外，出現了腹脹、水臌。

3、精神始終處於緊張狀況。中醫講究「身病要調心」，周建人回憶父親起初吐血，除了醫生建議的陳墨，家人還按土方給他喝藕汁補血。身體逐漸好轉，清明後還參加了上墳。從上墳以後，父親的身體卻漸漸好了。但在家庭迭遭變故後，周伯宜身心始終處於驚恐緊張狀況。特別是每到秋天，擔心周福清被秋後斬決，「緊張、恐懼、煎熬、痛苦，纏住了我們一家，特別是我父親。他常常會無緣無故地受到驚嚇，變得神魂不安」〔註11〕。又加上族人周子京因科舉屢試不中而發狂慘死，對周伯宜又是一個極深的刺激。這些都是引發周伯宜病情反覆的誘因。

二、症狀：1、牙齦出血。魯迅在一篇叫做《從鬍鬚說到牙齒》的文中講到自己「牙齒也很壞，……終於牙齦上出血了，無法收拾」，並說「這是我的父親賞給我的一份遺產。因爲他的牙齒也很壞」，由此徐文兵猜測魯迅父親也有牙齦出血症狀，此亦是肝硬化的常見臨床表現之一，興許他的肝硬化尚伴有「脾功能亢進」的病況，也說不準。中醫認爲是肝火克脾，是酒毒的表現。2、口吐鮮血：周伯宜由最初的慢性牙齦滲血逐漸發展到了突然大口吐血，周作人在《魯迅的故家・病》裏回憶說：「因爲是吐在北窗外的小天井裏，不能估量共有幾何，但總之是不很少，那時大家狼狽的情形至今還能記得」〔註12〕。當時魯迅母親用墨汁止血毫無效驗。對於創傷出血，用草木灰和墨汁都能有效的止血。而魯迅父親是在嘔血，血從胃中湧出。由於肝硬化，門脈高壓造成胃底靜脈曲張，鬱怒或酒的刺激，而致胃底血管破裂所致。這時用墨汁止血，根本無濟於事，只有請醫生急救結紮血管止血，但也只能緩解一時。有的病人會因食道靜脈破裂，吐血而死。3、浮腫腹水：吐血量大，造成貧血，血漿濃度低可出現水腫；更主要的是門脈高壓，下腔靜脈受阻，造成下肢浮腫，後逐漸加重，腹水壓迫，漫腫到了胸腔，連呼吸也感到困難，用他父親的感受說，好像一匹小布緊裹身體一樣難受。有的肝硬化

〔註11〕 參見周建人口述、周曄編寫：《魯迅故家的敗落》，長沙：湖南人民出版社，1984年版，第109頁。

〔註12〕 周作人：《周作人自編文集・魯迅的故家》，石家莊：河北教育出版社，2002年版，第130頁。

腹水病人會出現肚臍膨出，醫學上叫做臍疝。4、疼痛不止：肝硬化日久不愈，可致肝癌，肝硬化本身加上嚴重腹水也可造成劇烈難以忍受的疼痛。由於疼痛不止，起初他服鴉片救急，漸漸地有些非此不能止痛了。這已經是毒品依賴。〔註13〕

三、治療方案和所用藥物。爲魯迅父親看病的醫生，一共三個。第一個姓馮，第二個是姚芝仙，第三個是何廉臣。時間最久的是姚芝仙，何廉臣是1896年從姚芝仙之後接手治療周伯宜的，時年36歲，已從醫17年。時隔百餘年我們再來重新審度何廉臣等人當年所用中藥方劑。

1、藥引。何廉臣開的「原配蟋蟀」一對的藥引因被魯迅大加諷刺而廣爲人知，從而被後人視爲江湖騙子。但上海中醫藥大學施鳴捷爲其辯解道：「一個窩裏的蟋蟀，在江南農村並不希奇，不足爲怪，農民在冬天挖地時隨處可以挖到冬眠在一起的蟋蟀。至於『原配』之說，那不過是國人愛以形象化詞彙比附而已，並不影響實質內容，正如把人胞說成『紫河車』（胎兒是由衣胞在血道里運載而來），把雞蛋內衣說成是『鳳凰衣』（把未出殼的雞胎比喻作爲鳳凰）一樣。」〔註14〕魯迅自己也在文中寫明該藥引並不難求，「旁注小字道：『要原配，即本在一窠中者。』……但這差使在我並不爲難，走進百草園，十對也容易得，將它們用線一縛，活活的擲入沸湯中完事」。可見，何廉臣處方中要求的一個窠中的蟋蟀與傳統文化的「節烈觀」實屬風馬牛不相及。何廉臣所開另一種藥引是常綠小灌木平地木。名醫徐文兵認爲，從醫學角度講，蟋蟀和平地木這兩味均是目前治療腹水的良藥。蟋蟀利尿消腫作用明顯，尤適用於體弱氣虛者水腫，有攻補兼施之妙；平地木主產於華東，有清熱利水、活血退黃功能，如今已廣泛應用於肝病臨床。徐文兵稱何廉臣用藥不無道理。

2、敗鼓皮丸。周氏兄弟的回憶文章中都提及何廉臣開的一種特別丸藥即敗鼓皮丸。此藥何廉臣開過的可能性極大，因敗鼓皮丸是《重訂通俗傷寒論》中的中藥方劑，何廉臣爲傷寒名家，應熟悉此方。處方如下：破舊銅鼓皮1張（切碎，河砂拌炒鬆脆，研末。製法：上以陳燒酒和糯米粉糊丸。功能主治：濕滯腫滿，峻逐日久，傷殘脾陽，更損腎陽之水臟，腹大如箕，手足反

〔註13〕參見徐文兵：《徐文兵醫生醫案醫話》，http://hopeinstitute.blog.163.com/。
〔註14〕施鳴捷：《直面人生看中醫——魯迅的中醫觀探析》），《醫古文知識》，2001年第4期。

瘦，逐漸堅脹，按之如鼓，且食不能暮食，腰酸足軟，溺色淡黃而少，甚至小便癃閉。據此可看出二者的差異，魯迅攻擊敗鼓皮丸主要是針對中醫用打破的鼓皮來克伏別名「鼓脹」的水腫病的荒唐可笑，因為鼓脹和鼓有關係。其實，舊時銅鼓的鼓皮多為牛皮所製，中醫看中的是牛皮的藥用功能，《本草綱目》中李時珍記錄牛皮的功用如下：主治水氣浮腫、小便澀少。以皮蒸熟，切入鼓汁食之。另外，在《奇效簡便良方》中也記載用「多年舊鼓皮三錢，瓦焙為末，酒調服」來治療腹脹肢腫。可見，何廉臣所開敗鼓皮丸是有據可依的。

3、陳芥菜鹵。周作人在回憶文章中提及周伯宜的病「最初作為肺癰醫治，於新奇的藥引之外，尋找多年埋在地下化為清水的醃菜鹵，屋瓦上經過三年霜雪的蘿蔔菜，或得到或得不到，結果自然是毫無效驗」。陳芥菜鹵是否何廉臣所開藥方現不得而知，看似荒唐可笑，其實陳芥菜鹵即西醫用的青黴素。眾所周知，青黴素又名盤尼西林，是亞歷山大·弗萊明爵士於1928年發明的。其實在我國明代常州天寧寺，用許多極大的缸，缸中放著的是芥菜，先日曬夜露，使芥菜黴變，只防雨水侵入，於是戴芥菜長出長達三四寸的綠色黴毛來，即「青黴」。僧人將缸密封，埋入泥土之中，要等到十年之後才能開缸使用。這是缸內的芥菜，已完全化為水，連長長的黴毛也不見了，名為「陳芥菜鹵」。這種陳芥菜鹵，專治高熱病症，如小兒肺炎，大人的肺病，吐血吐膿，即肺癆病、膿胸症及化膿性的呼吸系統疾病，都能醫得好。這就是中國早期發明的的青黴素。這個發明要早過弗萊明爵士五百年之久。〔註15〕如周伯宜所患是醫生推測的肺結核類病，服用陳芥菜鹵應是有效的，但從周作人字裏行間可看出，周伯宜可能並未用過該藥。

隨著疾病的發展，加之患者周伯宜依然酗酒，病情逐日加重。且不論是當下醫生推測的肝硬化腹水、充血性心力衰竭引起的水腫還是肺結核中的哪一種，在當時都屬不治之證。即便在醫療技術發達的今天也很難治癒，而且找何廉臣接手醫治時已經是晚期，魯迅也深知當時父親的病情已是病入膏肓了。《父親的病》一文中記述得非常清楚，當姚芝仙最後一次給周伯宜診治後，「這一天似乎大家都有些不歡，仍然由我恭敬地送他上轎。進來時，看見父親的臉色很異樣，和大家談論，大意是說自己的病大概沒有希望的了；他因

〔註15〕參見陳存仁：《被忽視的發明：中國早期醫藥史話》，桂林：廣西師範大學出版社，2008年版，第65頁。

為看了兩年，毫無效驗，臉又太熟了，未免有些難以為情，所以等到危急時候，便薦一個生手自代，和自己完全脫了干係」。如果在姚芝仙束手無策後何廉臣辭而不治的話，別的醫生照樣治不好。難道就因何廉臣是給周伯宜診治的最後一個醫生就斥其為江湖派的騙子、致人死地的庸醫嗎？如果何廉臣真是徒有虛名，治一個死一個，還有誰會出高額的診金來請他看病呢。徐文兵在《魯迅父親之死——兼論魯迅為什麼罵中醫》中對魯迅把父親之死歸咎於中醫很不以為然：「事後，魯迅非但不感謝中醫延長了他父親的壽命，減輕了他的痛苦，反而盡尖酸刻薄之能事，諷刺挖苦攻擊中醫。這種類似於今天醫鬧的做法，確實詆毀了中醫，流毒至今。」〔註16〕

魯迅在數篇文章中對何廉臣等中醫形象進行藝術加工，「論時事不留面子，砭錮蔽常取類型」，極盡貶低嘲諷。推其原因有二：一來是他在《墳·從鬍鬚說到牙齒》闡明的自己不相信中醫的緣故是「其中大半是因為他們耽誤了我的父親的病的緣故罷，但怕也很挾帶些切膚之痛的自己的私怨」〔註17〕；二來魯迅這種批判中醫的姿態是打著鮮明時代風格烙印的。從清末至民國，「興西醫」、「廢止中醫」活動漸成潮流，特別是接受過西方教育的人士更是視中醫為「偽科學」，舉凡陳獨秀、孫中山、胡適、嚴復、傅斯年、梁啓超等都將中醫列為封建餘毒加以痛批。地質學家丁文江甚至寫詩把「喝酒吃肉罵中醫」當作一種消遣，稱寧死不吃中藥不看中醫是「最革命」的象徵。可見，魯迅是站在反封建反傳統文化的啓蒙立場來塑造中醫形象的，而並非單指何廉臣其人。周作人在《魯迅的故家·病》一文中明確指出：「關於伯宜公的病，《朝花夕拾》中有專寫的一篇，但那是重在醫藥，對於江湖派的舊醫生下了一個總攻擊，其意義與力量是不可小看的。」其實，中醫作為傳統文化的重要組成部分，在幾千年漫長的發展過程中確實存在許多糟粕和唯心主義的東西，中醫採用的陰陽五行、虛實辯證的治療理論也有不少含糊玄虛的缺陷，但不能據此以偏概全對其一筆抹殺。被稱為中國第一位「評魯」的學人、曾簽發過魯迅第一篇小說《懷舊》的惲鐵樵也是一位中醫名家，他在倡導革新中醫的同時也批評了那些對中醫採取民族虛無主義的人：「但世有學習西醫之人，對於中國國粹毫不愛惜，甚至謂軒歧殺人已四千年於茲。如此者其人神

〔註16〕參見徐文兵：《徐文兵醫生醫案醫話》，http://hopeinstitute.blog.163.com/。
〔註17〕魯迅：《墳·從鬍鬚說到牙齒》，見《魯迅全集》第 1 卷，北京：人民文學出版社，1981 年版，第 249 頁。

經實太躁急，得吾說而存之，亦一劑安腦藥也」〔註18〕。

由於種種原因，文學敘事和歷史敘事中的何廉臣形象相距千里、判若兩人。何廉臣是清末民初有全國影響的一代名醫，醫學造詣頗深，提倡「發明古學，輸入新知」，主張融匯中西醫學來治病救人。魯迅在《父親的病》中嘲諷何廉臣「一面行醫，一面還做中醫什麼學報，正在和只長於外科的西醫奮鬥哩」是和事實相悖的。因魯迅的文章影響深廣，直指「父親終於在這位『名醫』的折磨下死去了」，何廉臣不幸在國人眼中成了「庸醫」的代名詞，其行醫五十餘年的業績和學術成就長久被遮蔽和湮沒，這是有失公允的。

〔註18〕 范伯群：《從魯迅的棄醫從文談到惲鐵樵的棄文從醫——惲鐵樵論》，《復旦學報》（社會科學版），2005 年第 1 期，第 25 頁。

柒、民國文學與魯迅文學觀

欒梅健、朱靜宇[*]

　　長期以來，人們對魯迅文學觀念的理解似乎已經有了一個眾口一詞的公論，那就是啓蒙的、爲人生的、戰鬥的文學主張。從現代文學研究之初，王瑤先生在他那本篳路藍縷的《中國新文學史稿》中認爲魯迅的文學理想是「自覺地使文藝爲政治服務，爲人民革命服務」〔註1〕的明確表述，到二十世紀後期楊義先生在《中國現代小說史》中對魯迅「以小說參與歷史發展」〔註2〕的具體闡述，都一以貫之地彰顯著現代文學研究界對魯迅經世致用文學觀念的肯定與頌揚。

　　然而，如果人們眞正撥除長期「左」傾認識論的迷霧，並能全面考察與辨析魯迅先生在許多不同歷史時期所作的不同表述，那麼，人們就有可能發現魯迅先生的文學觀念（主要是小說觀念）其實還有著更爲豐富與複雜的內涵，有著遠非以「啓蒙」、「爲人生」就能囊括的文學觀念核心理念。而在這方面的深入探討與質疑，不僅不會有損於魯迅先生的偉大，而且更能映現出魯迅先生比之同時代作家和批評家的深刻和高明之處。

一

　　1933 年，魯迅應美國作家埃德加・斯諾之約編選英譯本《短篇小說選集》，在該選集的《自序》中，發人深省地剖析了他內心對文學觀念的疑慮和

* 欒梅健，復旦大學中文系教授、博導；朱靜宇，同濟大學中文系教授、博導。
〔註 1〕 王瑤：《中國新文學史稿》（上冊），上海文藝出版社，1985 年版，第 97 頁。
〔註 2〕 楊義：《中國現代小說史》（第一卷），人民文學出版社，1998 年版，第 151頁。

動搖：

> 但我也很久沒有做短篇小說了……寫新的不能，寫舊的又不
> 願。中國的古書裏有一個比喻，說：邯鄲的步法是天下聞名的，有
> 人去學，竟沒有學好，但又忘卻了自己原先的步法，於是只好爬回
> 去了。〔註3〕

在「五四」時期一發而不可收拾地創作了《吶喊》、《彷徨》中的二十餘篇
小說之後，除後來創作了收在故事新編中的幾個歷史題材小說外，魯迅先生
確是沒有再寫小說作品了。這其中的原因可能是多方面的。不過，有一點
是可以肯定的，那就是在五四以後他長期所處的寫新的不能，寫舊的又不願
的矛盾心態。

那麼，「新的」是指什麼呢？

在上引《短篇小說選集·自序》一文中，他具體說出了青年時代對「新
的」文學觀念的理解：

> ……後來我看到一些外國的小說，尤其是俄國、波蘭和巴爾幹
> 諸小國的，才明白了世界上也有這許多和我們的勞苦大眾同一運命
> 的人，而有些作家還在為此而呼號，而戰鬥。〔註4〕

正是出於這種對「新的」文學觀念的喜歡與熱愛，他奮筆疾書，在《吶喊》
和《彷徨》中將所謂上流社會的墮落和下層社會的不幸，陸續用小說的形式
發表了出來。文學不應該是有閒的、消遣的，而應該是為著勞苦大眾的命運
「而呼號」，「而戰鬥」的。這是魯迅從外國文學（尤其是東歐弱小民族文學）
以及我國勞苦大眾可憐的生活境況中，強烈地萌生出來的「新的」文學觀念
與主張，應該說，這種主張與想法構成了魯迅先生在「五四」時期文學創作
的主色調，並也由此成了後來魯迅研究者將其定性為啟蒙的、革命的文學主
將的重要理由。

他在這方面的論述是高調的，也是研究者都耳熟能詳的：1906 年初，他
因在日本仙臺醫專偶看幻燈畫片時的刺激決意棄醫從文：「……我覺得醫學並
非一件緊要事，凡是愚弱的國民，即使體格如何健全，如何茁壯，也只能做
毫無意義的示眾的材料和看客，病死多少是不必以為不幸的。所以我們的第
一要著，是在改變他的精神，而善於改變精神的是，我那時以為當然要推文

〔註3〕《魯迅全集》第 7 卷，人民文學出版社，1981 年版，第 390 頁，版本下同。
〔註4〕《魯迅全集》第 7 卷，第 389 頁。

藝，於是想提倡文藝運動了。」〔註5〕這種對文學功能的認識，促使了他專心致志於翻譯《域外小說集》的熱情。他說：「我們在日本留學的時候，有一種范漠的希望：以爲文藝是可以轉移性情，改造社會的。」〔註6〕這種熱情到了「五四」時期，不僅未見消褪，反而更爲高漲。1919 年，他在《隨想錄・四十三》中說道：「我們所要求的美術家，是能引路的先覺，不是『公民團』的首領。我們所要求的美術品，是表記中國民族智慧最高點的標本，不是水平線以下的思想的平均分數。」〔註7〕「引路的先覺」與以文學改造國民性的要求，其本質正是一脈相承。1925 年，他在《論睜了眼看》一文中大聲地宣稱：「文藝是國民精神所發的火光，同時也是引導國民精神的前途的燈光。」〔註8〕聲音豪邁而嘹亮，態度堅決而徹底。1933 年，魯迅先生在《我怎麼做起小說來》一文中還是這麼認爲：「說到爲什麼做小說罷，我們抱著十多年前的『啓蒙主義，』以爲必須是『爲人生』，而且要改良這人生。我深惡先前的稱小說爲『閒書』，而且將『爲藝術而藝術』，看做不過是『消閒』的新式的別號。」在該文中，他還進一步剖析了自己的內心世界：「……在中國，小說不算文學，做小說的也決不能稱爲文學家，所以並沒有想在這一類道路上出世。我也並沒有要將小說擡進文苑裏的意思，不過想利用他的力量，來改良社會。」〔註9〕直到 1935 年，也就是魯迅先生去世的前一年，他在爲《葉紫作〈豐收〉序》裏，還仍然執著於文學的政治功能：這就是作者已經盡了當前的任務，也是對於壓迫者的答覆：文學是戰鬥的！〔註10〕

　　諸如上述種種表述，似乎是讓研究者形成魯迅先生試圖擡高文學地位，以小說家參與歷史發展的結論，不過，只要細細研讀與分析《魯迅全集》以後就可發現，這種結論是片面的、階段性的。似乎是在每一次高揚文學的宣傳功能，革命功能之後，魯迅先生都會迅速地顯得猶疑與保留了起來，陷入苦悶、彷徨的境地之中，萌生出「新的不能」的慨歎。

　　先說對於文學的宣傳功能。

　　既然自覺地將文藝理解爲是引導民眾前行的燈火，「引路的先覺」，那麼，

〔註 5〕　《吶喊・自序》，見《魯迅全集》第 1 卷，第 439 頁。
〔註 6〕　《〈域外小說集〉序》，《魯迅全集》第 10 卷，第 161 頁。
〔註 7〕　《魯迅全集》第 1 卷，第 346 頁。
〔註 8〕　《魯迅全集》第 1 卷，第 254 頁。
〔註 9〕　《魯迅全集》第 4 卷，第 511、51 頁。
〔註 10〕　《魯迅全集》第 6 卷，第 220 頁。

「宣傳」便是其文學觀念中的應有之義，然而在魯迅先生的許多論述中，他卻常常表露出對宣傳的抵制和反感。1927 年，他在廣州黃埔軍官學校所作的題爲《革命時代的文學》演講中這樣區分著文學和宣傳的關係：「……在這革命地方的文學家，恐怕總喜歡說文學和革命是大有關係的，例如可以用這來宣傳，鼓吹，煽動，促使革命和完成革命。不過我想，這樣的文章是無力的，因爲好的文藝作品，向來多是不聽別人命令，不顧利害，自然而然從心中流露出來的東西；如果先掛起一個題目，做起文章來，那有何異於八股，在文學中並無價值，更說不到能否感動人了……」〔註 11〕他在同年寫作的《怎麼寫》一文中，繼續說道：「我一向有一種偏見，凡書面上畫著這樣的兵士和手捏鐵鋤的農工的刊物，是不大去涉略的，因爲我總疑心它是宣傳品。……但對於先有了宣傳兩個大字的題目，然後發出議論來的文藝作品，卻總有些格格不入。」〔註 12〕這時，他這樣理解著文學與宣傳的相互關係：「我認爲一切文藝固是宣傳，而一切宣傳卻並非全是文藝，而最主要的是當先求內容的充實和技巧的上達，不必忙於掛招牌。」〔註 13〕1935 年，他在《致李樺》的信中，還以木刻爲例進一步形象地說明：「木刻是一種作某用的工具，是不錯的，但萬不要忘記它是藝術。它之所以是工具，就因爲它是藝術的緣故。」〔註 14〕同年在《致蔡斐君》的信中徑直說：「譬如文藝和宣傳，原不過說：凡有文學，都是宣傳，因爲其中總不免傳佈著什麼，但後來卻有人解釋爲文學必須故意做成宣傳文學的樣子了。」〔註 15〕細心的研究者在這裡可以發現，魯迅在這時提到的文學作品中的宣傳功能，已經很大程度上不同於「五四」時期他對文學宣傳功能的理解了。一方面是文學不管如何描寫都表露出一定的思想與感情傾向，而另一方面則是文學應該利用自己的宣傳屬性去「啓蒙」，去「爲人生」，去「改造國民性」。一個是自然屬性，一個是主觀能動性。顯而易見的，如果僅僅從宣傳教化的功能去理解魯迅的文學觀念，無疑是不全面的，也是不準確的。

　　同樣的情況也出現在魯迅對文學革命功能的理解方面。

　　在回憶《吶喊》、《彷徨》創作動機時，魯迅先生並不諱言自己有「聽將

〔註11〕《魯迅全集》第 3 卷，第 418 頁。
〔註12〕《魯迅全集》第 4 卷，第 20 頁。
〔註13〕《文藝與革命》，見《魯迅全集》第 4 卷，第 84 頁。
〔註14〕《魯迅全集》第 13 卷，第 151 頁。
〔註15〕《魯迅全集》第 13 卷，第 220 頁。

令」的成分，是想使他們不憚於前驅，自嘲為「遵命文學」，對於革命文學，對於「左聯」，對於新興的無產階級的藝術，他也都表現出極大的熱情和興趣。這是研究者認為魯迅文學觀念中強調革命功能的具體例子。然而其疑慮，彷徨與痛苦也接踵而至：

> 現在，氣象似乎一變，到處聽不見歌吟花月的聲音了。代之而起的是鐵和血的讚頌。然而倘以欺瞞的嘴，則無論說 A 和 O，或 Y 和 Z，一樣是虛假的，只可以嚇啞了先前鄙薄花月的所謂批評家的嘴，滿足地以為中國就要中興。〔註16〕

這是他對「鐵與血的讚頌」的革命文學的懷疑。他這樣批評創造社的傾向的轉向：「……創造社之流先前鼓吹為藝術而藝術而現在大談革命文學，是怎樣的永是看不見現實而本身又並無理想的空嚷嚷。」〔註17〕他不相信革命文學可以憑空產生。並且，他還根深蒂固認為「革命」可能會使文學窒息。「……但這直接痛快和神經過敏的狀態，其實大半也還是視指揮刀的指揮而轉移。而此時刀尖的移動，還是橫七豎八。方向有個一定之後，或者可以『好些』罷，然而也不過是好些，內中的骨子，恐怕還不外乎窒息，因為這是先天性的遺傳。」〔註18〕對於這種先天性的遺傳，魯迅抱持著高度的警惕。對於「左聯」和新興的無產階級藝術，他也憂心忡忡：「至於這裡的新的文藝運動，先前原不過一種空喊，並無成績，現在則連空喊都沒有了。新的文人，都是一轉眼間，忽而化成無產文學家的人，現又消沉下去，我看此輩於新文學大有害處……」〔註19〕更有甚者，他反而覺得在「左聯」裏面竟沒有在「外圍」的作家那樣取得成績。1935 年 9 月，他在致胡風的信中這樣抒發著他的困惑：「就是近幾年，我覺得還是在外圍的人們裏，出了幾個新作家，有一些新鮮的成績，一到裏面去，即醬在無聊的糾紛中，無聲無息。以我自己而論，總覺得縛了一條鐵鎖，有一個工頭在背後用鞭子打我，無論我怎樣起勁地做，也是打，而我回頭去問自己的錯處時，他卻拱手客氣地說，我做得好極了，他和我感情好極了，今天天氣哈哈哈……」〔註20〕這不僅常常令魯迅手足無措，而且也可能會使我們的研究者驚醒：魯迅對文學的革命功能並不如想像

〔註16〕《論睜了眼睛看》，見《魯迅全集》第 1 卷，第 255 頁。
〔註17〕《〈新時代的預感〉譯者附記》，見《魯迅全集》第 10 卷，第 426 頁。
〔註18〕《扣絲雜感》，見《魯迅全集》第 3 卷，第 486 頁。
〔註19〕《致曹靖華》，見《魯迅全集》第 12 卷，第 23 頁。
〔註20〕《魯迅全集》第 13 卷，第 211 頁。

中那樣純淨，徹底，那樣的義無反顧。

其實，魯迅對文學宣傳和革命功能的懷疑與動搖，在深層次上是源於他對文學功能的重新認識。

在早年留學時，他曾幻想通過文學可以將沙聚之邦轉爲人國；在「五四」時期，他也曾希望文藝能成爲引導民眾前行的燈火，然而，在「五四」退潮後不久，他便發現自己並非登高一呼，應者雲集的英雄，而文學其實也沒有經天緯地的偉力。面對軍閥混戰，民不聊生的現實，他深深地感覺到：「中國現在的社會情狀，止有實地的革命戰爭，一首詩嚇不走孫傳芳，一炮就把孫傳芳轟走了。自然也有人以爲文學於革命是有偉力的，但我總覺得懷疑⋯⋯」〔註21〕如果說魯迅以前曾認爲文學能夠改變社會是誇大其詞的話，那麼，他現在的「懷疑」則是植根於現實，是恰如其分的。1929 年，他在《現今的新文學的概觀》一文中認爲：「倘以爲文藝可以改變環境，那是唯心之談，事實的出現，並不如文學家所預想。」〔註22〕這幾乎全部顛覆了他在日本棄醫從文時的文學理想。他甚至還認識到過於強調文藝的宣傳功能還可能滑到錯誤的認識論之中。他指出「踏了『文藝是宣傳』的梯子而爬進唯心的城堡裏去」，是應該引起人們警惕的。直到 1936 年 9 月臨去世前，他還在《死》一文中對海嬰的未來作了這樣的交代：「孩子長大，倘無才能，可尋點小事情過活，萬不可去做空頭文學家或美術家。」從早年時對文學扭轉乾坤偉力的幻想，到晚年時對「萬不可去做空頭文學家或美術家」的過激誇張，魯迅對文學功能的認識進行了一次巨大的矯正和重新定位。

因此，魯迅對文學「新的不能」的慨歎，其實是來自於兩個方面的考量：一是文學功用方面的，另一是對文學尤其是小說品格堅守方面的。前者使他覺得新的文學的功用大致也仍然是渺茫，後者使他覺得因缺乏實際的革命經驗而無法貿然爲文的痛苦。他彷徨動搖，上下求索，試圖找到一條既不傷害文學的品格又能改良社會的出路。最後，他找到了出路，那就是他得心應手但也只能算是差強人意的文學品種——雜文。他在《做『雜文』也不易》一文中這樣坦白著創作雜文的動機：

> 不錯，比起高大的天文臺來，雜文有時確很像一種小小的顯微鏡的工作，也照穢水，也看膿汁，有時研究淋菌，有時解剖蒼蠅。

〔註21〕《革命時代的文學》，見《魯迅全集》第 3 卷，第 423 頁。
〔註22〕《魯迅全集》第 4 卷，第 134 頁。

> 從高超的學者看來，是渺小，污穢，甚而至於可惡的，但在勞作者
> 自己，卻也是一種嚴肅的工作，和人生有關，並且也不十分容易
> 做。〔註23〕

在《小品文的危機中》，他更是認爲：「生存的小品文，必須是匕首，是投槍，
能和讀者殺出一條生存的血路的東西。」〔註24〕不過，這樣的選擇自然也滲
透了許多的無奈。1933 年他在致增田涉的信中說：「我雖也想寫些創作，但以
中國的現狀看來，無法寫。最近適應社會的需要，寫了些短評……但時勢所
迫，不得不如此，也無可如何……」〔註25〕

　　總體來看，從魯迅先生「久沒有做短篇小說」的事實中，人們可以清楚
地發現他對文學觀念的重新審視與理解，可以糾正以往論者對魯迅文學觀念
所作出的過於單一與明淨的闡述。

　　那麼，既然魯迅認爲「寫新的不能」，又爲什麼要說「寫舊的又不願呢」？

二

　　1925 年，魯迅在給許廣平的信中這樣談到他在編選《莽原》稿件時的痛
苦：

> ……我所要多登的是議論，而寄來的偏多小說、詩。先前是虛
> 僞的「花呀」「愛呀」的詩，現在是虛僞的「死呀」「血呀」的詩。
> 嗚呼，頭痛極了！〔註26〕

當時正是「革命文學」蓬勃興起之時，因而魯迅所謂「現在」泛濫成災的死
呀，愛呀的作品自然是指枯燥乏味的革命文學，而「先前」虛僞的花呀，愛
呀的作品，也極易使人聯想起「五四」前後卿卿我我、鴛鴦蝴蝶的通俗文學。
無疑，一方面是「新的」，而另一方面是「舊的」，而這兩者都使魯迅先生「頭
痛極了」。〔註27〕

　　談起魯迅對中國「舊的」文學傳統的熟悉和瞭解，在當時所有現代作家
中，其實是很少有人能望其項背的。

　　且不說他對《後漢書》，《晉書》，《雲谷雜記》、《志林》、《廣林》、《范子

〔註23〕《魯迅全集》第 8 卷，第 376 頁。
〔註24〕《魯迅全集》第 4 卷，第 576～577 頁。
〔註25〕《魯迅全集》第 13 卷，第 514 頁。
〔註26〕《魯迅全集》第 11 卷，第 100 頁。
〔註27〕《魯迅全集》第 11 卷，第 100 頁。

計然》,《任子》等眾多散佚古籍的輯錄,整理顯示出令人難以企及的深厚學養基礎,即如他收集、考證、編纂的《小說舊聞鈔》、《唐宋傳奇集》、《中國小說史略》、《漢文學史綱要》等傳統文學方面的著述,也都是當時社會新舊轉型期間國故整理方面最為傑出的成果之一,即使在今天,還仍然是我國傳統小說研究領域中里程碑式的重要著作。因而,他對「舊的」中國傳統文學的評述與判斷就不是一般的皮相之見,而是在浸淫多年以後發出的精彩之論。

在《幫忙文學與幫閒文學》一文中,魯迅這樣論述中國傳統小說的觀念:「……依我們中國的老眼睛看起來,小說是給人消閒的,是為酒餘茶後之用。因為飯吃得飽飽的,茶喝得飽飽的,閒起來也實在是苦極的事,那時候又沒有跳舞場……」〔註28〕在《〈總退卻〉序》一文中,他又繼續闡述著傳統小說為何將消閒作為文學主張的理論:「中國久已稱小說之類為閒書,這在五十年前為止,是大概真實的,整日價辛苦做活的人,就沒有功夫看小說。所以凡看小說的,他就得有餘暇,既有餘暇,可見是不必怎樣辛苦做活的了……但是,窮人們也愛小說,他們不識字,就到茶館裏去聽說書,百來回的大部書,也要每天一點一點的聽下去。」至於小說中的主角也有特定的選擇要求:「古之小說,主角是勇將策士,俠盜髒官,妖怪神仙,佳人才子,後來則有妓女嫖客,無賴奴才之流。」〔註29〕總之是不脫「英雄和才子氣」,其目的都是要使閱者感到驚奇、能夠清閒而已。

這是魯迅對中國傳統小說「舊的」文學概念的理解。而且,他還以為不僅是中國古代小說如此,而且西方傳統的小說觀念也是如此。

他敏銳地發現:「小說之在歐美,先前又何嘗不這樣?」〔註30〕在《文藝與政治的歧途》一文中,他這樣詳細地比較著英國小說在十九世紀前後的區別:「十八世紀的英國小說,它的目的就在供給太太小姐們的消遣,所講的都是愉快風趣的話。十九世紀的後半世紀,完全變成和人生問題發生密切關係。我們看了,總覺得十二分的不舒服,可是我們還得氣也不透地看下去。這因為以前的文藝,好像寫別一社會,我們只要鑒賞;現在的文藝,就在寫我們自己的社會,連我們自己也寫進去;在小說裏,可以發見社會,也可

〔註28〕《魯迅全集》第 7 卷,第 382 頁。
〔註29〕《魯迅全集》第 4 卷,第 621 頁。
〔註30〕《魯迅全集》第 4 卷,第 621 頁。

以發見自己；以前的文藝，如隔岸觀火，沒什麼切身關係；現在的文藝，連自己也燒在這裡面⋯⋯」〔註31〕在魯迅先生看來，十九世紀以前的歐美文學觀念也與中國舊小說一樣，是消閒的，是供給太太小姐們消遣的，是對人生隔岸觀火的。自然，他對歐美和中國「舊的」文學文學觀念同樣都是深惡痛疾的。

具體到對魯迅同時代的主要沿襲中國傳統小說觀念的近現代通俗文學，亦即以鴛鴦蝴蝶派爲代表的以固有本土文學資源爲依託的文學流派的態度，他的批判鋒芒是尖銳的，不留情面的，甚至是水火不相容的。如果說魯迅對「五四」新文學，包括以後的革命文學和左翼文學，他多採取的是懷疑、動搖與擔憂的話，那麼他對「舊的」文學以鴛鴦蝴蝶派爲代表的中國近現代通俗文學則完全是採取了決絕的批判態度。其間區別，是相當明顯的。

1921 年，魯迅在一篇題爲《名字》的文章中，認爲下列四種署名的作品一概不看：

> 一、自稱「鐵血」、「俠魂」、「古狂」、「怪俠」、「五雄」之類的不看。

> 二、自稱「鰈棲」、「鴛精」、「芳儂」、「花憐」、「秋瘦」、「春愁」之類的又不看。

> 三、自命「一分子」，自謙爲「小百姓」，自鄙爲「一笑」之類的又不看。

> 四、自號爲「憤世生」、「厭世主義」、「救世居士」之類的又不看。

> 〔註32〕

在鴛鴦蝴蝶派作家中，他們大都喜歡取低俗、直露、肉麻的名號以吸引讀者的注意。以他們自捧爲五虎上將的五位作家爲例：徐枕亞，原名覺，別署東海三郎，他的作品名有《玉梨魂》、《雪鴻淚史》、《刻骨相思記》、《浪墨四卷》等；包天笑，原名公毅，字朗孫，別署拈花，他的作品名有《一縷麻》、《上海春秋》、《留芳記》、《冥鴻》等；李涵秋，字應漳，別署沁香閣主人，他的作品名有《廣陵潮》、《戰地鶯花錄》、《狹鳳奇緣》、《平沙夢》等；周瘦娟，原名國賢，別署紫羅蘭庵主人，他的作品名有《此恨綿綿無絕期》、《我們的情侶》、《滑頭世界》、《奇談大觀》等；張恨水，原名心遠，1914 年給漢口某小報投稿時始用恨水爲筆名，他的作品名有《啼笑因緣》、《金粉世家》、

〔註31〕《魯迅全集》第 7 卷，第 118 頁。
〔註32〕《魯迅全集》第 8 卷，第 99 頁。

《春明外史》、《五子登科》等。不論是自取筆名枕亞、天笑、恨水，還是別署拈花、沁香閣主人、紫羅蘭庵主人等等，都有矯揉造作之嫌；魯迅先生對這些香豔、低俗筆名的反感，其實乃是對當時充斥坊間的鴛鴦蝴蝶派作品的痛恨。

在另一篇《有無相通》的文章中，魯迅更是表現出了對當時南、北兩派通俗文學的不滿：

> 北方人可憐南方人太文弱，便交給他們許多拳腳：什麼「八卦拳」，「太極拳」，什麼「洪家」、「俠家」，什麼「陰截腿」、「抱椿腿」、「譚腿」、「戳腳」，什麼「新武術」、「舊武術」，什麼「實為盡善盡美之體育」，「強國保種盡在於斯」。

> 南方人也可憐北方人太簡單，便送上許多文章：什麼「……夢」，「……魂」，「……影」，「……痕」，「……淚」，什麼「外史」、「趣史」、「穢史」、「秘史」，什麼「黑幕現形」，什麼「淌牌」、「弔膀」、「拆白」，什麼「噫嘻卿卿我我」，「嗚呼燕燕鶯鶯」，「吁嗟風風雨雨」，「耐阿是勒浪勿要面孔哉」！〔註33〕

與南派通俗作家多用吳語，喜寫燕燕鶯鶯、鴛鴦蝴蝶的言情之作不同，當時北派通俗作家似更擅長於武俠之作。王度廬的《臥虎藏龍》、《劍氣珠光》，宮白羽的《十二金錢鏢》、《龍舌劍》，朱貞木的《七殺碑》、《虎嘯龍吟》，趙煥亭的《奇俠精忠傳》、《北方奇俠傳》，鄭證因的《七劍下遼東》、《太白奇女》，還珠樓主的《蜀山奇俠傳》、《青城十三俠》……在當時的北方讀者群中掀起了一陣陣的武俠浪潮。言情也好，武俠也罷，無非都是遊戲，消遣之作，因而，魯迅先生採取了全面否定的態度，並懇切地勸告道：「直隸山東的俠客們，勇士們呵！諸公有這許多筋力，大可以做一些神聖的勞作；江蘇浙江湖南的才子們，名士們呵！諸公有這許多文才，大可以譯幾頁有用的新書。我們改良點自己，保全些別人；想些互助的方法，收了互害的局面罷！」〔註34〕該文最初發表於1919年11月1日的《新青年》第六卷第六號，其實正是「五四」時期新文學運動剛剛興起之際，而當時文壇上也正是通俗文學極為風靡之時，因而，魯迅先生在這裡的批判也就格外地顯得決絕與無情。1922年，他在《所謂「國學」》一文中，他又以鄙夷的口氣這樣批判著鴛鴦蝴蝶派作家：

〔註33〕《魯迅全集》第1卷，第382頁。
〔註34〕《魯迅全集》第1卷，第382頁。

「……洋場上的往古所謂文豪，卿卿我我、蝴蝶鴛鴦誠然做過一小堆，可是自有洋場以來，從沒有人稱這些文章（？）為國學，他們自己也並不以國學家自命的。」〔註35〕在「文章」後面魯迅打上了一個問號，在他看來，那些鶯飛蝶舞的通俗作家的作品是配不上文章這樣的稱號的。

對鴛鴦蝴蝶派作品是否是「文學」打上問號的並不止這一篇文章，在另一篇《關於〈小說世界〉》的文章中，魯迅先生一連打了兩個問號。當時是在1923年，錢玄同化名疑古在《晨報副刊》「雜感」欄發表《出人意料之外的事》一文，對於當時通俗文學期刊小說世界的流行與泛濫提出了批判，並摘引魯迅先生《他們的花園》一詩，期盼「五四」文學作家不要和它同流合污，這引起了魯迅先生的同感與激憤：「……至於說它流毒中國的青年，那似乎是過慮。倘有人能為這類小說（？）所害，則即使沒有這類東西也還是廢物，無從挽救的。與社會尤其不相干，氣類相同的鼓詞與唱本，國內非常多，品格也相像，所以這類作品（？）也再不能火上添油，使中國人墮落得更屬害了。」〔註36〕《小說世界》，創刊於1923年1月5日，周刊，在一定程度上是為了與革新後的小說月刊相抗衡而產生的，主編葉勁風，由商務印書館出版。開首第一篇是葉勁風自做的理想小說《十年後的中國》。林紓、毛文鍾合譯的長篇小說《情天補恨錄》、滑稽作家徐卓呆的《萬能術》長篇、前期小說月報主編惲鐵樵的短篇《笑禍》、通俗文學之王包天笑的短篇《一星期的新聞記者》，以及胡寄塵的《自由的代價》、畢倚虹的《獄吏生涯》、程小青的《酒後》、范煙橋的《珠還》等等作品，都發表在《小說世界》上。其刊物的宗旨與傾向，不外乎言情、滑稽、黑幕、偵探等等，是一本以消遣、休閒為目的的通俗雜誌。魯迅先生對此的態度是：「……許多人渴望著舊文化小說這是上海報上說出來的名詞的出現，正不足為奇；舊文化小說家之大顯神通，也不足為怪。但小說卻也寫在紙上，有目共睹的，所以小說世界是怎樣的東西，委實已由他自身來證明，連我們再去批評他們的必要也沒有了。」〔註37〕儘管魯迅先生將《小說世界》稱為「舊文化小說」指定為是上海報上說出來的名詞，然而如果我們撤除掉誤解和偏見，那麼《小說世界》上所登載的文學作品的趣味與愛好其實是與我國傳統文學一脈相承的，將它們稱為「舊文化小說」並

〔註35〕 《魯迅全集》第1卷，第409頁。
〔註36〕 《魯迅全集》第8卷，第112頁。
〔註37〕 《魯迅全集》第8卷，第112頁。

不爲過。唯一的不同可能在於，我國傳統文學的觀念只在於消閒，而現在興起的鴛鴦蝴蝶派作家則在消閒之外還加上金錢的目的，這是讓魯迅先生更爲不滿的。

借用一段魯迅先生在《中國小說的歷史的變遷》第六講《清小說之四派及其末流》中對「俠義派」末流的批評，來表達他對中國近現代通俗文學主要是以鴛鴦蝴蝶派爲代表的看法應該是恰如其分的。「……大抵千篇一律，語多不通，我們對此，無多批評，只是很覺得作者和看者，都能夠如此之不憚煩，也算是一件奇迹罷了。」〔註38〕

在這樣的背景下，儘管魯迅先生對中國傳統小說創作的技巧與手法了若指掌，駕輕就熟，然而出於他對消閒、金錢文學觀念的反感，他決不可能如某些激進的「五四」新文學工作者那樣在鬧騰了一陣之後便又回到傳統，回歸到以前的文學套路之中。「舊的不甘」不是來自外界對他的要求，而是他自己自覺自願的行爲。

1934 年，魯迅在給日本友人致山本初枝的信中提起他曾有寫作長篇小說楊貴妃的打算與準備。

　　……五六年前我爲了寫關於唐朝的小說，去過長安。到那裡一看，想不到連天空都不像唐朝的天空，費盡心機用幻想描繪出的計劃完全被打破了。至今一個字也未能寫出。〔註39〕

1924 年 7 月 7 日，魯迅應西北大學的邀請，前往西安，爲該校與陝西省教育廳合辦的暑期學校作《中國小說的歷史的變遷》，8 月 12 日返回北京，同時魯迅去西安講學時，曾收集材料，做寫長篇小說楊貴妃的準備。這裡說「五六年前」係誤記。對於唐玄宗李隆基與絕世美人楊玉環淒美、哀怨的愛情故事，常爲我國通俗文學家所喜愛。陳鴻在唐元和初就作《長恨歌傳》，追述開元中楊妃入宮以至死於蜀道本末，又得白居易作歌，故特爲世間所知。他在《中國小說史略》第八篇「唐之傳奇文（上）」中，對長恨歌傳後的故事流傳有如下看法：「……傳今有數本，《廣記》及《文苑英華》（七百九十四）所錄，字句已多異同，而明人附載《文苑英華》後之出於《麗情集》及《京本大麯》者尤異……」〔註40〕認爲唐玄宗與楊貴妃的故事在後來的文學作品中已多有

〔註38〕《魯迅全集》第 9 卷，第 340 頁。
〔註39〕《魯迅全集》第 13 卷，第 556 頁。
〔註40〕《魯迅全集》第 9 卷，第 25 頁。

出入，不甚可信。而在第十四篇《元明傳來之講史（上）》中，他對清康熙年間蘇州人褚人獲的《隋唐演義》改訂本則更多批評的意味：「……惟其文筆，乃純如明季時風，浮豔在膚，沉著不足，羅氏軌範，殆已淡然，且好嘲戲，而精神反蕭索矣。」〔註41〕這裡的「羅氏」是指羅貫中，他的《隋唐志傳》原本今已不存。魯迅在該篇中特意舉了一段關於唐玄宗、安祿山和楊貴妃在一起見面的描寫，他認為《隋唐演義》已脫羅氏如實描寫的軌範，淪為一部精神蕭索，浮豔在膚的淺薄之作了。

我們現在已很難揣測魯迅先生當年打算創作《楊貴妃》的真實動機了。是不滿於後傳諸本故事情節多有出入，歪曲真相？還是不滿於《隋唐演義》中的沉著不足，且好嘲戲的浮滑態度？抑或是魯迅先生想別開生面，描寫古代帝王與貴妃之間難得的真摯愛情？

不過我們可以明確知道的是，自1924年魯迅先生有意識地在西安搜集楊貴妃的材料直到他1936年去世，儘管創作長篇小說《楊貴妃》的想法一直未曾消褪，但最終的結果是一個字也沒有創作出來。

對於楊貴妃與唐明皇之間這段曠世傳奇故事，在新興的戰鬥的新文學工作者眼中，應該是很難挖掘出什麼革命內涵，也恐怕在本質上與啟蒙與救亡無關的。

然而，魯迅先生多年來縈繞腦中，卻又一直難以下筆，似乎應該是他在對「新的」文學運動表示猶豫、動搖、焦慮乃至「不能」的時候，另一種「舊的」又不願在他身上的具體表現吧！

三

既然寫新的不能，寫舊的又不願，那麼魯迅先生是否就只能如他所嘲諷的那樣，似邯鄲學步般「只好爬回去」呢？究言之，在搖擺與動搖之間，他的文學觀念到底是怎麼樣的呢？

在《題「未定草」》一文中，他這樣對自己的趣味作著剖析：

> 我也是常常徘徊於雅俗之間的人，此刻的話，很近於大煞風景，
> 但有時卻自以為頗「雅」的：間或喜歡看著古董……〔註42〕

此文寫作於1935年12月，發表1936年1月上海的《海燕》月刊第一期，在

〔註41〕《魯迅全集》第9卷，第133頁。
〔註42〕《魯迅全集》第6卷，第427頁。

歷經幾十年風風雨雨的文學歷程之後，此種獨白感慨似乎讓後來的研究者更能準確地觸摸到他真實的內心世界與複雜的文學感受。

對於新興的革命的文藝，他是打心眼裏贊成的，也是曾經竭盡全力努力過的，然而他所看到的「實績」並不美好。他認為：「說文學革命之後而文學已有轉機，我至今還未明白這話是否真實。」〔註43〕他又認為：「前年以來，中國卻曾有許多的詩歌小說，填進口號和標語去，自以為就是無產文學。但那是因為內容和形式，都沒有無產氣，不用口號和標語，便無從表示其『新興』的緣故，實際上也並非無產文學。」〔註44〕在《中國小說的歷史的變遷》長篇系列演講中，對新興文藝也只是這樣說：「至於民國以來所發生的新派的小說，還很年幼——已在發達創造之中，沒有很大的著作，所以也姑且不提起它們了。」〔註45〕而對於他自己的創作，在《吶喊》自序中是這樣認為的：「……這樣說來，我們小說為藝術的距離之遠，也就可想而知了，然而到今日還能蒙著小說的名，甚而至於且有成集的機會，無論如何總不能不說是一件僥倖的事，但僥倖雖使我不安於心，而懸揣人間暫時還有讀者，是究竟也仍然是高興的。」〔註46〕認為自己的「小說和藝術的距離之遠」儘管是過謙之說，但無論如何也總是還透著他對藝術品格的擔心與期待的。

而對於近、現代盛行的鴛鴦蝴蝶派文學，尤其是當時充斥坊間的胡編亂造的庸俗文學，他是持無情的否定態度的，但這只是魯迅先生文學主張的一個方面。同樣值得研究者重視的另一方面則是：他對我國傳統的通俗文學並不是一味否定的。甚至他有時候還認為在許多優秀的通俗小說中正蘊含著文學的真諦，而且對近、現代許多重要通俗作家也並未一概排斥。

在魯迅的日記和書信中，我們就可以發現許多他給母親購買鴛鴦蝴蝶作家作品的記錄。1933年1月13日，他在日記中寫道：「……矛塵自越往北平過滬，夜同小蜂來訪，以《啼笑因緣》一函託其持呈母親。」〔註47〕1934年，他在《致母親》信中說：「小說已於前日買好，即託書店寄出，計程瞻廬

〔註43〕《集外集拾遺·詩歌之敵》，見《魯迅全集》第7卷，第238頁。
〔註44〕《二心集·「硬譯」與「文學的階級性」》，見《魯迅全集》第4卷，第206頁。
〔註45〕《魯迅全集》第9卷，第340頁。
〔註46〕《魯迅全集》第1卷，第442頁。
〔註47〕《魯迅全集》第15卷，第58頁。

作的兩種，張恨水作的三種……」〔註48〕在同年另一封《致母親》信中又說：「三日前曾買金粉世家一部十二本，又美人恩一部三本，皆張恨水所作，分二包，又世界書局寄上，想已到，但男自己未曾看過，不知內容如何也。……」〔註49〕值得注意的是，這些購買鴛鴦蝴蝶派作家作品的記錄主要是在三十年代。儘管他在給母親的信中說「自己未曾看過，不知內容如何」，然而比起他在五四前後對這些作品竟然也能被稱爲文章的蔑視，顯然，魯迅先生的態度平和了很多，也冷靜了很多。

至於他從我國傳統通俗文學中對文學眞諦的感悟與判別，則詳細地反映在他所編寫的《中國小說史略》、《漢文學史綱要》、《古籍序跋集》等學術著作中。

不同於他在許多創作談中對小說觀念的認識，他在對傳統小說的梳理中發現著小說的固有之義。他認爲：「……至於小說，我以爲倒是起於休息的。人在勞動時，既用歌吟以自娛，借它忘卻勞苦了，則到休息時，亦必要尋一種事情以消遣閒暇。這種事情，就是彼此談論故事，而這談論故事，正就是小說的起源。」〔註50〕這是1924年7月魯迅先生在西安講學時所言，後經本人修訂收入《中國小說的歷史的變遷》中，發生在「五四」時期大力提倡啓蒙主義文學主張之後。這是一種深刻的矛盾，而這矛盾正直指魯迅先生文學觀念複雜性的核心。至於小說的教化，勸懲功能他更是極力反對。他這樣比較著唐、宋小說的區別：「唐人小說少教訓，而宋則多教訓。……但文藝之所以爲文藝，並不是在教訓，若把小說變成修身教科書，還說什麼文藝。宋人雖然還作傳奇，而我說傳奇是絕了，也就是這意思。」〔註51〕在唐宋傳奇集序例中又說：「宋好勸懲，摭實而泥，飛動之致，眇而可期，傳奇命脈，至斯已絕。」〔註52〕而明人「擬作」末流，則更是比宋人小說更差了一籌：「宋市人小說，雖亦間參訓喻，然主意則在述市井間事，用心娛心；及明人擬作末流，乃誥誡連篇，喧而奪主，且多豔稱榮遇，迴護士人，故形式僅存而精神與宋詞迥異矣。」〔註53〕

〔註48〕《魯迅全集》第12卷，第509～510頁。
〔註49〕《魯迅全集》第12卷，第412～413頁。
〔註50〕《中國小說歷史的變遷》，見《魯迅全集》第9卷，第302～303頁。
〔註51〕《魯迅全集》第9卷，第319頁。
〔註52〕《魯迅全集》第10卷，第141頁。
〔註53〕《魯迅全集》第9卷，第202頁。

　　顯然，魯迅的小說史觀是反勸懲、教化，主張娛心、休息的，並認為「選事則新穎，行文則逶迤」，〔註54〕乃是傳奇之骨。他舉四大名著之一的《西遊記》為例：至於說到這本書的宗旨，則有人說是勸學；有人說是談禪；有人說是講道；議論很紛紛。但據我看來，實不過出於作者之遊戲。在這裡，魯迅將遊戲作為西遊記的主旨，並認為它講妖怪的喜、怒、哀、樂，都近於人情，所以人們都喜歡看，是真正的本領。

　　因此我們可以發現，作為我國傳統小說研究的現代奠基者之一，魯迅的小說觀念是審美的，是遠離功利的。這構成他的文學觀念的底色。也恰恰正是在這裡，促使他萌生出了「新的不能，舊的又不甘」的尷尬境界。作為一個進步的熱盼中國富強的現代知識分子，他自然不甘心讓文學成為一種閒適品，成為一件可有可無的擺飾，自然想讓它成為一種濟世安民的事業，然而，當他將豐盈的思想與哲理設計進作品中的人物與情節時，卻無可奈何地發現作品美感的缺失與人物形象的生硬。這種絕難突圍的的境況，使他痛苦不已，又心有不甘。

　　在《中國小說的歷史的變遷》的「開場白」中，他談論了一段關於文學如何進化的見解。

> 　　……一種是新的來了好久之後而舊的又回覆過來，即是反覆；一種是新的來了好久之後而舊的並不廢去，而是羼雜。然而就不進化麼？那也不然，只是比較的慢，使我們性急的人，有一日三秋之感罷了。文藝，文藝之一的小說，自然也如此。〔註55〕

在另一封《致魏猛克》的信中，有同樣說道：「新的藝術，沒有一種是無根無蒂，突然發生的，總承受著先前的遺產，有幾位青年以為採用便是投降，那是他們將採用和模仿並為一談了。」〔註56〕文學進化之難，文學慣性之強，文學觀念演變之複雜……魯迅的上述論述，可真謂是感慨係之。

　　總體來看，這種焦慮、彷徨、複雜的文學態度，一以貫之地貫穿在五四熱潮之後他對文學觀念的認識與思考之中。他不再是無所顧忌的啟蒙文學論者，也沒回覆到傳統的消閒文學之路，甚至在後期，我們可以看到他對人物寫歪曲了的蔣光慈、龔冰廬等左翼作家的批判，而很少見他對張恨水、程瞻

〔註54〕《魯迅全集》第9卷，第93頁。
〔註55〕《魯迅全集》第9卷，第301頁。
〔註56〕《魯迅全集》第12卷，第381頁。

盧等通俗作家的討伐。

他仍然執著於文學的戰鬥功能，不過他對這種功能已有比以往更清醒的認識。1934 年他在《致蕭軍》的信中說：「現在需要的是鬥爭的文學，如果作者是一個鬥爭者，那麼，無論他寫什麼，寫出來的東西一定是鬥爭的。就是寫咖啡館跳舞場罷，少年和革命者的作品，也決不會一樣。」〔註 57〕在前兩年的一篇題為《關於小說題材的通信》的文章中，他也作著同樣的理解：如果是戰鬥的無產者，只要所寫的是可以成為藝術品的東西，那就無論如何他所描寫的是什麼事情，所使用的是什麼材料，對現代以及將來一定是有貢獻的意義的。為什麼呢？因為作者本身便是一個戰鬥者。〔註 58〕如果人們聯想到「五四」時期一般文學者對描寫勞工生活的呼喚，再到「左聯」時期對於階級與革命題材的熱切期盼，魯迅先生的這種題材論的主張以及對於是否藝術品的主張的要求，便顯出冷靜和深刻得多。他在 1935 年《致李樺》的一封信中，更是這樣表述了他對題材局限的不滿：「……現在有許多人，以為應該表現國民的艱苦，國民的戰鬥，這自然並不錯的，但如自己並不在這樣的漩渦中，實在無法表現，假使以意為之，那就決不能真切、深刻，也就不成為藝術。所以我的意見，以後一個藝術家，只要表現他所經驗的就好了。」〔註 59〕唯有表現自己的經驗，表現自己的真情實感，而不是憑空臆造、向壁虛構，才有可能創作出真正的藝術作品，而正是因為他自己對革命經驗的缺失，正成了他「寫新的不能」的心病。

除了要求突破題材的限制，他還要求文學作品的美感與趣味，反對急功近利的價值傾向。1933 年，他在致羅清楨一信中說：「……不可開手即好大喜功，必欲作品中含有深意，於觀者發生效力。倘如此，即有勉強製作，畫不達意，徒存輪廓，而無力量之弊，結果必會於希望相反的。」〔註 60〕好大喜功、刻意拔高、故作艱深、勉強製作，都有可能使作品既失去讀者，也失去力量。他認定讀者的心思是：「……要看小說，看下去很暢快的小說，不費心思的。」〔註 61〕不費心思地看暢快的小說，這才是閱讀文本的根本。否則讀者為何要捨近求遠、不直接去看哲學書、思想書呢？

〔註 57〕《魯迅全集》第 12 卷，第 532 頁。
〔註 58〕《魯迅全集》第 4 卷，第 367 頁。
〔註 59〕《魯迅全集》第 13 卷，第 45 頁。
〔註 60〕《魯迅全集》第 12 卷，第 200 頁。
〔註 61〕《魯迅全集》第 11 卷，第 660 頁。

對於趣味，他在 1928 年所作《〈奔流〉編校後記》中不免有些情緒激動。強烈呼籲：說到『趣味』那是現在確已算一種罪名了，但無論人類底也罷，階級底也罷，我還希望總有一日弛禁，講文藝不必定要『沒趣味』。〔註 62〕如果沒有了趣味，也就沒有了文學性。在 1933 年所作《木刻創做法序》一文中，理直氣壯地要求藝術作品的「好玩」。他說：「……據我個人的私見，一是因爲好玩。說到玩，自然好像有些不正經，但我們鈔書寫字太久了，誰也不免要息息眼，平常是看一眼窗外的天，假如有一幅掛在牆壁上的畫，那它不是更好？……」〔註 63〕從講求「趣味」，到必須「好玩」，似乎又回到了魯迅先生在論述小說起源時所說的「休息」。這並不是文學的罪過，而本身就是文學的重要功能之一；而如果沒有了這項功能，那麼文學的所有功能也就可能喪失殆盡。

從前期的批判通俗文學強調啓蒙到中後期的要求趣味，必須好玩，這並不是一次簡單的回歸。其間的區別關鍵在一點：作者本身可是一個「革命人」。

1936 年，在國難當頭的緊要關頭，魯迅先生在《答徐懋庸並關於抗日統一戰線問題》一文中，似乎是第一次不帶貶意地提到了鴛鴦蝴蝶派，提到了這個在近現代文學史上影響廣泛的通俗文學流派：

　　……我以爲文藝家在抗日問題上的聯合是無條件的，只要他不是漢奸，願意或贊同抗日，則不論叫哥哥妹妹，之乎者也，或鴛鴦蝴蝶都無妨。但在文學問題上，我們仍可以互相批判。〔註64〕

在這裡，「之乎者也」應該指的是一批以恪守傳統的復古派文人，而「哥哥妹妹」、「鴛鴦蝴蝶」則顯然指的是以包天笑、周瘦娟、張恨水爲代表的通俗文學鴛鴦蝴蝶派。主張可以不同，趣味可以多樣，然而在抗日的洪流中，它們都可以有著各自的用武之地。

從強調啓蒙到同時要求趣味，從對鴛鴦蝴蝶派的蔑視到試圖加以運用，其間反映的是一條在文學觀念上上下求索的精神之旅。他的文學觀念的複雜性與深刻性，正遠非一句「爲人生」或啓蒙就能簡單概括。

〔註62〕《魯迅全集》第 7 卷，第 168 頁。
〔註63〕《魯迅全集》第 4 卷，第 608 頁。
〔註64〕《魯迅全集》第 6 卷，第 530 頁。

捌、選集運作與魯迅社會身份的建構
（1932～1949）

羅執廷[*]

中國新文學發端於新文化運動，不到十年就開始有作家個人的選集出版。粗略統計，建國前共約38位新文學家獲得出版個人選集的殊榮，其中作為新文學的奠基者與旗手的魯迅雖非最早出版個人選集者，卻是擁有最多選集種數的一位。考察魯迅的選集出版情況以及選目情況，可以瞭解魯迅作品在民國時期的社會傳播方式及社會接受狀況，瞭解哪些魯迅作品受到歡迎以及為何受到青睞，但更顯重要的是，選本對魯迅作品的篩選過濾實際上也是對魯迅的一種形象塑造和對魯迅社會身份的建構，而考察這一建構的過程和其中的細節與方式，則是魯迅接受研究中的一個極重要但又還未充分挖掘的課題。

一、盜版書商和中共主導下的魯迅選集出版

民國時期出版的魯迅選集，僅筆者過目的就有40多種，今詳列於下：

1. 田中慶太郎編《魯迅創作選集》，東京文求堂書店昭和七年（1932）初版，1937年再版；

2. 魯迅編《魯迅自選集》，天馬書店，1933年初版；

3. 何凝（瞿秋白）編《魯迅雜感選集》，青光書局，1933年初版；

4. 蘇菊芳編《魯迅文集》，中亞書店，1935年初版；

5. 余研因編《魯迅文選》，民聲書店，1935年初版；

---

* 羅執廷，四川大學文學與新聞學院博士後。

6. 阿良編《魯迅論文選集》，龍虎書店，1935 年 5 月第三版，收雜文 32 篇；

7. 文林編《魯迅書信選集》，龍虎書店，1935 年 8 月初版，收書信、雜文 23 篇（題）；

8. 少侯編《魯迅文選》，上海倣古書店，1936 年初版；

9. 徐沈泗、葉忘憂編《魯迅選集》，上海萬象書屋，1936 年初版，上海中央書店，1947 年新版；

10. 徐逸如輯《魯迅近作精選》，上海文林書局，1936 年 5 月版；

11. 何可人編《魯迅文選》（內文名《魯迅近作精選》），上海更新出版社版，疑是文林書局版翻版；

12. 《魯迅諷刺文集》，永生書店，1936 年 10 月初版，收雜文 87 篇；

13. 《魯迅雜感集》，上海時代文化社，1937 年 1 月再版；

14. 《魯迅雜感集》，上海讀者書店，1936 年 10 月初版；

15. 《魯迅雜感集》，上海全球書店，1936 年版；

16. 《魯迅散文集》，上海全球書店，1937 年 3 月初版，1938 年 8 月再版，收雜文 24 篇（題）及小說 4 篇；

17. 張均編《魯迅代表作選》，上海全球書店，1939 年初版；

18. 《魯迅代表作》，上海全球書店版，實爲張均所編《魯迅代表作選》的前半部分；

19. 《魯迅傑作集》，上海全球書店，1946 年版，係張均編《魯迅代表作選》的又一版本；

20. 《魯迅論文選集》，延安解放社，1940 年 10 月版，收魯迅雜文 79 篇（題）；

21. 《魯迅選集》，新華日報華北分館，1941 年 2 版，收魯迅 1932～1936 年間所寫雜文 39 篇；

22. 《魯迅代表作》，上海三通書局，1941 年版，係由張均所編《魯迅代表作選》刪減而來；

23. 巴雷、朱紹之編《魯迅傑作選》，上海新象書店，1941 年初版，1947 年再版；

24. 《魯迅小說選集》，延安解放社，1941 年版，又有桂林民範出版社，1942 年版，新華書店晉察冀分店，1946 年版，上海新新出版社，1947

年版；

25. 顧宗沂編《魯迅短篇小說選（漢英對照）》，上海中英出版社，1941 年版；

26. 張惕軒編《魯迅自選集》，瀋陽振興排印局康德八年（1941）版，收小說 11 篇；

27. 葛斯永、楊祥生編《魯迅小說選（附評）》，重慶新生圖書文具公司，1943 年初版；

28. 羅伽明編《魯迅文選》，桂林草原出版社，1943 年 7 月初版，此書選目與何可人編《魯迅文選》基本雷同（僅少選「論文」2 篇）；

29. 王一平編《魯迅短篇集》，上海藝光出版社，1944 年 4 月版，收小說 12 篇；

30. 孟津選編《魯迅自傳及其作品（中英對照詳注）》，上海英文學會，1945 年刊印；

31. 王際眞、柳無垢編譯《魯迅小說選（英漢對照）》，東方出版社，1945 年版；

32. 張家口魯迅學會選注《魯迅活葉文選》（一、二輯），新華書店，1946 年 9 月初版，分別收魯迅雜文 12 篇、10 篇；

33. 《魯迅傑作集》（書內又名《魯迅文精選》），上海大中華書局，1946 年 9 月版，係抄襲徐沈泗、葉忘憂的《魯迅選集》而成；

34. 《魯迅傑作選》，上海大公書局版，係徐沈泗、葉忘憂所編《魯迅選集》之翻版；

35. 《魯迅論文集》，大連大眾書店，1946 年 5 月初版，當月再版，收雜文 38 篇；

36. 《魯迅雜感集》，冀南書店，1946 年 10 月版，選魯迅 1925～1936 年雜文 29 篇；

37. 《魯迅小說選》，東北書店，1947 年版；

38. 《魯迅論文選輯》（一、二輯），哈爾濱魯迅文化出版社，1947 年版，兩冊各收雜文 4 篇；

39. 胡蘭編《魯迅選集》（又名《魯迅小說選集》），上海藝光書店，1947 年版；

40. 《魯迅文藝創作選》，吉林書店，1948 年初版；

41.《魯迅社會論文選》，吉林書店，1948 年 8 月初版，收雜文 44 篇；

42. 梅林選輯《魯迅文集》，上海春明書店，1948 年初版；

43.《魯迅代表作》，上海南方書店版，係抄襲張均所編《魯迅代表作選》之前半部；

44. 沙路編《魯迅雜感集》，上海新光出版社，係何凝所編《魯迅雜感選集》的翻版；

45.《魯迅文選》，國學書店，出版時間不詳；

46.《魯迅雜文集》，殘本。

還有一些筆者雖未親見，但據書目等可靠資料可以確證的魯迅選本，如《魯迅雜文選集》（文林選，上海龍虎書店，1936 年 10 月版）、《魯迅短篇小說選集》（朝花出版社，1942 年版）、《一件小事》（延安印工合作社，1944 年版）、《魯迅小說選集》（新新出版社，1946 年版）、《魯迅選集》（陳磊編選，上海綠楊書屋，1947 年版）、《魯迅小說選集》（上海書報雜誌聯合發行所，1947 年版）、《魯迅名作文選》（上海北方書店，時間不詳）等。

考察上述選本後發現，盜版書商和中國共產黨乃魯迅選本出版背後的兩大推手，前者多出於經濟利益的考慮，後者則主要出於政治功利。當然，從版權角度來說，中共運作的魯迅選本也屬於盜版性質。實際上，由於民國時期領土的四分五裂和政權的分立，著作版權難以得到有效的保護，書商背著作者盜版、偷印或翻印別家暢銷書籍以牟利實屬平常。二三十年代的上海成為全國出版業的中心，其所出圖書即常被北平等地翻印；日寇統治下的東北、華北等淪陷區也大量翻印國統區圖書；而延安、華北等解放區則或翻印國統區的書，或將解放區圖書拿到國統區和香港、上海等地翻印，以進行政治宣傳。魯迅作為當時最著名和最有市場的作家之一，自然成為盜版和翻印的熱門。筆者經眼的四十多種魯迅選集中除了《魯迅自選集》（天馬版）、《魯迅雜感選集》（何凝編）、《魯迅文集》（春明版）這三本，其餘都是盜版和翻版，而它們多半還非常有市場。師陀回憶說，三十年代的北京，有關魯迅的各種「偷印的選本」「是很多的」〔註1〕，師陀這類窮學生多是這類盜版書的主顧。龍虎書店是 30 年代著名的盜版書製造者，它就出版過《魯迅書信選集》、《魯迅論文選集》、《魯迅雜文選集》這三本暢銷的盜版書，其中《魯迅書信選集》

〔註 1〕 師陀：《〈魯迅雜感選集〉回憶》，《讀書》，1980 年第 7 期。

在一年多點的時間內印行了 4 版，《魯迅論文選集》短短兩三個月內印行 3 版。徐沈泗、葉忘憂編選的《魯迅選集》是所謂「按一折書的方法來印行」的，編者公開宣稱其盜版目的在於為新文學「奪取大多數的讀者」〔註2〕。當時貧窮的學生、店員、小職員之類新文學愛好者就主要是通過這類廉價的盜版書來大量接觸新文學作品的。盜版選本往往頗具影響力，如徐沈泗、葉忘憂編選的《魯迅選集》和張均編選的《魯迅代表作選》就反覆被其他書商翻印，或被其他選家抄襲。保守的估計，正版的魯迅作品集其總銷量恐怕還比不上盜版的魯迅選本。

　　相較於書商的牟利行為，中共的政治功利性運作更值得關注。由於魯迅在知識界和青年中的影響力，中共決定加以利用，制止創造社和太陽社攻擊魯迅，聯合魯迅成立「左聯」即是最早的行動之一，瞿秋白編選《魯迅雜感選集》也具有同樣的政治背景。隨著中共在延安建立政權，並且在華北等地日益擴大統治區域（解放區），魯迅作品的篩選與出版更是得到重視。像張聞天這樣的中共領袖和八路軍總政治部宣傳部這樣的機構都積極介入魯迅選集編選出版活動之中——張聞天組織並參與了《魯迅論文選集》（1940）和《魯迅小說選集》（1941）的編選，八路軍總政治部宣傳部選編了魯迅小說選集《一件小事》（1944）〔註3〕。解放區在印刷機器、紙張等物資十分缺乏的條件下出版眾多魯迅選本，對外是為了借助魯迅的批判鋒芒來與敵對勢力（如國民黨）作宣傳戰，對內則是用魯迅作品教育解放區軍民。參加《魯迅論文選集》編選的劉雪葦即說：「像我們今天尚不可能得到大量書籍的時候，先一字一句地讀《魯迅論文選集》，研究其每個字句，都是我們民族解放戰爭所迫切需要的，也將使我們這些生活在不斷鬥爭中的後一代，學到許多戰鬥的方法，從思想意識上鍛鍊自己。」〔註4〕《一件小事》的編選則是「針對著我們部隊中的幹部文化水平不高，社會知識與經驗不夠廣闊，想用這些作品來提高我們的文化水平，幫助我們瞭解中國社會的各個側面，中國社會各階層的面貌、感情、思想和行動，使一些抽象的社會階級概念形象化。」（《編輯緣

〔註 2〕　徐沈泗、葉忘憂：《現代創作文庫序》，《魯迅選集》，上海萬象書屋，1936 年版。

〔註 3〕　這個選本收魯迅小說 5 篇（《阿 Q 正傳》、《一件小事》、《故鄉》、《孔乙己》和《祝福》），1947 年又以《魯迅小說選》為書名由東北書店再版。

〔註 4〕　雪葦：《關於一部偉大著作的出版》，《大眾文藝》第 2 卷第 1 期，1940 年 10 月 15 日。

起》）此選本的《編後記》中還說：「……魯迅先生不僅是悲哀與咒詛舊的東西，而且歌頌新的東西，鼓舞大家有推翻陳舊的骯髒的災難的中國而創造一個光明的新中國的決心和勇氣……並且激勵大家在社會改造的事業中，要有決心和勇氣反省自己的缺點，以便改造自己。」〔註5〕這就直接點明了魯迅選本在解放區所承擔的階級教育與思想改造等方面的政治功能。抗戰勝利後，伴隨著解放區的擴大和政權的鞏固，魯迅選集的出版更趨活躍，又有《魯迅活葉文選》（1946）、《魯迅雜感集》（1946）、《魯迅論文集》（1946）、《魯迅小說選》（1947）、《魯迅論文選輯》（1947）、《魯迅社會論文選》（1948）、《魯迅文藝創作選》（1948）等問世。不難發現，中共對魯迅著述的編選明顯自成體系、獨具特色，和當時書商們的魯迅選本風貌不同。大體來說，解放區的選文更有針對性，青睞的是魯迅作品中階級意識明顯、政治意識濃厚和鬥爭性較強的篇目，如《祝福》、《一件小事》這樣的小說和《為了忘卻的紀念》、《黑暗中國的文藝界的現狀》、《「友邦驚詫」論》、《戰士和蒼蠅》這樣的雜文。

二、從「創作」選集到雜文選本

魯迅的寫作涵蓋了小說、散文（含散文詩）、雜文等多種文體，但當時的社會主流觀點只視其小說、散文為「文學」或「創作」，而將其雜文排除在外。據王向遠的研究，這是受了日本的影響所致：「創作」作為近代從日本輸入中國的一個日語詞，在日本有著特定的內涵，特指小說、詩歌、戲劇三類「純文學」的寫作，原本不包括散文，更不包括「雜文」。日本書壇對「創作」的這種理解，連同這個詞本身，都被中國現代文壇接受過來，直到三十年代初，無論是反對還是提倡「雜文」的人，大都不把「雜文」包括在「創作」之內。〔註6〕由此，較早出現的《魯迅創作選集》（1932）和《魯迅自選集》（1933）等選本都只收創作而不收雜文，直到魯迅逝世後，其雜文的選本才多起來。

日本人田中慶太郎編的《魯迅創作選集》係目前所知最早的魯迅選集，它由東京文求堂書店於 1932 年初版。這個選本雖在日本東京出版，但全用漢

〔註 5〕 轉引自丁景唐：《關於延安出版的〈一件小事〉》，《魯迅研究月刊》，1997 年第 1 期。

〔註 6〕 王向遠：《魯迅雜文觀念的形成演進與日本書學》，《魯迅研究月刊》，1996 年第 2 期。

字印刷，其主要讀者對象仍應是中國人，所以也銷行於中國本土。該書只收魯迅小說 4 篇（《孔乙己》、《藥》、《阿 Q 正傳》、《故鄉》），不收散文、雜文等，正是日本式「創作」觀的體現。按日本選家嚴苛的文學標準，最值得看重的魯迅小說只有 4 篇。這當然是極精當的篩選。

《魯迅自選集》於 1933 年 3 月出版，只收小說和散文（詩），雜文一篇不收。魯迅在選本《序言》中稱，在他自己看來，「夠得上勉強稱為創作的」，「至今只有這五種（《吶喊》、《野草》、《徬徨》、《故事新編》、《朝花夕拾》）」。他這番話中其實有賭氣的意味，暗中表示了對日本式的狹隘「創作」觀的不滿。當魯迅從二十年代後期開始將大部分精力用於雜文創作之時便招致許多人的惋惜或諷刺，認為魯迅是在浪費時間、精力或者是江郎才盡，因為「雜感」、「短評」沒有文學價值。迫於這種壓力，魯迅也多次承認其短評、雜感文字並非「創作」或「文學」。所以，編自選集時魯迅雖然已成為著名的雜文家，但他還是屈從於主流觀念的壓力，將自己的社會身份定位於寫小說和散文的「文學家」而不是寫雜感、短評的「批評家」或「政論家」。不過，相較於日本人所持的嚴苛的「創作」標準，魯迅更注意展現給讀者一個全面的文學家形象，所以這本自選集並非單純按藝術的標準來篩選，而是「將材料，寫法，略有些不同，可供讀者參考的東西」（《序言》）選出來，即充分考慮體裁、題材、寫法等的多樣性。

魯迅對自己的小說頗多不滿與自謙之辭，如在談到《吶喊》時有「這樣說來，我的小說和藝術的距離之遠，也就可想而知了」〔註7〕之類的措辭。對於《故事新編》則說：「其中也還是速寫居多……過了十三年，依然並無長進……」〔註8〕但魯迅對《野草》似乎有相當的自信，稱這是由他「生命的泥」所生，所以「我自愛我的野草」（《野草・題辭》）。魯迅稱《野草》為「散文詩」集，從中選出 7 篇置於自選集的打頭位置，無論從選文數量還是編排次序看，都有重視之意。而其他人卻未必認同魯迅的自我感覺。李長之即「不承認《野草》是散文詩集」，認為《野草》中只有一部分是散文詩，另一部分則是「散文的雜感」〔註9〕。李長之這種看法顯然很有道理。就魯迅自選的《影的告別》、《好的故事》、《過客》、《失掉的好地獄》、《這樣的戰士》、

〔註 7〕魯迅：《〈吶喊〉自序》，《魯迅全集》第 1 卷，第 419 頁。

〔註 8〕魯迅：《〈故事新編〉序言》，《魯迅全集》第 2 卷，人民文學出版社，1981 年版，第 342 頁。

〔註 9〕李長之：《魯迅批判》，北京出版社，2003 年版，第 111～112 頁。

《聰明人和傻子和奴才》、《淡淡的血痕中》這七篇來看，確實都屬於審美性和藝術性較強的篇目。這說明魯迅是從「文學」或「創作」的標準來對《野草》進行篩選的，他還是希望以「文學家」而非「雜感家」的形象呈現在讀者面前。

囿於日本式的「創作」觀，後來出現的一些魯迅選本也推重小說而輕視散文（詩）和排斥雜文。如余研因編的《魯迅文選》（1935）只收《孔乙己》、《藥》、《土人》、《風波》、《鴨的喜劇》、《不周山》這 6 篇，基本都是小說。巴雷、朱紹之編的《魯迅傑作選》（1941）只收 8 篇小說，散文和散文詩都不收。《魯迅自選集》（張慖軒編，1941）也只收小說 10 篇。國學書店出版的《魯迅文選》則只收 5 篇小說、散文。胡蘭編的《魯迅選集》（1947）只收小說 12 篇。《魯迅文藝創作選》（1948）也不收雜文。這些「文選」、「選集」的體裁偏好也折射出讀者趣味或文學市場的制約問題。因為它們多是面向普通社會讀者（區別於作家、文化人等精英讀者）的盜版書，不能不考慮這類讀者的文體偏好，即對故事性、形象性較強的小說的偏愛。同樣的，翻譯性選本也有文體偏好。如《魯迅短篇小說選（漢英對照）》選取的作品是《白光》、《一件小事》、《風波》、《肥皂》、《故鄉》、《孔乙己》、《祝福》、《離婚》；《魯迅自傳及其作品（中英對照詳注）》則選收《藥》、《示眾》、《影的告別》、《立論》；《英漢對照魯迅小說選》選收《高老夫子》、《幸福的家庭》、《祝福》。這三個翻譯性選本合起來將魯迅的主要小說作品基本都收納了。這種選本大概是為外語學習的人編的，取材自然要考慮作品的名氣和可讀性，魯迅小說便成為首選，凝煉的散文詩也可入選，《朝花夕拾》那樣的散文就不受青睞了。

總體來看，日本人持有的是嚴苛的「創作」標準，只重視魯迅的小說，在他們眼中魯迅只是一個「小說家」；而魯迅自己則希望展現給讀者一個全面的文學家形象──小說家、散文家及散文詩作家；其他的選家也普遍偏愛魯迅的小說而輕視其散文和散文詩。筆者對所見的 20 餘種魯迅選本（翻版、改版本不重複計算）統計後發現，選錄頻次較高的是：小說類：《孔乙己》15 次、《阿 Q 正傳》15 次、《故鄉》13 次、《祝福》12 次、《藥》11 次、《在酒樓上》9 次、《出關》9 次、《離婚》8 次、《示眾》8 次、《狂人日記》7 次、《傷逝》7 次、《風波》6 次、《奔月》6 次、《一件小事》5 次；雜文類：《黑暗中國的文藝界的現狀》9 次、《現今的新文學的概觀》8 次、《革命時代的文學》7 次、《又

論「第三種人」》7次、《「民族主義文學」的任務和運命》7次、《華德焚書異同論》7次、《文藝與革命》6次、《踢》6次、《論「第三種人」》5次、《答有恒先生》5次、《為了忘卻的紀念》5次、《病後餘談》5次；散文集《野草》和《朝花夕拾》中則沒有被選4次以上的篇目。輕視魯迅散文和散文詩的證據還有：全球書店版的《魯迅代表作選》（1939）還將選自《朝花夕拾》的5篇散文放在「自敘傳」欄目中，似乎只想強調其作為作家生平資料的價值，而不想承認其作為文學的獨立價值。曹養吾編選的《中國近十年散文集》（上海全民書局，1929年5月版）收錄周作人、徐志摩、郭沫若、王世穎、蘇梅、徐蔚南等15人作品，竟然沒有魯迅。阿英編選的《現代十六家小品》（上海光明書局，1935年3月初版）只將魯迅置於第十四家的位置，而到了1941年1月的再版本《現代小品文鈔》中則乾脆刪減掉魯迅等五人，剩下十家。可見，就選本對作家身份的認定來說，大多數「創作」類選本強調的是魯迅的小說家身份，並不重視或強調其散文家身份。

就魯迅一生的寫作量而言，雜文顯然佔據著首要的位置：雜文創作之於魯迅歷時最久（從1907年直到逝世），收穫最豐（計有17種集子，950餘篇目）。所以今人一般傾向於認為「魯迅的名字主要和雜文聯繫在一起，他在中國文學乃至思想文化史上的地位初以小說奠定，實際貢獻卻應首推雜文，小說次之」〔註10〕。但在魯迅生前，其雜文遲遲得不到「文學」的身份和社會的普遍重視，陳源、梁實秋、蘇雪林等著名文藝界人士都曾極力貶低魯迅雜文的價值。就在這種背景下，何凝（瞿秋白）編選的《魯迅雜感選集》（1933）問世了。瞿秋白不是從文學而是從社會政治價值的視角來看待魯迅雜感並將其地位提升到魯迅小說和散文之上，這既是迫於狹隘的「創作」觀念和社會上的「雜文」批判而另闢蹊徑，也是本著一個革命家的眼光和為著中共的革命利益而做出的一個價值選擇——雖然他私心裏真正喜愛的可能還是《阿Q正傳》這樣的魯迅小說〔註11〕。瞿秋白這個選本是已知最早的魯迅雜文選本，對此後幾十年魯迅雜文選本的編選影響深遠：既起到了出版帶動的作用，又在編選傾向及對雜文的價值評判等方面產生了實際的影響力——這尤其表現在從解放區至新中國的魯迅雜文選本上。

《魯迅雜感選集》的出版成功及魯迅的逝世讓魯迅雜文一下子成為書商

〔註10〕郜元寶：《魯迅六講》，上海三聯書店，2000年版，第135頁。
〔註11〕幾年後，囹圄中的瞿秋白即在《多餘的話》中表露了這一點。

們青睞的對象，先是龍虎書店推出了《魯迅論文選集》（1935）和《魯迅雜文選集》（1936），永生書店出版了《魯迅諷刺文集》（1936），然後是名為《魯迅雜感集》的三個選本在魯迅逝世後的一兩個月內同時出現：時代文化社版《魯迅雜感集》選錄魯迅作品 113 篇，估計初版於 1936 年 10 月，1937 年 1 月即再版；讀者書店版《魯迅雜感集》收 105 篇，實際只是抽去了時代文化社版中的 8 篇；全球書店版《魯迅雜感集》收 90 篇，實際只是抽去了時代文化社版後半部分的 23 篇。短短兩三個月內，初版、再版與翻版同時出現，足以說明銷路之暢；讀者書店版標明「1936 年 10 月初版，1938 年再版，1946 年三版」，也充分說明了其持續性的市場表現。這三本《魯迅雜感集》對於魯迅 30 年代之前的雜文均只選了 3 篇，這明顯是出於避讓瞿秋白選本的心理，說明後者也極有市場。

中共的介入進一步加劇了魯迅雜文的選本熱。中共對魯迅的利用主要是出於思想政治鬥爭的需要，以「社會批評」和「文明批評」為旨歸，「似匕首」「似投槍」的魯迅雜文自然就受到青睞。瞿秋白編的《魯迅雜感選集》最先就透露了這種文體選擇背後的政治取向。1940 年，延安為紀念魯迅逝世四週年組織出版《魯迅論文選集》和《魯迅小說選集》，但優先出版的是雜文集。很快，解放區又有新華日報華北分館編印的專收雜文的《魯迅選集》（1941）問世。從 1946 年到 1948 年，解放區又一下子出版了六七本魯迅雜文選集：《魯迅活葉文選》（一、二輯）、《魯迅論文集》（大連）、《魯迅雜感集》（冀南書店）、《魯迅論文選輯》（一、二輯）、《魯迅社會論文選》（吉林書店）。相較於小說和散文，魯迅雜文是更直接和鮮明地抨擊社會黑暗與政治腐敗的，而這正是中共這樣一個「革命」的政黨和「反對黨」藉以顯示自身存在的合法性的基點。因此，中共的魯迅雜文選本在選目上凸顯的是政治性和鬥爭性較強的篇章。以《魯迅論文選集》為例，它在選文時就「主要偏重於一般思想方面，專題論文如關於寫作、翻譯、木刻等都沒有選」，而「《偽自由書》、《準風月談》、《花邊文學》等中的論文，因當時言論壓迫的關係，先生多用曲筆寫出，對於現在一般讀者難於瞭解，所以不得不選得少一些；此外，如《墳》中文言文寫的部分，也沒有選入」〔註 12〕。棄《墳》中那些思想啟蒙性質的文言論文，充分說明這個選本側重的是政治鬥爭維度而非思想啟蒙維度。1942 年，

─────────────────────

〔註12〕編者（張聞天）：《關於編輯〈魯迅論文選集〉的幾點聲明》，載解放社編：《魯迅論文選集》，新華書店晉察冀分店，1946 年 4 月翻印本。

毛澤東《在延安文藝座談會上的講話》中說，抨擊罪惡的反動統治的「黑暗勢力」，魯迅是「完全正確的」，但在共產黨統治區，「如果不是對於人民的敵人，而是對於人民自己」，那麼「魯迅式的雜文」就不合適了。這就更是明確地道出了中共推重魯迅雜文是為了與國民黨等敵對勢力鬥爭的需要。

明顯可以看出，以瞿秋白、毛澤東為代表的中共力量介入魯迅評價之後，雜文在魯迅全部創作中的重要性日益提升，不僅專門的魯迅雜文（或稱「散文」、「論文」）選本紛紛湧現，風頭上蓋過魯迅創作選本，連綜合性的魯迅選集中雜文的比重也在上昇以至佔據大部分篇幅。如蘇菊芳編的《魯迅文集》（1935）收「論文」6 篇，「雜感」12 篇，「關於創作」、「關於小品文」、「關於翻譯」等方面的雜文若干組，入選雜文的比例大大超過了小說（只有 3 篇），《野草》和《朝花夕拾》一篇未收。少侯編選的《魯迅文選》（1936）收「論文」11 篇、「書信」7 篇、「小說」4 篇，也是個偏重於雜文（包括「書信」）的本子。上海文林書局出版的《魯迅近作精選》（1936）收「論文」5 篇、「書信」4 篇、「小說」3 篇、雜文 12 篇，廣義的雜文也佔了大部分篇幅。徐沈泗、葉忘憂編選的《魯迅選集》（1936）也對魯迅的雜文較為看重，說「這些散文中都有著深刻的諷刺力量。並不讓於他的小說」〔註13〕。到了 1948 年，春明書店版的《魯迅文集》則除 8 篇小說外，剩下的 29 題（篇）都是雜文。這說明到了四十年代，魯迅雜文的聲譽和社會地位明顯較二三十年代為高，以至於有些選家認為魯迅雜文是必選的，而魯迅散文倒可有可無。至此，魯迅雜文取代了魯迅散文和散文詩的「文學」地位，也超越了魯迅小說，上昇到第一文體的地位。

三、雜文選本與魯迅的「思想家」、「革命家」身份建構

觀察魯迅的雜文選本，最值得注意的是它們的命名及其中折射出來的對於魯迅社會身份的認定與建構問題。魯迅早在 20 年代就已出版了好幾個雜文的集子，但文壇在對這些雜文的評價問題上卻陷入分裂。在主流輿論不承認雜文的「文學」身份的時候，以郁達夫為代表的一部分人士卻高度認可魯迅雜感文的文學成就，他所編的《中國新文學大系·散文二集》（1935）收入魯迅雜感文的數量遠多於其純正的散文和散文詩。而在魯迅逝世後出版的一些盜版選本中，甚至還出現了以魯迅雜文取代魯迅散文的做法。比如全球書店

〔註13〕徐沈泗、葉忘憂編：《魯迅選集·題記》，上海萬象書屋，1936 年版。

版的《魯迅散文集》（1937），名爲「散文」集實則所收全是雜文，沒有從《朝花夕拾》和《野草》集中選錄任何一篇。全球書店版《魯迅代表作選》（1939）所設「散文」欄目中，41 篇選文全是雜文。上海大中華書局的《魯迅傑作集》，也用「散文」來命名魯迅雜文，而將正宗的魯迅散文《朝花夕拾》和《野草》丟在一邊。但這種視雜文爲「散文」的做法畢竟並非主流，當時的主流輿論（包括魯迅自己在內）還是否認或者不強調雜文的文學身份和價值。陳西瀅、梁實秋、蘇雪林、鄭學稼等右翼文人固然極力貶低魯迅雜文，瞿秋白、馮雪峰、毛澤東、胡風等左翼文化人也只是在社會政治而非文學的意義上來推崇魯迅雜文，他們通過強調魯迅雜文中的「思想」含量與「革命」性質，力圖證明魯迅的「思想家」、「革命家」身份。因此，魯迅雜文選本在當時就主要不是致力於「文學家」而是致力於「革命家」、「思想家」這兩種魯迅身份的塑造。從瞿秋白的《魯迅雜感選集》到解放區的多種魯迅選本，在這方面體現得特別鮮明。

　　瞿秋白說，他選集魯迅的雜感「不但因爲這裡有中國思想鬥爭史上的寶貴的成績，而且也爲著現時的戰鬥」。爲著現實的戰鬥——即對於黑暗社會和反動統治的鬥爭——瞿秋白特別強調了魯迅雜感的「革命傳統」，即「暴露黑暗」的清醒的現實主義、「韌」的戰鬥、反自由主義、反虛僞的精神，並且認爲第四點構成「文學家的魯迅，思想家的魯迅的最主要的精神」（《〈魯迅雜感選集〉序言》）。瞿秋白的這些分析和評說被認爲是奠定了「魯迅作爲一個革命家和思想家的地位」〔註14〕，因爲後來毛澤東關於魯迅的「偉大的文學家，偉大的思想家和偉大的革命家」的權威定位即淵源於瞿秋白。是否瞿秋白最先給予魯迅「文學家」、「思想家」和「革命家」這三位一體的定位，殊難考證，但他確實爲賦予魯迅「革命家」身份立下了汗馬功勞，這都因爲他編選的這個選本及其序言的廣泛傳播和影響。此後在解放區出版的魯迅選本都遵循了瞿秋白和毛澤東的魯迅評價：如《魯迅論文選集》（1940）不僅收錄了瞿秋白的《〈魯迅雜感選集〉序言》一文，還在選本前言中套用了毛澤東三個「偉大」的論斷；《魯迅社會論文選》（1948）除收錄瞿秋白的《〈魯迅雜感集序言〉》外，還在扉頁上特意印了毛澤東的題詞：「魯迅先生是中國文化革命的主將；他不僅是偉大的文學家，而且是偉大的思想家，偉大的革命家。魯迅的方向，就是中華民族新文化的方向。」值得指出的是，瞿秋白試圖以

〔註14〕曾鎮南：《魯迅是誰？——重讀瞿秋白的〈魯迅雜感選集‧序言〉》。

雜感文爲據來證明魯迅的「革命家」和「思想家」身份，這種論證思路被其後的許多選本所繼承，尤其是解放區的雜文選本，基本選的都是雜感文而非廣義的雜文。從魯迅雜感文這種特殊文體入手來建構魯迅「思想家」和「革命家」的身份就無疑是聰明之舉，也有較強的說服力。因爲魯迅的思想家品質和革命家氣質，在其雜感文中表現得確實比在小說、散文和一般性雜文中更顯明。

還值得注意的是不少選本對魯迅雜文的命名──「論文」，如《魯迅論文選集》（龍虎書店，1935）、《魯迅論文選集》（延安，1940）、《魯迅論文集》（大連，1946）、《魯迅論文選輯》（哈爾濱，1947）、《魯迅社會論文選》（吉林書店，1948）等。此外，《魯迅文集》（1935）、《魯迅文選》（1936）、《魯迅近作精選》（1936）等選本中則設有「論文」的專輯。眾所周知，魯迅是很少用「論文」來指稱自己的雜文的，他只有幾次將《墳》稱爲「論文集」〔註15〕，即將其中的《科學史教篇》、《摩羅詩力說》之類較長篇幅的文章稱爲「論文」。在魯迅看來，「短評」或「雜感」是「短短的批評，縱意而談」，不是嚴密論證性質的「大題目的長論文」（《〈三閒集〉序言》）或「根據學理和事實的論文」（《不是信》）。在魯迅那裡，「論文」是和「雜感」、「短評」這樣的概念並列的狹義文類名稱，用以指稱理論性較強的文章。而眾多的魯迅雜文選本取「論文」之名並非因爲所選的只是狹義的「論文」，而是也包括甚至主要是雜感文、短評文，這種張冠李戴或以部分（論文）代全體（廣義雜文）式的做法其實別有用心。揣摩魯迅區別「雜感」、「短評」和「論文」時的措辭可以發現，他雖然強調了雜感、短評的現實的社會價值，但也承認它們不如「論文」那麼高深。魯迅在二十年代常用「應時的淺薄文字」（《熱風·題記》）、「無聊的東西」（《華蓋集·題記》）、「淺薄」和「偏激」（《華蓋集續編·小引》）這樣的貶義措辭來指稱自己的雜感與短評，當 1934 年 9 月林希雋批評雜文創作是「商賈」行爲和「粗製濫造」時，魯迅雖然進行了回擊，但也承認：「『雜文』很短……用力極少，是一點也不錯的」（《商賈的批評》）。顯然，無論是在當時的一般輿論還是魯迅自己那裡，「雜文」、「雜感」、「短評」之類稱謂更多地含有輕視之意甚至是貶義，而「論文」就不同了。據仲濟強的研究，魯迅在處理 20 年代寫作的雜文時，將那些發表於報刊上的顯要位置（版面）的

〔註15〕魯迅在《〈奔流〉編校後記》（1929）、《魯迅自傳》（1930）、《二心集·序言》（1932）、《魯迅自傳》（1934）等文中都稱《墳》爲「論文集」。

篇目多收入「論文集」《墳》中，而發表時登載位置偏後的文章則收入雜感集《熱風》和《華蓋集》中，「由此可見收入《熱風》《華蓋集》的所謂『雜感』在魯迅看來，重要性級別要比收入《墳》內的『論文』低一些。」〔註16〕顯然，以「論文」來命名至少是要從文類角度擡高魯迅雜文的地位和價值。若更進一步地考察其語源的話，則會發現「論文」這一命名還指向了「思想家」、「革命家」這樣的魯迅身份問題。

以「論文」命名魯迅的雜文首先是受了日本的影響。據王向遠的考證，明治時代之後，隨著現代啓蒙運動的展開，日本出現了一大批啓蒙思想家、作家和評論家。他們在報刊雜誌上發表了大量以議論、感想為主的文章，因無法歸入傳統的文體中，便被日本人通稱為「論文」。無論從內容還是從形式上看，它們都很接近中國的現代雜文。日本書壇把寫作這類文章的末廣鐵腸、藤田鳴鶴、尾崎學堂、犬養木堂、中江兆民、福地櫻癡、德富蘇峰、三宅雪嶺、福澤諭吉、陸揭男、竹越三叉等人稱為「論文家」；而在少量的使用「雜文」的場合，一般出於兩種情況，一是自謙，二是鄙視。日本權威的詞典《廣詞苑》對「雜文」的解釋是：「非專門的文章，輕小的文章，用時多含鄙視之意。」《國語大辭典》對「雜文」的解釋是：「不太成系統的文章、無內容的文章；非專門的、隨便寫下的文章。指稱自己的文章時含卑意。」〔註17〕同樣，包括魯迅在內的中國現代文壇起先也是在自謙或鄙視的意義上使用「雜文」一詞的，借用日本的「論文」概念明顯也是要代替「雜感」、「短評」或「雜文」這樣低俗的名稱，以提升魯迅雜文的地位。既然在日本「論文」的作者多是名噪一時甚至影響深遠的現代啓蒙思想家，那麼在中國寫「論文」的魯迅當然也具有相同的啓蒙思想家的身份。可資佐證的有，阿良編的《魯迅論文選集》（1935）在選本前附有序文兩篇，其中「代序一」為 R. M. Partlett 於 1927 年發表於美國《Current History》雜誌上的《新中國的思想界領袖魯迅》一文，這篇序文的選擇顯然表明了選家對魯迅「思想家」身份的認定。〔註18〕

〔註16〕仲濟強：《從「論說」到「雜感」再到「雜文」——魯迅文體意識脈絡的鉤沈》，《中國現代文學研究叢刊》，2013 年第 1 期。

〔註17〕王向遠：《魯迅雜文觀念的形成演進與日本書學》，《魯迅研究月刊》，1996 年第 2 期。

〔註18〕同理，文林編的《魯迅書信選集》（龍虎書店，1935 年）特意以林玉（語）堂的《魯迅》一文為「代序」，大概也是認同了林語堂文中對於魯迅「判逆的思想家」的定位。

即便阿良這些選家沒有日本語源方面的知識背景或動機，而只是很隨便的使用「論文」這個命名，也客觀上有利於讀者腦中形成魯迅作爲「思想家」的印象。因爲一般人通常的印象都是「論」要比「感」和「評」更具思想性和理論性。

以「論文」來命名魯迅雜文還有蘇俄背景。瞿秋白在《〈魯迅雜感選集〉序言》中說：「高爾基在小說戲劇之外，寫了很多的公開書信和『社會論文』（publicist articles），尤其在最近幾年——社會的政治鬥爭十分緊張的時期」，「魯迅的雜感其實是一種『社會論文』——戰鬥的『阜利通』（feuilleton）」。這裡需要注意的是蘇聯對高爾基的政治化和神化對中國左翼文壇的影響。〔註19〕高爾基在 1928 年以後被蘇聯樹立爲「偉大的革命作家」和「無產階級文學的奠基人」，受此影響，中國左翼文化界也開始稱魯迅爲「中國的高爾基」。瞿秋白熟悉也關心著蘇俄的情況，他之譯介高爾基就集中於 30 年代，明顯受了蘇聯宣傳的左右。所以瞿秋白譯介時看重的是高爾基那些以「革命作家」身份寫的政論文章〔註20〕，他將魯迅雜文視同於高爾基的「社會論文」，表面上是從文章內容和性質出發的命名，實則還有所指，即強調魯迅「革命作家」的身份，這就是他爲什麼在《〈魯迅雜感選集〉序言》中特別賣力地論證魯迅的階級立場和魯迅雜文的「革命傳統」的緣故。而後來解放區出版的魯迅雜文選本都繼承了瞿秋白的立場，以「社會論文」或「論文」來命名魯迅雜文。這些選本在選文上突出的是魯迅對「反動政府」（如北洋軍閥、國民黨）及其「御用文人」的鬥爭，以及魯迅與「第三種人」、「民族主義文藝」這些與中共文化組織（如「左聯」）和政治意識形態（如「革命」、「階級論」）對抗的勢力的鬥爭。經過這樣的篩選和強化，魯迅作爲「鬥士」或「革命家」的形象也就逐漸印入讀者的腦中了。

事實上，關於魯迅的「思想家」、「革命家」身份問題，一直聚訟紛紜，直到現在也未能眞正解決。早在 1925～1926 年，「思想界的權威者」或「思想界的領袖」之類的稱譽即被加於魯迅身上；1929 年初，林語堂發表《魯迅》

〔註19〕 關於蘇聯的高爾基評價和形象塑造之於中國左翼文壇的影響，可參見李今《中國左翼文學運動中的高爾基》（載《中國現代文學研究叢刊》，2000 年第 4 期）一文。

〔註20〕 瞿秋白曾翻譯了高爾基在 1928～1931 年所寫的 20 多篇抨擊資本主義國家及爲蘇維埃辯護的政論文，後來集結爲《高爾基論文選集》（人民文學出版社，1954 年版）一書出版。

一文稱魯迅為「叛逆的思想家」；1930 年 4 月 29 日，邢桐華在《新晨報》上發文稱魯迅「在中國是最偉大的思想家與藝術家和戰士」〔註 21〕。而另一方面，陳源、梁實秋、高長虹等又視「思想界的權威」等語為吹捧之詞，藉此攻擊和諷刺魯迅。1935 年，李長之的《魯迅批判》陸續發表，他也認為「魯迅不是思想家」，因為「他沒有一個思想家所應有的清晰以及理論上建設的能力」。再後，1936 年 5 月 6 日、9 日的北平《東方快報》報導了一個叫范任的人，斷言「魯迅沒有社會和哲學的理論，沒有偉大的思想統系」。〔註 22〕這些言論不同於陳源、高長虹、鄭學稼之類的詆毀，而是學理上的討論，確實值得重視。在這樣的背景下，以瞿秋白選本為代表的許多魯迅雜文（論文）選本的出版運作，或者在主觀意圖上是對上述社會爭議的一種回應，或則在客觀效果上明顯有助於在讀者腦中形成「思想家」、「革命家」的魯迅印象。當然，說魯迅是「思想界的先驅」或「思想界的戰士」毫無問題，但要說魯迅是已自成體系和卓然成家的「思想家」以及有實際貢獻的「革命家」，則還不是那麼令人信服，這其間還需要不少的邏輯論證環節，而這又並非選本所能勝任的。

結　語

　　對於民國時期的新文學選本，目前研究界的興趣還只集中在《中國新文學大系》等少數幾個個案上面，眾多的魯迅選本中也只有《魯迅自選集》和《魯迅雜感選集》得到了較充分的研究，大量的盜版選本和中共運作的選本則乏人問津。而實際上這兩類選本在當時及以後的影響都非常大，至少對於魯迅作品在當時社會上（尤其是社會中下層）的傳播貢獻巨大。以盜版選本為例，50 多種魯迅選本中百分之九十以上都是盜版本，其讀者多是窮苦的青年學生和普通的文學愛好者，即新文學受眾中的主體部分。魯迅在當時能成為「青年的導師」、「青年叛徒們的領袖」或「極受我國青年人之崇拜」（巴雷、朱紹之《魯迅傑作選・魯迅小傳》），恐怕就主要得力於這類廉價的盜版書吧！僅僅靠「定價高企」〔註 23〕的正版魯迅作品集，恐怕魯迅不會擁有那

〔註 21〕邢桐華：《關於〈中國文藝論戰〉並及魯迅先生——寄李何林先生》，轉引自張夢陽：《中國魯迅學通史・宏觀反思卷》，廣東教育出版社，2001 年版，第113 頁。
〔註 22〕陳越：《作為思想家的魯迅》，《紹興文理學院學報》，1999 年第 2 期。
〔註 23〕據徐沈泗、葉忘憂說，當時（1936 年）正版新文學書籍的定價太高，數倍甚

麼多的中下層讀者，也不會在青年讀者中享有如此崇高的地位。至於解放區
出版的那些魯迅選集，其現實影響和歷史影響就更不容低估。比如《魯迅論
文選集》在延安初版後又在華北解放區多次翻印〔註 24〕，當時華北解放區的
一位記者報導說：「今天在晉西北所最容易看到的關於魯迅的著作是《魯迅論
文選集》。」〔註 25〕《魯迅小說選集》除延安 1941 年版外還有桂林民範出版
社 1942 年版、新華書店晉察冀分店 1946 年版、上海新新出版社 1946 年版等
多個翻印本。至於解放區選本的歷史影響則可以從建國後幾十年裏魯迅接受
的情況中窺見一般：其間，中學語文課本中魯迅的雜文是入選頻次最高的，
基本篇目也早在解放區選本中定型；而魯迅選集出版中雜文選本也是最熱
的，僅僅 1972～1981 年間，全國至少出版了 34 種以「魯迅雜文選」或者「魯
迅雜文選講」爲題的書〔註 26〕。可以說，解放區的魯迅選集編選奠定了此後
三十多年里中國大陸評價和接受魯迅的基本樣態。

至十多倍於通俗小說的定價，讓普通讀者買不起；而盜版、翻版書因不需支
付版稅，相比正版書定價可低廉至一折再八扣，因此這樣的廉價書常常充斥
著書攤，銷量遠多於正版書。(徐沈泗、葉忘憂：《現代創作文庫序》，載《魯
迅選集》，上海萬象書屋，1936 年版。)

〔註 24〕筆者所見的即有：新華日報華北分館，1941 年 10 月初版；華北新華書局，
1942 年 3 月再版；新華書店晉察冀分店，1946 年 4 月三版。

〔註 25〕亞蘇：《〈魯迅論文選集〉介紹》，《晉綏日報》（即《抗戰日報》），1941 年 10
月 18 日。

〔註 26〕紀維周、紀燕寧、紀燕秋等編：《魯迅研究書錄》，書目文獻出版社，1987 年
版。

玖、另類的封建家庭與別樣的假道學
——《肥皂》新解兼及對研究史的幾點反思

袁少沖*

摘要:《肥皂》是魯迅在「五四」退潮期戰鬥意氣冷卻、減少了熱情之後的作品,其中包含了很多「聽將令」的「遵命文學」中沒有的信息,展現了一個別樣的道學家及另類的封建家庭。它的別樣性有四方面的原因。而以往的研究多數還是把《肥皂》和四銘納入到激烈反封建、反傳統的軌道中,對此有必要做幾點反思:精神分析法運用的「尷尬」與「怪誕」;長期凝固的魯迅形象的歷史慣性;體現在魯迅形象、魯迅研究中的新舊文化的隔膜。

關鍵詞:《肥皂》,假道學,新解,反思

---

* 袁少沖,男,1981 年生,文學博士,現爲運城學院中文系講師,主要研究方向爲中國現代文學及民國史。

一

　　單從接受的角度來說，《肥皂》在魯迅的作品中便是一部特殊之作，在新時期之前的半個多世紀裏，「不爲讀者們所注意了」（魯迅語）。而在不多的研究者中，批評的居多。李長之在 30 年代視其爲「寫的很壞，壞到不可原諒」的失敗之作，其理由是魯迅不擅長寫都市生活〔註1〕；竹內好在 40 年代也認爲《肥皂》是一篇「愚蠢之作」，「讀後甚至感到不快」〔註2〕；只有旅美的夏志清從寫作技巧的角度——「比其他作品更能充分地表現魯迅敏銳的諷刺感」，將其看成是「魯迅最成功的作品」和「唯一成功的以北京——而不是紹興——爲背景的小說」〔註3〕。這種局面在新時期之後才有所改觀，楊義、王富仁、溫儒敏、吳中傑、呂周聚等研究者都對《肥皂》進行過較細緻的解讀，也都不同程度的肯定了《肥皂》是一部傑作。綜合他們對於《肥皂》的肯定，有三方面的共通之處：其一，藝術技巧也是獲得肯定的主要因素，都認爲《肥皂》展現了魯迅成熟、精妙、細緻入微的諷刺藝術，這種思路與魯迅在《〈中國新文學大系〉小說二集序》中自道的「脫離了外國作家的影響，技巧稍爲圓熟，刻畫也稍加深切」，是一脈相承的。其二，在小說的內在主旨意蘊的方面，幾乎都一致認爲主人公四銘是個假道學、僞君子，並由此批判揭露了四銘背後的封建禮教，這一點延續和皈依了魯迅畢生與封建傳統道德、倫理、觀念進行不妥協的、韌性的戰鬥的思路。其三，新時期以後對《肥皂》的肯定性解讀中，最突出的特點是由於精神分析的引入，其代表性成果幾乎都是運用精神分析作爲解讀文本的理論基礎或闡釋框架，不可否認這確實使得作品的解讀比此前更爲細緻和深入。

　　儘管有所改觀，但相較於魯迅其他作品研究的汗牛充棟而言，《肥皂》依然是小眾的。既然魯迅本人都認爲它技巧圓熟、刻畫深切，而批評家也大都讚歎其諷刺的精妙，那麼它依然小眾的原因何在呢？我想可以從兩方面來思考：一是運用精神分析是否眞的對作品有更貼切、更合情合理的闡釋；二是《肥皂》所承載的內涵在批判封建禮教之外還有沒有能被繼續挖掘、多向闡釋的空間。歷來對《肥皂》的解讀大都是在回到魯迅生活的那個時代，有一

〔註1〕李長之：《魯迅批判》，北京：北京出版社，2003 年版，第 93 頁。
〔註2〕〔日〕竹內好：《近代的超克》，北京：三聯書店，2005 年版，第 77、85 頁。
〔註3〕〔美〕夏志清：《中國現代小說史》，香港：香港中文大學，2001 年版，第 39 頁。

個迫切需要對封建禮教、三綱五常進行大力破除的背景存在，這一維度的解讀是必然和必要的，但會不會被那個嚴酷的時代的迫切需要所牽引，對《肥皂》內涵的理解太過片面呢？具體地說就是是否在某種程度上強行把《肥皂》塞入到魯迅慣常被人們接受的那種決絕地反封建、反傳統的宏大敘事中，而忽略或掩蓋了作品有可能「溢出」這個宏大敘事的內容呢？而這種「溢出」恰恰襯托出魯迅作品的豐富性與真實性。所以，本書所要嘗試的是另一個維度，即從當下我們社會混亂的倫理道德背景中回看《肥皂》。也許在我們這個已經（從某種角度說）擺脫了封建禮教、三綱五常等傳統的燭照下，在我們不必要再對傳統的倫理道德有那麼痛切的破除和排斥情形下，甚至是需要全面反思的時候〔註 4〕，《肥皂》中被特殊時代遮蔽的內涵能夠被重新發現。

二

　　對傳統倫理道德、封建禮教進行攻擊、批判的確是魯迅一生最重要的主題之一，他大量的文學作品就是最好的明證，《肥皂》也被認為是這眾多作品的其中之一。但若論對封建禮教鞭撻最有力、令人印象最深刻的文本恐怕還是《狂人日記》、《祝福》等，相比之下《肥皂》的典型性、批判力給人的感覺是要差很多。為何會這樣，也許與《肥皂》自身內容題材的特別有關。中國的傳統社會是以家庭（宗族）為核心的，從邏輯上說，要實踐反封建反傳統的這個宏大敘事，暴露舊家庭的弊端、展示禮教吃人是最直接最便利的，《狂人日記》、《祝福》即是這樣。但有研究者早就指出，這些作品的主人公，往往只是禮教重壓之下的群眾和下層知識者——

> 　　魯迅極少像果戈理那樣，把封建地主階級的代表人物作為小說的主人公進行正面的諷刺和撻伐。一般說來，他總是把自己在政治上完全否定的人物放在小說的背景上，用極精簡的筆墨，粗線條地勾勒出他們的醜惡面目，其性格多屬於平形，其典型性多偏於類型化，實質上，他們主要作為小說主人公的生活環境的一個重要側面而活動在小說中。〔註5〕

〔註 4〕 即在摒棄之餘還不得不繼承、借鑒，不過這種平和的心態在魯迅的年代多少有些不合適宜，故而在魯迅的「宏大敘事」中多呈現激進和片面。

〔註 5〕 王富仁：《中國反封建思想革命的一面鏡子——〈吶喊〉〈彷徨〉綜論》，北京：北京師範大學出版社，2000 年版，第 26 頁。

《肥皂》中的四銘便是這極少中的例外，於是《肥皂》在接受方面的小眾也許和作品本身的另一個小眾特徵有關，即《肥皂》幾乎是魯迅小說中唯一一部以封建勢力代言者為主人公並描寫其家庭生活的文本〔註6〕。

《肥皂》開始於四銘帶著肥皂回家，結束於肥皂最終被四太太錄用，從故事上看，幾乎可以把小說看成是由於一塊肥皂掀起而終歸平息的家庭風波。下面我們來詳細分析一下這場風波的具體進程。

小說一開頭寫四銘回到家中，四太太明知是掌櫃回來了，卻「並不去看他」，毫無站起來迎接的表示，甚至連動的意思都沒有，這一點雖說可以理解為兩人在多年婚姻生活中夫妻關係的平淡，但也多少預示了兩人至少在家庭內部的地位並不像人們慣常理解中的那樣「男尊女卑」、「夫為妻綱」。

有意思的是，當四銘拿出那塊肥皂送給四太太的時候，兩人的關係發生了微妙的變化。首先，肥皂精美的包裝、光滑堅致的外表、葵綠的顏色〔註7〕、濃鬱的香味立刻贏得了四太太的好感，珍愛的像「捧孩子似的」，並把因為好奇搶過來看的秀兒召兒「連忙推開」。再結合後面交代的兩角四分的價錢，雖說只是廣潤祥的中檔貨，但在當時的物價水準下，已經有點奢侈品的意思了，即使對於四銘這樣的家庭也還是個稀罕玩意兒。作為家庭主婦的四太太當然知道這一點，所以不但「連忙推開」秀兒招兒，還欠身把肥皂放在「洗臉臺上最高的一層格子上」（孩子們拿不到的地方）。其次，在四銘把肥皂遞給四太太的同時，打量四太太的「眼光卻射在她的脖子上」，這裡面的確包含了四銘關於性的聯想和暗示，而這個不同尋常舉動中負載的信息也被四太太接收到了。於是，先前對自己耳朵後的積年老泥「想來到並不很介意」的四太太，此時此刻在四銘的「注視之下，對著葵綠異香的洋肥皂，可不禁臉上有些發熱了，而且這熱又不絕的蔓延開去，即一刻徑到耳根」。這個細節很傳神的展現了，一對夫婦在漫長的家庭生活中夫妻關係漸趨平淡甚至乏味（這大約只是婚姻的常態），因為一塊肥皂，四太太彷彿接收到四銘的性暗示，作為老夫老妻人到中年的他們，這種（多少有點）奢侈的禮物與（多少有點）激情的性暗示應該是新鮮而富有情趣的。職此，可以說四太太從一塊肥皂中得到的是雙重的驚喜：一來買肥皂不是兩人預先商定的計劃，對四太太而言完全是

〔註6〕 可能唯一有爭議的是小說《兄弟》。
〔註7〕 肥皂的顏色「綠」在小說開頭部分集中描寫肥皂的時候，重複出現了11次，也許的確暗含著「青春」、「性欲」等涵義。

個意外之喜，而在肥皂這個「物」所帶來的驚喜之外，還有屬於「人」的方面即四銘對將要人老珠黃的四太太重燃興趣（性趣）的驚喜。並且按常理推測，後者這樣難得的激情也許是更大的驚喜。與小說開頭「並不去看他」的平淡疏遠相比，這雙重的驚喜，使得夫妻間的關係迅速拉近，熱度也馬上昇高。儘管中國人表達情感慣用含蓄內斂的方式，但這一點從後面的細節就能看出：在四銘呼喚、教訓學程之時，四太太馬上站到四銘的陣線上，不但幫忙呼喚學程，而且還「譴責」他「怎麼爹叫也不聽見？」

下面四銘教訓學程的情形，也許是小說中最符合那種典型的封建家長所具的威嚴〔註8〕，不但迫令學程弄清楚「惡毒婦（old fool）」的意思，還對中西學堂、「剪了頭髮的女學生」大發牢騷，四太太此時不僅是忠實的聽眾，還不失時機的「同情的說」，夫唱婦隨的表示附和。四太太的附和，固然是因為之前和四銘拉近了關係，同時也表明，在這些問題上，要麼她認同丈夫的看法，要麼對這些問題漠不關心壓根兒無所謂，所以樂的遷就四銘——但總而言之是並不反對的。此處也有一個有趣的細節，那就是四銘沒有親自把學程喚來，最終是四太太用小名把學程叫來的。該細節除了表明女性尖利的嗓門更有穿透力之外，或許有這樣的暗示：在學程心目似乎對慈母的重視勝過嚴父，另外學程這個父親起的大名似乎還沒有母親常叫的小名更能引起他的反應——「親近」的力量勝過了「威嚴」。

不過四太太與四銘的同一陣線也不是無條件的。當四銘憤怒太盛，逼問過緊，父子二人有點僵住的時候，她便「排解而且不滿似的說」，「你也先得說清楚，叫他好用心的查去」。她的「排解」帶有評理的意思，而「不滿」則是一方面看到「學程為難，覺得可憐」，另一面則大概是對四銘沒耐心把話說清楚就急於要答案的專橫有些看不過眼。這種在父子二人僵持導致場面將要失衡的情形下由妻子出面平衡的現象，在家庭生活中是很常見的。當四太太心理上發生這些變化的時候，四銘馬上就感受到了，於是便耐下心來解釋了「惡毒婦（old fool）」的來龍去脈。

由「惡毒婦」引出沒道德的壞學生，再由道德引出社會的沒道德——「孝女」開始登場。當四銘痛斥光棍對「孝女」的打趣之時，已經客觀上交代了孝女和肥皂之間的關係。此時，四太太對四銘的態度又有一個轉折。她先是

〔註8〕 對學程的迫問，有四銘的焦躁和擔憂在裏面，不能簡單的理解為僅僅是仰仗父權大發淫威，後文有細緻的解析。

「哼」了一下，然後「低下頭去，久之」，再憑藉對丈夫的瞭解，似乎有意問了一句令四銘難堪的話「你給了錢嗎？」果然四銘便不由得尷尬起來，還沒等四銘開始分辨，四太太便站了起來走開了。此時的四太太，已經看穿了丈夫四銘為何會給他買肥皂以及為何會有那麼不同尋常的性暗示了。由於這看穿，先前對丈夫的熱情與親近似乎又重歸於淡漠，不再耐煩聽四銘的解釋，並且以她對四銘的瞭解只怕又是些冠冕堂皇的說辭。不過，另一點奇怪的是，四太太雖看穿緣由，卻也並沒有什麼過激的、不尋常的舉動，只是淡然地走開。

　　情節進展到這裡，四銘買肥皂的緣起也交代完畢了。起因是，四銘在街上看到了個十八九歲的女乞丐──孝女，面對她「討得一點什麼，便都獻給祖母吃，自己情願餓肚皮」的孝行，長期深受儒家薰陶的四銘，只怕是不能不對這樣的「大節」──百善孝為先──而給予肯定的。不過，他的肯定只是限於（當時的）想和（事後的）說，卻沒有行動──沒有實實在在的予以援助，這也足見四銘的自私、小氣和怯懦，沒有躬行自身信念的決斷和勇氣。

　　他在人群中成了看客──「看了好半天」，不但沒發現沒人布施（除了一文小錢外），還有兩個光棍肆無忌憚的打趣，「阿發，你不要看得這貨色髒。你只要去買兩塊肥皂來，咯支咯支遍身洗一洗，好得很哩！」在此之前，四銘與孝女之間的關係是由孝女的孝行與四銘信奉的禮教信條而建立起來的，若是普通的乞丐大概不容易激起四銘這樣大的興趣。除此之外，他對孝女的關注還包含另外一層意思，即這樣的孝行、「大節」若置之不理將於理不合，而自身本性的小氣怯懦使他有處於夾縫中的尷尬：在四銘看來一方面所謂「百善孝為先」、「以孝治天下」，孝道的「大節」，若只給「一兩個錢」恐怕是配不上這樣的「大節」的，所以他所言的「不好意思拿出去」除了小氣和怯懦外，也許還真含著一點實情，但若要他施以那種能配得上這種「大節」的大援助，四銘就更是下不了決心〔註9〕。應該說，四銘對自己的這點心理是有些慚愧的，這從四太太后來問他的時候他那尷尬而又想竭力辯白的的神情中就能看出來。而在當時，他緩解這種慚愧心理的方式是想等等看是不是會有其

〔註9〕 平心而論，這種情形無論誰來面對只怕都並不好辦。成為「看客」的確說明四銘的小氣、怯懦，但客觀上說這也確實是個社會難題，於今尤是：大街上常遇上乞丐，單靠個人之力又怎能解決問題？也許，最根本的方法只能從社會制度上著手。

他人也將這孝女的孝行當作「大節」來看，最好能加以施救，若真如此，自己就順便告慰了心中的羞慚——這是種類似於搭便車的心理，也是他為何在人群中「看了好半天」的原因之一。〔註10〕

　　然而，事態卻隨著光棍的那句肆無忌憚的話朝著意想不到的方向發展了。應該說，像四銘這樣的體面人，大概是不會對這樣一個披頭散髮、蓬頭垢面的乞丐有什麼非分之想的，況且女乞丐的孝行還使他保有一份敬意（這也是長期在禮教的氛圍中接受馴化的自然反應）。但光棍們卻是所謂的「下等人」（光棍的身份也隱喻了性饑渴），既可以無視孝行（所謂禮不下庶人），也在心理上容易跨過孝女的污垢（外形上的髒），說出那樣直截了當的、具有露骨性挑逗的話來。正是這樣露骨的表達勾起了四銘的性欲念。這裡的性欲念，我認為應該不是弗洛伊德所說的潛意識，因為四銘成家多年，是三個孩子的父親，性對他而言沒有什麼陌生和神秘，況且光棍們挑逗的那麼露骨，還提供了一條借助於肥皂清理掉孝女身上污垢的思路。此時，幾個因素湊到了一起——長期的婚姻生活早已淡然乏味、妻子人到中年面臨人老珠黃、被洗乾淨的孝女如此年輕等，在這種情形中四銘被挑起性欲是比較正常的——是顯意識，不必要非是潛意識，做潛意識的理解就把原本合乎常理的事情搞得有些神秘化了〔註11〕。只不過，這種性意識，在傳統的道德體系中處於被排斥、壓制的地位。〔註12〕

　　就在此時，四銘的心中建立起一個奇妙的對壘：孝與淫。所謂「萬惡淫為首、百善孝為先」，孝女的孝行原本應該是抱以敬意的對象，沒有在行動上表示出來已經使自己有些慚愧了，現在更是對孝女動了淫念，這就使四銘心中起了尖銳的衝突和矛盾，這個「孝」與「淫」的矛盾對峙就是引起一場家

〔註10〕後來向四太太的轉述，一方面出於雙重慚愧，希望通過事後的言語褒獎來補償和掩飾，另一方面也多少帶點阿 Q 式的自大——自己還知道「孝道」是大節，而無賴們只知道打趣。

〔註11〕實際上這樣的處理，是為後面的精神分析做鋪墊，沒有潛意識就沒有邏輯起點，於是對作品的理解就容易被一個外在的理論框架規定出程序。

〔註12〕傳統社會裏的知識顯然與現代的、科學的知識有很大距離，知識判斷標準的差異使得道德上的價值判斷也大不相同。性欲、性意識在現代的（性）科學中是有著合法地位的，是得到了光明正大的承認的，而在傳統文化中，知識上不被承認（是人性中自然的現象、合理的部分），道德上也常常被壓制。這種「不承認」和「壓制」給四銘極大的精神壓力，拼命去壓制這種「不應該有」的性意識，使性欲的顯意識弱化——這也許是研究者把它看成「無意識」的原因之一。

庭風波的源頭。〔註13〕

在「孝」與「淫」的尖銳衝突中，作為道學家的四銘對待後者的方式是「轉移」，把被勾起對孝女的性欲轉移到合道德的夫妻之間，但還須通過肥皂保持一些對孝女的性幻想。於是有了四銘到廣潤祥買肥皂的一幕。在買肥皂的過程中，四銘的那種古板、小氣、患得患失，以及對新事物的陌生與隔膜（許多文明商品的包裝是不能拆解的），招來了學生們的嘲弄。在傳統社會，四銘這樣的體面人最重視的莫過於聲譽、面子和身份，被小輩嘲罵自然是件大傷面子的事情，這是一層。再加上他買肥皂有不可告人的隱私，正像初次偷錢的小孩似乎覺得人人都能看穿他一樣，四銘在這種「做賊心虛」的狀態之下，就更是對別人的嘲罵容易敏感，尤其是自己所聽不懂的嘲罵（「聽不懂」容易造成一種對於未知的、不可把控事物的擔憂與恐懼心理）。因為聽不懂被罵的內容，就有了想像和猜測的空間，四銘此時敏感的心理，大概會想到街上的孝女是個公共事件，那句有關肥皂的「咯支咯支」的話想必很多人也都聽見了（後文的卜薇園不也「躬逢其盛」嗎？），此時若有人看到自己恰巧從孝女處到此地買肥皂，豈不剛好要被人「窺破天機」？可以想見，後來四銘如此急於知道「惡毒婦（old fool）」的涵義，實在有想知道自己的這點「天機」有沒有外泄意思。因為如果有的話，那麼今後在人前的面子、身份就大成問題了——這是可「安身立命」的根本所在。也可以想見，關於「惡毒婦（old fool）」，四銘最害怕的也許就是類似於「老淫棍」之類的涵義了。

帶著對孝女未施援手卻生淫念的羞愧，且這點「天機」又有可能被識破的危險，四銘的做法是更加批命地站在舊禮教、舊道德的立場上：一方面試圖壓制這些不道德、不乾淨的想法；一方面借著痛斥光棍、宣揚孝女來補償自己內心的羞愧；還要通過這樣的做法強化和確證自己正義的立場和服膺道

〔註13〕在這裡，以往的精神分析論者都願意誇大四銘心中的潛意識淫欲，因為這構成了四銘形象中的一極：幾乎難以遏制的淫欲，「滿腹的男盜女娼」（楊義評）；而另一極是四銘在痛罵學堂、女學生、新文化、沒道德中堅守的禮教綱常。要表現四銘的虛偽，最便利的做法就是把這兩方面都各自推向極端，這樣做既能迎合魯迅反封建、反傳統的宏大敘事，不僅無損甚至還進一步拔高了魯迅的戰鬥形象，又是精神分析這一理論框架內部的邏輯要求。但這樣的分析是有偏頗的。我們還是回到文中看四銘是如何處理這對衝突的。根據精神分析論者的說法，四銘之後的買肥皂、罵學堂、反對新文化、痛斥沒道德等行為都是其性欲衝動遭受壓抑所致。這種結論典型的展示了文本解讀如何被理論（精神分析）的邏輯力量所俘虜。

學的身份。〔註14〕這才有了小說開頭喝令學程翻譯「惡毒婦（old fool）」，以及大罵（女）學生、新學堂、新文化、痛斥沒道德的場景。〔註15〕而在廣潤祥買肥皂的時候遭受學生的嘲笑，以這嘲笑中的潛在威脅，也容易引起四銘的反擊，和在反擊中藉以泄憤——在大罵新學堂、新文化中或多或少會有這樣的心理。

「你想，女人一陣一陣的在街上走，已經很不雅觀的了，她們卻還要剪頭髮。我最恨的就是那些剪了頭髮的女學生，我簡直說，軍人土匪倒還情有可原，攪亂天下的就是他們，應該很嚴的辦一辦……」至於這段罵女學生的話，我想其中至少有兩方面的原因。一來，是封建男權社會中所謂「紅顏禍水」的傳統思維在作祟；二則和所謂「紅顏禍水」基於何種理由成立有關，恐怕還是因為「紅顏」容易激起男人們過分的「垂青」（自然也包含生理欲望）。具體到《肥皂》中，四銘既然對骯髒、無知的女丐有了幻想，想必也被那些年輕漂亮、青春活力、剪了頭髮（露出脖頸）的女學生引起過性幻想。或者在四銘的心目中，剪了頭髮的女學生是極容易激起社會上普遍的欲望（乃至泛濫）的。如若從傳統男權社會的客觀背景上說，這的確是一種嚴重的「威脅」，無論中外，男權社會對這一「威脅」的做法大多是壓制，如破壞生理的割禮，以及約束精神的種種宗教禁欲主義等。因而，四銘在這裡大罵女學生，的確有一些「衛道」的心理，借「衛道」確證自身，但其緣由卻的確與這種本能的、常常難以遏抑的、卻又不得不壓制的欲望體驗有關。

四太太雖然識破了四銘的隱秘心理，但她淡然的表示並沒有引起四銘的重視，還沉浸在靠言語和情緒建立起來的義勇和正氣中。當走到院中，看到自己堅守道學的最大成果——學程練習八卦拳已奉行了近大半年，就更是

〔註14〕有的研究者在此處把四銘的這種行為解釋成「用這種格外激烈的態度去偽裝自己」，看起來也不是沒有道理，但四銘的問題只是欲望與理性發生衝突時他試圖用理性調試欲望的問題，如果過分的強調「偽裝」，就會把四銘這種常態行為——對四銘這樣的道學家而言感慨一下「世風日下、人心不古」大概是常有的事——當做「失態」，把四銘當做「一種貌似正常其實不正常的人格分裂與精神分裂」。參見溫儒敏《〈肥皂〉的精神分析解讀》一文第 15 頁，《魯迅研究動態》，1989 年第 2 期。

〔註15〕有研究者從精神分析的角度把四銘「大罵新文化、新思想、新道德」看作是「他對女乞丐那種不可實現的淫欲意念的轉化形式」。參見王富仁：《中國反封建思想革命的一面鏡子——〈吶喊〉〈彷徨〉綜論》，北京師範大學出版社，2000 年版，第 288～289 頁。

對自己充滿信心，才有了「不由的感奮起來，彷彿就要大有所爲，與周圍的壞學生以及惡社會宣戰」的幻想——這也是一種對自己身份的再次強化和確證。

但是，晚飯上發生的一幕卻讓重又建立自信的四銘大爲受挫，窘態畢露。晚飯座位的排列倒是告訴了人們，四銘在這個封建家庭是不折不扣的一家之長，只不過後面發生的情形恰恰對這個封建家長的地位形成了有趣的解構。把四銘形容爲「廟裏的財神」的細節，既象徵了四銘的家長地位，又多少帶點喜劇象，預示了後面戲劇性的轉折。

學程很偶然但又相當「沒顏色」的一個舉動——吃了個四銘看中的菜心——拉開了飯桌事件的序幕。此時四銘追問學程的舉動，不排除學程的無心之舉在四銘看來似乎刺激了自己的威嚴，於是攜之前的餘威繼續發難的意思，但也許另外的意思更爲明顯，即看到學程吃了菜心，想到了那個頗令人不快的「惡毒婦（old fool）」還沒有弄清楚，到底還是有些如芒在背，便決心追問到底。其間，學程碰巧已經找到了答案，但這句實實在在的罵人之言不便也不敢告訴父親，這召來了四銘更大的憤怒，把學程的好心歸入罵他的壞學生一流了。於是，父子二人的關係在小說中第二次瀕臨失衡的邊緣，這次，四太太就沒有前一次那麼客氣——只是「排解」和「不滿」，而是把她窺破的「天機」一股腦兒回敬給了四銘。

此處的一個細節，昭示著四銘這個看似威嚴的封建家長其實對那個平日裏寡言少語的四太太是頗有些害怕的。當四銘武斷地認定學程和那些罵他的壞學生「都是壞種」，發難正要升級的時候，四太太「忽而說」的一句話就改變了局勢——「『天不打吃飯人』，你今天怎麼盡鬧脾氣，連吃飯時候也是打雞罵狗的」。四銘本想發話，但看到四太太臉上是這樣的神色——「陷下的兩頰已經鼓起，而且很變了顏色，三角形的眼裏也發著可怕的光」，便立刻矮了半截，「趕緊改口說」，「我也沒鬧什麼脾氣，我不過教學程應該懂事些」——口氣已經相當緩和了。要知道此時的四銘自以爲還沒有被人識破其「天機」，沒必要因此事而向妻子矮身份，而是和之前被問到「你給錢了沒有」的窘迫一樣，應該是夫妻二人在家庭生活中長期的性格交鋒中形成的習慣性態勢——怕老婆。作爲家長的四銘立刻矮了身份、改了口氣，按常理應該換來四太太態度的緩和，不過這次的情形有點特殊，由於之前識破四銘的那點「小心思」之後不免心中有些不快，索性就「更氣忿了」順勢將這點怨氣也撒了

出來：

> 他如果能懂事，早就點了燈籠火把，尋了那孝女來了。好在你
> 已經給她買了一塊肥皂在這裡，只要再去買一塊……只要再去買一
> 塊，給她咯支咯支的遍身洗一洗，供起來，天下也就太平了……你
> 是特誠買給孝女的，你咯支咯支的去洗去。我不配，我不要，我也
> 不要沾孝女的光……你們男人不是罵十八九歲的女學生，就是稱讚
> 十八九歲的女討飯：都不是什麼好心思。「咯支咯支」，簡直是不要
> 臉！〔註16〕

在這樣排山倒海、一波又一波的進逼之下，痛快淋漓的指出了肥皂和孝女之
間的關係，指出了四銘罵十八九歲的女學生與稱讚十八九歲的女要飯的隱秘
心態，這樣的「天機泄露」——在四太太痛快淋漓的痛斥下簡直是一瀉千里
——使得四銘的心理防線幾乎全面崩塌。於是，「臉上也像練八卦拳之後似的
流出細汗來」，只剩下困窘而又蒼白無力的辯白和「支吾」：「胡說！那話是光
棍說的」，「我不是已經說過了？那是一個光棍……」如果說前一句是在四太
太發難之初，尚且有極力辯白的意思（從口氣中可以看出），但後一句在在四
太太不斷地深入剖析和痛罵之下，已經著實有點招架不住了，口氣也早就軟
了下來，頗有些求饒的味道了。如此，才會在聽到何道統的聲音後，四銘「高
興的」像「遇赦似的」，足見其狼狽和頹唐的模樣了。

　　四銘與卜薇園、何道統商討「移風文社」第十八屆徵文的詩題的一幕，
是小說中四銘在家庭之外的對外活動中最重要的一節。在這裡幾個舊紳士同
時登場，為我們再次定位四銘給出了座標。總的來說，四銘和何道統、卜薇
園雖同屬道學家一流，但所謂道學家也並非僅有一個面目，他們實際上有很
大不同的。之前的研究大都要麼沒有注意到三者之間的區別，要麼簡單的把
他們當作一丘之貉，這種「一篙打下全船人」的處理方式在客觀上是方便於
加強四銘的偽道學身份，進而把小說的內涵納入到反封建、反禮教的這個魯
迅的宏大敘事中的。

　　先來看何道統，從他出的這個文題「恭擬全國人民合詞籲請貴大總統特
頒明令專重聖經崇祀孟母以換頹風而存國粹文」中，不難看出這也是和禮教
的大節「孝親」有關的，符合他「道統」的身份，但這只是他的一面。當四

〔註16〕魯迅：《肥皂》，《魯迅全集》第 2 卷，北京：人民文學出版社，2005 年，第
　　　　52 頁。

銘把街上孝女被光棍打趣的故事再講一遍的時候〔註 17〕，他的另一面就暴露了出來。當四銘把街上孝女被光棍打趣的故事再講一遍的時候〔註 18〕，他的另一面就暴露了出來。面對同樣是關乎「孝親」這樣的大節的事情，何道統對孝女的孝行基本無視（四銘的態度顯然和他不一樣），對孝女被調笑、打趣的行為沒有表示反感（而四銘是痛斥「毫無敬意」、「成什麼話」），他的第一反應是對光棍那句肆無忌憚、直截了當、露骨至極的話大感興味，甚至不知廉恥的止不住的「高聲大笑」。這樣放浪的大笑和他所擬的那個倍極恭敬、不避繁瑣的「孝親」文題一對比，其偽道學的面目昭然若揭。

　　而卜薇園此人更為奇特。他和四銘一樣，都是大街上孝女事件的親歷者。想必光棍的那句「咯支咯支」的話他也是知道的，並且和四銘一樣，他也在這露骨的刺激下起了性幻想。然而他的行動竟然是直截了當的當眾走上前問孝女會不會作詩（聯想到才子名妓詩酒酬唱的風流豔事）。這種大膽的舉動和四銘的那種千方百計都要遮遮掩掩的困窘相比，倒是「真誠」的多了，可惜也更加無恥。同樣起性幻想，四銘的選擇是極力將性欲轉移到化解到合道德的夫妻之內，而卜薇園排解的對象則直指孝女本人或者會作詩的佳人名妓。奇特的是他對自己這樣的想法居然毫無自覺的羞恥感，以至於在探討徵文詩題這樣的正經事上，還要與四銘力爭「要是能作詩，那就好了」，「要會作詩，

〔註17〕四銘正是在孝女事件中動了淫念，但他在文中卻將這個故事講了兩遍。第一遍對四太太講的時候，其性欲念雖被轉移到妻子身上，但肥皂象徵的性幻想還在，他是帶著自作聰明而又僥倖的心理在四太太面前確證自己道德、正義、憂國憂民的道學家身份。而等到第二次在何道統面前講的時候，其「天機」已經泄露，而且在四太太排山倒海的攻勢面前大敗而歸，可以想見，他的那點淫欲以及想把四太太做孝女替代品的「小心思」，只怕早就拋到九霄雲外了，剩下的只有更加堅持自己的道學立場，在更高一級的理性中重新確證自己。這也才能解釋為什麼他在強勢的何道統、卜薇園面前，為「孝女行」能進入詩題而展現出了出人意表的勇氣和執著。

〔註18〕四銘正是在孝女事件中動了淫念，但他在文中卻將這個故事講了兩遍。第一遍對四太太講的時候，其性欲念雖被轉移到妻子身上，但肥皂象徵的性幻想還在，他是帶著自作聰明而又僥倖的心理在四太太面前確證自己道德、正義、憂國憂民的道學家身份。而等到第二次在何道統面前講的時候，其「天機」已經泄露，而且在四太太排山倒海的攻勢面前大敗而歸，可以想見，他的那點淫欲以及想把四太太做孝女替代品的「小心思」，只怕早就拋到九霄雲外了，剩下的只有更加堅持自己的道學立場，在更高一級的理性中重新確證自己。這也才能解釋為什麼他在強勢的何道統、卜薇園面前，為「孝女行」能進入詩題而展現出了出人意表的勇氣和執著。

然後有趣」。也許，卜薇園才更符合那種滿肚子男盜女娼的假道學形象。

何道統和卜薇園是道學家中的僞君子，而相比之下四銘則頗爲不同。細察他在此二人面前的表現，甚至是讓人有些吃驚的。先前說過四銘性格中的怯懦——沒有躬行自身信念的勇氣，也分析了他在與妻子的交鋒中但凡四太太強勢一些他都會退讓（在天機被道破的那次差點落荒而逃）的性格特徵，但在此處，爲了爭取讓孝女的實際進入本次徵文的詩題，四銘面對強勢的何道統和卜薇園，差不多是據理力爭，力保「孝女行」的。

四銘先是和卜薇園爭辯。在出詩題的時候，四銘的神態是「忽而恭敬之狀可掬」，對詩題的解釋是「那是事實，應該表彰表彰她」。這個細節雖也不能完全排除四銘在二人面前有矯飾的成分，但結合他後面的堅持與執著能看出是確有眞誠的。對於四銘出的這個「孝女行」，卜薇園則「連忙搖手，打斷他的話」，並用自己當街問孝女是否會作詩的醜行做反對的理由。四銘堅持「忠孝是大節，不會做詩也可以將就……」而卜薇園還要力爭說「要會做詩，然後有趣」，並「攤開手掌，向四銘連搖帶推的奔過去」，可見氣勢上是並不退讓的。此時四銘不知哪來的勇氣，「推開他」說，「就用這個題目，加上說明，登報去。一來可以表彰表彰她，二來可以藉此針砭社會。現在的社會還成個什麼樣子，我從旁考察了好半天，竟不見有什麼人給一個錢，這豈不是全無心肝……」無意中提到的這一點刺痛了卜薇園，他便「又奔過來」趕忙解釋，但無論怎樣解釋只怕也都有三分心虛的，何況被四銘又一次的「推開」了。憑情而論，在這一點上四銘是有些作虛的，因爲他自己其實也沒有給錢，但不能否認的是，他畢竟還是有明確的是非觀，和他眞心想表彰孝女的一面，無論這樣做是否有遮掩和補償自己心中的羞慚的意思。總之，四銘決絕的態度，再加上無意間提到的沒人給錢並罵之日「全無心肝」的話多少激起了卜薇園的一些羞恥心，總算令他偃旗息鼓，對四銘的提議「極口應承」了。

之後面對何道統「突然發作」的「震得人耳朵喤喤的」「響亮的笑聲」，四銘先是「吃了一驚，慌張地說：『道翁，你不要這麼嚷。』」這一細節，有研究者解讀爲害怕四太太聽到〔註 19〕。對四銘而言確實有這樣的顧慮，但這

〔註19〕如溫儒敏：《〈肥皂〉的精神分析解讀》，《魯迅研究動態》，1989年第2期，第16頁。及王景山主編：《魯迅名作鑒賞辭典》，中國和平出版社，1990年，第168頁。

層意思之外也許更直接的是：四銘之前動過淫念，自己一直都是藏著掖著，現在何道統把那句挑起自己淫念的話如此高聲的喊出來，四銘不免有難堪與羞慚的下意識反應。何道統繼續「哈哈」而笑，四銘開始由慌張變成了「沉下臉來」，繼續聲明要將「孝女行」送交報館。當何道統仍舊「唏唏」笑個沒玩的時候，四銘「憤憤的」大喝一聲「道翁！！！（原文中三個歎號）」，使得自己的義勇達到了全文的巔峰。果然，「道統經這一喝，不笑了」，和卜薇園直奔報館，登徵文題目去了。

與何道統、卜薇園的交鋒，應該是四銘在整篇小說中，最有成就感的一幕，畢竟這次的四銘不僅停留在「言」的層面，還有切實的「行」——推開、沈臉、大喝，可以說他在面臨孝道的大節時的這種力爭，是最符合、最能確證自己的道學家身份的行爲，在整篇小說中也可以說是最高潮。然而，奇怪的是，對外成功捍衛了自己的四銘，在回轉到家庭內部的時候，馬上就狼狽起來，先前的「推開」、「沈臉」、「大喝」都不見了。還在「堂屋的外面」，就已經「心裏有些不安逸」，進門後，肥皂被棄置在方桌中間（先前被放在洗臉臺上最高的一層格子上），四太太的「死板板的臉上並不顯出什麼喜怒」——說明四太太的抗議還沒有結束。就連秀兒也在背後學著舌「咯支咯支，不要臉不要臉……」，招兒「還用了她兩隻小手的指頭在自己臉上抓」。這樣沉悶壓抑的氣氛，加上秀兒的學舌、招兒的動作都重又撩撥起他的羞恥感，於是「覺得存身不住，便熄了燭，踱出院子去」。此時的四銘似乎連母雞、小雞都不再敢驚動，索性「放輕腳步，並且走遠些」，情緒上也「很有些悲傷」，落寞的「似乎也像孝女一樣，成了『無告之民』孤苦伶仃了」。這裡重複了之前在四太太面前的弱勢和窘迫，堂堂一家之主成了「無告之民」，反差是很明顯的。原因也許有兩層的：一來是怕老婆；二來偏又「天機」被識破。面對何道統和卜薇園，四銘還能借道學的「衣冠」做到力保正義，而在四太太面前卻被看了個赤裸裸，只剩尷尬和羞慚了。

小說的結尾也很有意思。四銘先是「這一夜睡得非常晚」，這在精神分析論者那裡被解讀爲：

> 四銘對孝女的性幻想只能作爲幻想存在，無法成爲現實，望梅無法止渴，他的性渴望並未得到妻子的理解與回應，其性欲望一直處於被壓抑狀態……再次看到肥皂，又強化了其受壓抑的性意識……女兒的話語則是對其性欲望的再次壓抑。妻子沒有用他買回

　　來的肥皂，這令他很失望，意味著他無法從妻子這兒滿足自己的性
　　欲望……強大的原始本能在他內心奔騰，欲望之火燒得他難以入
　　眠。〔註20〕

這是比較典型的因受制於精神分析的理論框架，而衍生出的抽象結論。詳細的結合上下文就會明白，「這一夜睡得非常晚」不過是夫妻間的矛盾衝突還沒有平息，自然而然造成的結果。所謂「夫妻沒有隔夜的仇」，一覺之後大都也會自然的和好。果不其然「第二天的早晨，肥皂就被錄用了」，四太太的錄用肥皂包含著向四銘表態的意思，也是兩人之間的家庭風波就此結束的標誌。這是符合生活常情的理解。至於把四太太錄用肥皂看成四太太服從丈夫的意願，「最終還是妥協了。畢竟是長期在這個舊家庭中生活，處於隨聲附和地位的人，不可能有很強的反抗意識」，所謂「婦者服也」〔註21〕。這裡的解釋表面上並非沒有道理，只是結合作品本身，四太太大概不是「隨聲附和」的，而家庭生活中也大概不需要那麼多的「反抗意識」，所以「婦者服也」的解釋多少有些附會——這樣的解讀多少還是帶了些「封建——反封建」、「壓迫——反抗」這樣的緊張的二元對立思維。當然這樣的思維對把《肥皂》的主題理解為「反封建、反禮教」的宏大敘事是有幫助的，這一點常常是研究者解讀《肥皂》的起點。

　　為什麼這樣的家庭風波會這樣輕描淡寫結束呢？也許有的讀者會有這樣的疑問。其實，生活的實際情況還恰恰就是這樣。婚姻、家庭維持之不易，是人類由來已久的大難題，生活的瑣碎、世俗、庸常都會時時刻刻對家庭和婚姻形成侵蝕，更何況還有埋藏在人身上的天然欲望的威脅。難怪恩格斯會在《家庭、私有制和國家的起源》中說，「一夫一妻制不是以自然條件為基礎，而是以經濟條件為基礎」，並且文明時代的婚姻形式是「以通姦和賣淫為補充的一夫一妻制」〔註22〕。我想但凡有過長期家庭生活經驗的人，都會對四太太的做法給予理解。

　　實實在在地說，四銘與四太太結婚多年夫妻生活早歸於平淡（大約性生

〔註20〕呂周聚：《肥皂的多重象徵意蘊——魯迅〈肥皂〉的重新解讀》，《魯迅研究月刊》，2012 年第 12 期，第 33 頁。

〔註21〕吳中傑：《吳中傑評點魯迅小說》，上海：復旦大學出版社，2003 年版，第 244、247 頁。

〔註22〕〔德〕馬克思、恩格斯：《馬克思恩格斯選集》第 4 卷，北京：人民出版社，1972 年版，第 60、71 頁。

活也漸趨乏味），這種情形下四銘對年輕女性有些什麼性幻想並不是什麼大驚小怪的事，尤其是他還能把這種性欲衝動的對象轉移到妻子身上來，客觀地說這算是不錯的了〔註 23〕。不過，從四太太的角度而言，識破這些會產生不快和怨氣也是自然的反應，但她其實對四銘的這點「小心思」並沒有什麼出離的憤怒，否則在初次聽到孝女故事的時候就已經發作了。事實是，雖然四太太當時顯然是有失落的，與之前因為（獲得肥皂這個禮物）驚喜而貼近丈夫有了不同，但也只是「低下頭去了」，「不等說完話，便慢慢地站起來，走到廚下去」。總體而言反應比較淡漠，以至於興頭上的四銘還沒有察覺。甚至我們還可以設想，假如沒有後面四銘在飯桌上發脾氣的一幕，此事或許四太太也就不提了。飯桌上對四銘的發飆，確實有借勢泄憤的意思，而且往往這樣的發泄，多少都會有「風吹過了頭」的意思。至於說把孝女供起來，肥皂「是特誠買給孝女的」，都有點「火借風勢」的味道，其實最契合她本意的也許是那句「我也不要沾孝女的光」（她也承認得了肥皂是「沾光」）。這樣痛快淋漓的發泄並沒有遭到四銘多麼頑固的抵抗，而且他那像「遇赦似的」狼狽相，在四太太眼裏已經差不多相當於默認了——四銘畢竟是一家之主明明白白認錯道歉的可能性是不大的，四太太也可能壓根兒也沒有這樣的期望。而從某種角度說非要這樣做也沒必要，雙方心裏清楚了就行。但隨後四太太的「攻勢」並沒有結束，把肥皂從洗臉臺最上面的一層格子上請下來擺到方桌中央便是姿態，再加上「死板板的臉上並不顯出什麼喜怒」，已經把四銘逼出屋子了——還算識相。至於四銘「這一夜睡得非常晚」，也是因為在四太太的怨懟下很晚才敢進屋或者躺在床上久久不能入睡的結果。四太太的姿態擺到了這裡，加上四銘幾乎全程都處於察言觀色、如履薄冰的境地，她的不滿和怨氣也該發散得差不多了——這是夫妻間應對矛盾衝突達成一種微妙而有默契的平衡的時候了。所以，自然而然的第二天宣佈「言和」——肥皂被錄用。不僅這次風波已平息，最後有一個細節還暗示了四銘與四太太之間夫妻關係的和睦與平穩：四太太先是用了這塊葵綠的「似橄欖非橄欖的說不清的香味」的肥皂，小半年後又換成了「似乎是檀香」味的肥皂。〔註 24〕說明對四太太而言，此前價格不菲的還有點稀罕和奢侈的肥皂如今已經變成常用品了，而

〔註23〕 想一想小說中的卜薇園是如何做的，在這個問題上，二者有質的區別。
〔註24〕 當然，也可以從文明轉型的角度，把肥皂當做是現代文明的標誌，是不可阻擋的潮流。參見呂周聚：《肥皂的多重象徵意蘊——魯迅〈肥皂〉的重新解讀》一文第 28 頁，《魯迅研究月刊》，2012 年第 12 期。

作爲常用品的肥皂或許還象徵著四太太也已經不再是四銘一時的、對別人性幻想的替代品了。

三

　　從前面的分析不難看出，四銘作爲一個道學家的確是比較另類的，這體現在兩個方面。首先，四銘的形象中包含著相當複雜的性格因素、社會因素、文化因素，不能簡單地被貼上僞道學的標籤。一般而言，所謂虛僞有兩種情況，一種是其外在的身份和心中的所思所想相違背；另一種則是其身份和背地裏的行爲相違背。之前的研究之所以得出四銘是「僞道學」的結論，幾乎都是遵循了前者的邏輯，但實際上這種邏輯是很難自圓其說的，根本原因其實就在於這個標準實在太高。人性中本來就有所謂神性和獸性兩端，行善和作惡的可能都有，高尚和卑下相互纏繞甚至常常衝突。所謂道德，不是說人不會起邪念，而是只要人們通過某種方式（自我的轉移、泄導也好，外在的強制、規範也好），不把心中的消極念想付諸到實踐的領域，還能將自己的行爲保持在社會通約的範圍之內，就已經可以說是有道德了。如果就虛僞的第二種情形而言，即其實際行爲與其身份（主要身份背後承載的社會責任、道德形象）產生背離而言，四銘的「虛僞」性也是相當可疑的。從性幻想被撩起之後，四銘的做法是買肥皂，把意淫對象轉移到四太太身上（最後沒有成功，但與卜薇園那種吟風弄月、歌妓佳人的幻想已顯出差別）。「性幻想」屬於人性的範圍，而將性衝動轉移到自己妻子身上的行爲，別說後來沒實現即便是實現了也屬於夫妻間的合法的行爲。即使從情感純粹的角度站在四太太的立場上，把這種從別人身上激起的性欲轉移到自己身上，會覺得對自己多少有些不公平——但這也屬於夫妻的情感領域，並不觸犯道德的界限。至於另一個被研究者指責爲「假道學」的細節，即堅持「孝女行」的詩題，也是自己「隱秘心理」被四太太揭穿之後，在內心的慚愧驅使下做出的補償行爲，併兼有再一次的自我身份確證的功能。從這個力爭「孝女行」事件的結果上看，它至少還明確了「孝」的倫理標準，推崇了「孝道」的地位，這是符合四銘作爲一個道學家的身份的，不能完全排除其中眞誠、敬畏的因素。正是得益於他對禮教中的倫理道德規範，還保持著一定的認可與敬畏，所以當自己被燃起性欲，且沒有得到正常的泄導（被四太太識破並攻擊）的情形下，四銘很努力的調整自己人格內部的矛盾衝突的，雖然過程中不免窘迫、可笑，

但最終捍衛了他人格的平衡。

其次，在家庭生活中，四銘也沒有表現出那種封建大家長的那種獨攬大權、行一言堂、不可侵犯的面目，像《祝福》中的魯四老爺那樣。從上面對小說的分析中不難看出，四銘也的確是有過仰仗「禮教」賦予的「父權」和「夫權」發發「淫威」的時候，比如迫使學程弄清楚「惡毒婦」的涵義，以及大罵新文化、新學堂、新學生的時候。但這種「淫威」經不起家庭衝突的檢驗，在四太太一怒而起的形勢下，四銘的「淫威」就幾乎蕩然無存了，甚至後來在女兒面前也覺得撐不起顏面。在這個家庭風波中，四銘給人最突出的印象恰恰是「窘迫」，而不是威嚴。在四名因為女乞丐被撩撥起性欲的時候，把這點欲望轉移到四太太身上就有點小窘迫了，因為在那個時代的紳士們玩弄一些風花雪月、做客一下「楚館青樓」並不是多麼了不起的事情〔註 25〕，這是那個男人三妻四妾的男權社會特有的道德標準。正如卜薇園那樣很快就把女乞丐和吟風弄月的藝妓聯繫了起來，相比卜薇園的「風流瀟灑」，四銘的選擇已經有點窘迫的意思了。此其一。其二，一旦四太太洞悉了他的隱秘心理，即使是四銘這樣的既合理又不觸犯道德的選擇也沒能得逞，並且還在四太太的進攻下「遇赦似的」逃走了，這樣的窘迫已經是顯而易見了。其三，等何道統、卜薇園走後，四銘還久久不敢直面四太太，連看到女兒說「不要臉」的時候也覺得難為情，很晚才睡下，在這裡也足以看出四銘常常是很有些怕老婆的，在家庭矛盾衝突中難免不時常都窘迫了。

而四銘的另類和他整個家庭的「別樣」是相輔相成的。在四銘的時常窘迫而不總是威嚴中；在四太太一旦氣勢高漲四銘便常常有「怕老婆」的舉動中；在四銘對孝道這樣的禮教大節還能保持一些敬畏中；在風波結束、夫妻和好，而肥皂被錄用、四太太身上常帶香味的溫馨中；我們既不能說這個家庭充斥的是那種機械、抽象、僵硬、（所謂的）典型的「夫為妻綱、父為子綱」的倫理法則，也不能簡單把這樣的道德倫理關係看成是虛假的、非人性的。對於《肥皂》所展示的這個家庭而言，兩方面的特徵互為雜糅。

下面我們重點來分析一下，四銘這個假道學的別樣與這個封建家庭另類的原因何在。

〔註 25〕 胡適年輕也有「吃花酒」的經歷、陳獨秀有招妓的事實、北京八大胡同裏常
有京師大學堂師生的光臨，從中不難看出這些行為在傳統時代並沒有我們想
像中嚴重，正所謂無傷大雅，甚至還常常被冠以「風雅」的名目。

其一，就小說表現封建舊勢力的方式而言，《肥皂》是比較少見的正面描寫，且主人公正是作為舊勢力代言人的四銘。而魯迅作品中更為普遍的情形是，他們只是作為小說的背景或側影而出現。有研究者已經指出，這樣比較正面但又特殊的表現方式，不利於展現其最典型的封建性（如「吃人」）的一面。

> 因為這類方式本身，就對封建思想、封建倫理道德支配下的當時中國社會思想環境的表現而言，必然表現為尖銳有餘，熱情不足；深刻有餘，宏富不足……凡思想勢力，集合見力量，分散失精神，這時把這種思想勢力中的一個人相對獨立地從他所處的群體中提取出來了，這個思想勢力的那種固有的強大力量，兇殘本質都難以給人質感了。剩下的只是一個或數個形單影隻的渺小人物，剩下的只是他們的虛偽可笑。〔註26〕

也就是說，封建勢力在聯成陣營的時候，表現得最為典型，而單個的「代言人」作為「散落的個體」則勢單力孤，達不到「應有」的「兇殘」。甚至他們每個人也在由無數自身構成的「無物之陣」中顯得虛弱與渺小。

其二，魯迅創作《肥皂》有一個特殊的背景，在這個背景中，孕育著它的「別樣性」。魯迅在《〈中國新文學大系〉小說二集序》中特別提到過《肥皂》，並有這樣的說明，「此後雖然脫離了外國作家的影響，技巧稍為圓熟，刻畫也稍加深切，如《肥皂》，《離婚》等，但一面也減少了熱情，不為讀者們所注意了」〔註27〕。所謂技巧圓熟、刻畫深切已經得到後來研究者的不斷肯定，但「減少了熱情」這一點，至少在對《肥皂》這篇作品的理解上，我覺得重視的程度還不夠。其實，關於「熱情」的方面，在另一篇文章中，不僅再次印證了魯迅的說法，而且表述的也許更為明確，「得到較整齊的材料，則還是做短篇小說，只因為成了遊勇，布不成陣了，所以技術雖然比先前好一些，思路也似乎較無拘束，而戰鬥的意氣卻冷得不少。新的戰友在那裡呢？我想，這是很不好的。於是集印了這時期的十一篇作品，謂之《彷徨》，願以後不再這摸樣」〔註28〕。這裡同樣提到了技術比先前好，但是「戰鬥的意氣

〔註26〕王富仁：《中國反封建思想革命的一面鏡子——〈吶喊〉〈彷徨〉綜論》，北京師範大學出版社，2000年版，第255～256頁。
〔註27〕魯迅：《〈中國新文學大系〉小說二集序》，《魯迅全集》第6卷，北京：人民文學出版社，2005年，第247頁。
〔註28〕魯迅：《〈自選集〉自序》，《魯迅全集》第4卷，北京：人民文學出版社，2005年，第469頁。

卻冷得不少」，原因是新文化運動陣營、「《新青年》的團體散掉了，有的高升，有的退隱，有的前進」，自己成了「遊勇，布不成陣了」。該文後面還交代了《自選集》中所選作品的標準，那就是「將給讀者一種『重壓之感』的作品，卻特地竭力抽掉了」〔註29〕。如《吶喊》中的《狂人日記》和《彷徨》中的《祝福》都被抽掉了，《彷徨》中保留的五篇分別是《在酒樓上》、《肥皂》、《示眾》、《傷逝》、《離婚》，均無「重壓之感」。

　　與這裡的「較少了熱情」、「戰鬥的意氣卻冷得不少」相對應的是，在《〈吶喊〉自序》中說過的「既然是吶喊，則當然須聽將令的了」；而魯迅吶喊的目的，是爲了「慰藉那在寂寞裏奔馳的猛士，使他們不憚於前驅」〔註30〕。所以，「五四」時期魯迅的創作可以說是「聽將令」的「遵命文學」，隱含著作者的表述策略。從緣起上說，包括外在的新文化運動「主將」們的需要，及自身內在地認識與理解；從內容上說，這策略一是要戰鬥，二是不悲觀——如他自己也說過作《吶喊》的時候有「故意的隱瞞」。魯迅的表述策略最典型的表現在那些給人以「重壓之感」的作品中，即最符合（主流的）「五四」的那種激烈地、決絕地、不妥協地反封建、反傳統精神的那些作品。在這種策略下，作品往往是擇社會之一面，攻其一端、不及其餘。而在創作《彷徨》的時候，更具體地說是《肥皂》的時候，作者已經沒有了《吶喊》時代那樣的「熱情」、「聽將令」和「戰鬥的意氣」。當魯迅的「思路」「較無拘束」的時候，有可能更心平氣和地對生活眞實進行全面的、生活化的展現，或者是另一種不那麼典型（反動）的舊社會世態的傳達，表現出封建社會的另類面貌。哪怕這種展現只是無意間的流露，並非其本意〔註31〕。而《肥皂》正是這樣一篇極具代表性的小說。

　　其三，當魯迅把封建勢力「代言人」只作爲側影描寫，他的封建、迫害、非人性的一面因其尖銳、集中、突出、單純而充滿力量；但如果要正面描寫，就需要全面地展現這些「代言人」的各個方面，這時候就會造成一種潛在的「危險」，即其他側面中的人性因素會構成對其非人性（也許正是作者著

〔註29〕魯迅：《〈自選集〉自序》，《魯迅全集》第 4 卷，北京：人民文學出版社，2005年，第 470 頁。

〔註30〕魯迅：《〈吶喊〉自序》，《魯迅全集》第 1 卷，北京：人民文學出版社，2005年，第 441 頁。

〔註31〕這裡所謂的本意，指的是作者竭力貫徹其敘述策略的意願，如魯迅本人對其《彷徨》中的許多作品雖有藝術上的肯定，但整體而言，卻是「很不好的」——在作品的藝術價值與「戰鬥」價值中，魯迅似乎更注重後者。

力展現的部分）一面的解構或削弱。《肥皂》中就常有這樣的情形。如迫問學程、大罵新文化、新學堂的情節，如果作為小說中的一個側面描寫一筆帶過的話，那麼其高高在上、大發淫威、腐朽反動的形象就會更加突出，且還容易被坐實。但小說中的正面描寫，交代了事情的前因後果、來龍去脈，就有了別樣的效果。迫問學程，其實主要是因為四銘自己的心虛，擔心自己的隱秘心理被別人窺破，再加上後來逼問的緊了，被四太太的反擊衝的落花流水的場景，其可笑、窘迫、怕老婆、瞻前顧後等（相對於「父為子綱」僵硬乾枯的教條反而更有人性化的一面）就顯露了出來。至於大罵新文化、新學堂，除了也與「孝女」事件相關，除了對學生謾罵（一方面是被罵這個形式，另一方面是被罵的內容有難以預期的潛在威脅）的反擊和泄憤之外，也許還有另一種可能。小說中交代了，四銘年輕時候（光緒年間）也曾熱心提倡學堂、贊同女學，可以想見這在當時是屬於先鋒的、具有叛逆性的行為，但現在的四銘痛斥其流弊，可以看做人到中年褪去了青年文化中的「反叛」氣質，重新向社會的主流文化進行回歸的正常過程。這在當時，是一個普遍性的社會現象。甚至，這一現象也跨越時空，在每一個時代、我們每個人身上都有不同程度地體現。

總之，關於對象的描寫越全面越能展現其複雜性、豐富性，而越複雜、豐富就越接近真實。然而，這種全面、複雜、豐富、真實反而解構和削弱了一個平面化、單純化的人物形象的力量。——如《狂人日記》中，狂人思索的越深越意識到問題的複雜性，就越是懷疑、悲觀，最後只剩下一句彷徨的猶疑「沒有吃過人的孩子，或者還有？」一聲虛弱的吶喊「救救孩子……」，反而解構和削弱了那個單純、直接、片面的「吃人」中所蘊含的力量。

其四，《肥皂》不僅以封建勢力代言人為主人公，而且正面描寫的重心是他的家庭生活（正如前文所言，幾乎可以說是描寫了一場家庭風波）。家庭相對於社會而言，是一個較為特殊的空間。在家庭之外的社會中，面臨的是我和他人（外人）的關係；而在家庭內部，傳統的血緣、宗法、倫理紐帶使得每一個家庭成員都不是「外人」，而是帶有著濃厚的關於「我」（自身）的投射，家庭成員共同組成了一個更大的「我」。另外，在社會交往中，原則上說交往的對象、交往的深淺是可選擇的，而在家庭內部，關係對象卻不能由自己選擇，而且要朝夕相處，相互之間很難有秘密，一個人性格中的各個方面最全面、完整的向家庭成員開放，因而需要更多的讓步與磨合。所以，家庭

中的種種朝夕相對、知根知底、柴米油鹽、無可奈何等特徵，都能對抽象的封建倫理（如三綱五常）形成侵蝕。

魯迅對日常生活的庸常、瑣碎、世俗、柴米油鹽的體會，是很深的。就其個人而言，長房子孫的地位、自幼的家道中落、過早背負生活壓力家庭重擔，都造就了這樣的體會。在早年的信中，常請朋友為自己或弟弟介紹工作。如僅在 1911 年，魯迅就兩次在信中（4 月和 7 月）請許壽裳為其介紹工作。「三四月中，決去此校，擬杜門數日，為協和譯書，至完乃走日本，速啟孟偕返，此事了後，當在夏杪，比秋恐又家食，今年下半年，尚希隨時為僕留意也」〔註 32〕；「中學事難財絀，子英方力辭，僕亦決擬不就，而家食既難，它處又無可設法，京華人才多於鯽魚，自不可入，僕頗欲在它處得一地位，雖遠無害，有機會時，尚希代為圖之」〔註 33〕。而且在 1911 年的另一封信中，魯迅通過這樣的感慨，不無沉痛地揭示了他的新「發現」：「起孟來書，謂尚欲略習法文，僕擬即速之返，緣法文不能變米肉也，使二年前而作此語，當自擊，然今茲思想轉變實已如是，頗自閔歎也」〔註 34〕。從中不難看出，魯迅對生活重負的深切體驗。

這種情形與當時的社會轉型有關。新式知識者的社會地位發生了根本性的變化，他們不像過去的士大夫大都有自己經濟上的憑藉作為一個獨立地社會階層而存在，而是成了一種游離於各社會階層之外的「自由浮動」（free-floating），自身沒有固定的經濟地位，具有很強的依附性，〔註 35〕常常為生活而「辛苦輾轉」、「辛苦恣睢」。在魯迅的作品中，也時常展現著他關於家庭生活的這種體驗。如小說《傷逝》中。開始的涓生和子君，不是「默默地相視片刻之後，破屋裏便漸漸充滿了我的語聲，談家庭專制，談打破舊習慣，談男女平等，談伊孛生，談泰戈爾，談雪萊」，就是（子君）「分明地，堅決地，沉靜地」說「我是我自己的，他們誰也沒有干涉我的權利！」到後

〔註 32〕魯迅：《110412 致許壽裳》，《魯迅全集》第 11 卷，北京：人民文學出版社，2005 年，第 346 頁。

〔註 33〕魯迅：《110731 致許壽裳》，《魯迅全集》第 11 卷，北京：人民文學出版社，2005 年，第 349 頁。

〔註 34〕魯迅：《110307 致許壽裳》，《魯迅全集》第 11 卷，北京：人民文學出版社，2005 年，第 344 頁。

〔註 35〕參見余英時的文章《中國知識分子的邊緣化》，《中國知識分子論》，河南人民出版社，1997 年，第 164 頁。以及陶希聖：《中國社會之史的分析》，遼寧教育出版社，1998 年，第 8～9、38～39 頁。

來，卻在「川流不息」的吃飯中，耗去了「子君的功業」。並且「吃了籌錢，籌來吃飯，還要喂阿隨，飼油雞」的生活也難以為繼，在「多次的抗爭和催逼」中，終於吃了油雞、扔掉阿隨。而此時的子君已不是先前「稚氣」、「好奇」、「透徹」、「堅強」的摸樣了，變得「頹唐」、「凄苦」、「無聊」、「怨色」、「冰冷」起來。又如《幸福的家庭》中，那個為主人公欽羨的、理想的幸福家庭，主人主婦是「受過高等教育，優美高尚」；「自由婚姻」且婚姻間「定有四十多條條約，非常詳細，所以非常平等，十分自由」；他們吃的是「龍虎鬥」，談的是文學、詩歌；至於孩子，要麼「生的遲」，要麼「沒有，兩個人乾乾淨淨」。但這幻想，卻經不起現實的侵襲，先是主婦為「二十五斤」或「二十三斤半」柴「川流不息」地糾纏不休，又被疊成 A 字的六株白菜、啼哭的女兒弄得心煩意亂。雖然他原先也是對妻子承諾過的，「決計反抗一切阻礙，為她犧牲」，然而，此時已經對主婦那「陰凄凄」的眼睛有抑不住的、本能性的厭惡了，甚至還要遷怒到女兒身上。這種情形在魯迅的作品中屢屢出現。家庭生活的庸常繁瑣、柴米油鹽的冷酷無情、碰撞摩擦的川流不息等種種艱辛與無奈，這些特徵都構成了一種強大的侵蝕力，既對《傷逝》、《幸福的家庭》中新式青年組成的現代婚姻有侵蝕力，也對舊式家庭中的所謂封建禮教有侵蝕力。在這種侵蝕力下，家庭成員間的關係，不大可能時時、處處保持那種抽象的「綱常」關係，故而，四銘與其夫人間的關係並不是「夫為妻綱」、「三從四德」等教條的抽象演繹，而是互有進退，有人性中的你來我往、性格交鋒的諸多因素。四銘這個複雜的人物形象，實際上很能代表新舊交替時代一部分較為正統的傳統士紳。他身上也有不少缺點，但卻有著自己的底限和堅持（得益於長期受禮教神聖性的薰陶）。

四

通過以上的分析，不難看出《肥皂》與那些體現魯迅「宏大敘事」類的作品有怎樣的距離，然而稍稍回顧《肥皂》的研究史，情形卻大相徑庭，研究者們似乎都不約而同地將《肥皂》硬塞到魯迅的「宏大敘事」中。這背後的原因是複雜的，也是值得深思和反思的。

反思一，精神分析法運用的「尷尬」與「怪誕」。

先來看看新時期以來，為研究者理解《肥皂》提供了重要線索的精神分析法，在小說解讀中發生了哪些有趣的現象。首先，精神分析法往往被認定

爲，是魯迅在創作該小說的時候就已經有意識借鑒了的。比如，

> 魯迅像一個用精神分析學診治病人的醫生一樣，一步一步誘導他說出自己埋藏在潛意識中的淫欲意念來……魯迅說：「偏執的弗羅特先生先生宣傳了『精神分析』之後，許多正人君子的外套都被撕碎了。」（《華蓋集‧「碰壁」之餘》）運用弗羅伊德精神分析的部分原理，揭示封建衛道者攻擊新思想、新道德、維護舊思想、舊道德言行背後的潛意識心理動機，自然而然地成了這個系列人物形象塑造的主要特徵。〔註36〕

> 魯迅的目標是要以潛在的「性心理」活動爲主線，寫一篇純粹的精神分析小說。他顯然受到弗洛依德學說中有關潛意識理論的啓發。並在《肥皂》的創作中嘗試運用這一理論。……這種心理活動構成小說的基本情節線索：整篇作品所寫的主要就是性欲所引起的焦躁、亢奮、畸變，與漸次平緩的過程。〔註37〕

> 在創作《肥皂》的過程中，魯迅正是充分運用自己從翻譯活動中領悟到的有關精神分析學說中的潛意識理論，才能細緻入微地再現人物複雜的內心世界。〔註38〕

魯迅是熟悉弗洛伊德和精神分析的，在文章中常常有提到，但是精神分析法是不是在《肥皂》的創作伊始就進入魯迅有意識的創作構思，這一點很值得懷疑，因爲魯迅的創作向來依據的是生活的現實。即便精神分析對魯迅創作小說有影響，也很可能是無意識的，首先在不知不覺中滲透到對生活的認識上，再潛移默化地融進創作中。不過，這樣認定的好處是爲後面大張旗鼓的運用精神分析法解析四銘鋪平了道路。

其次，在小說細節的解析上運用精神分析常常給人以牽強之感。究其原因不難發現兩點：一是，四銘在孝女事件中被激起的、體現在肥皂上的性欲望，常常被當做潛意識來看待；二是，在許多文本解析中，性欲在推進四銘的情緒和行動的方面，佔了主要甚至是唯一的地位。這兩點典型地展現了在

〔註36〕王富仁：《中國反封建思想革命的一面鏡子——〈吶喊〉〈彷徨〉綜論》，北京：北京師範大學出版社，2000 年版，第 288～29 頁。

〔註37〕溫儒敏：《〈肥皂〉的精神分析解讀》，《魯迅研究動態》，1989 年第 2 期，第 12～13 頁。

〔註38〕劉東方，程娟娟：《「可恨」與「可憐」〈肥皂〉新解》，《魯迅研究月刊》，2008 年第 3 期，第 70 頁。

文本解讀中，一套西方理論體系自身中的邏輯力量如何壓倒了對作品的合情合理的解釋。對於前者，潛意識理論是整個精神分析學說最大的貢獻，雖然弗洛伊德的其他理論常遭人詬病和摒棄，但潛意識理論卻被繼承了下來。〔註39〕既然精神分析學說認為潛意識是人類心理深層的基礎和人類活動的內驅力，有著決定人的全部有意識的生活的重要性，所以潛意識就成為精神分析法的前提和邏輯起點。只有設置了潛意識的起點，後面才會有潛意識的被壓制、轉移和釋放。於是，在對《肥皂》主人公四銘的精神分析解讀中，理論上需要有一個潛意識的分析起點，結果四銘對孝女的「淫念」就最容易成為合適的（潛意識）對象。但實際上，通過四銘追問「old fool」涵義的細節，不難發現，所謂潛意識的說法是站不住腳的──四銘追問學程，是想從「old fool」的涵義中判斷自己的淫念有沒有被人識破，既然如此擔心，說明他對自己的性欲念是清楚意識到了的（詳見文章第二節）。

至於後者，來源於弗洛伊德的泛性論。他把人類行為的真正動機和發生的原因都歸結到力比多（欲力、性本能）上，過分強調了人的生物性本能欲望對人的決定性。這一點也在對《肥皂》的許多解讀中被承續了下來。如認為四銘被孝女激起的性欲望十分活躍，在買肥皂的過程中得不到宣泄；被店夥計冷漠的接待和小學生的嘲笑後，內心的力比多就更是被壓抑了；回到家中對學程發火，表面上是對學習不滿，實際上是性欲受到壓抑的結果。〔註40〕再如，小說結尾處，面對著四太太還未消逝的怨氣，肥皂被棄置在屋子中央

〔註39〕 如阿德勒的個體心理學、榮格的分析心理學，都是對弗洛伊德體系的反駁，但潛意識理論一直是他們質疑和迴避的限度。他們的研究甚至還擴大了潛意識理論的內涵與功能。參見車文博：《西方心理學史》，浙江教育出版社，1998年，第473～485頁。

〔註40〕 參見呂周聚《「肥皂」的多重象徵意蘊──魯迅〈肥皂〉的重新解讀》一文，《魯迅研究月刊》，2012年第12期，第32～33頁。王富仁在《中國反封建思想革命的一面鏡子──〈吶喊〉〈彷徨〉綜論》一書中，雖沒有直接把情節推進的驅動力歸結到性欲望或力比多上，而是四銘的焦急、焦躁情緒上，但這種情緒仍舊和性欲有關。「四銘的性欲衝動受到了壓抑，心情受到潛意識衝動的擾亂，遂變得莫明的焦躁不安。當受到小學生的嘲笑之後，他的由內在的原因引起的神經焦急便以客觀焦急的形態表現了出來（客觀焦急與神經焦急──還有道德焦急──是精神分析學說中對焦急的區分）……以後這種焦躁之情又由小學生和學程轉移到新學堂，由新學堂轉到女學堂，終於移注於整個新文化、新道德，這時他好像真地『憂國憂民』起來。而在實際上，這一切都不過是他對女乞丐那種不可實現的淫欲意念的轉換形式罷了。」溫儒敏在其文章《〈肥皂〉的精神分析解讀》中，解釋的理路幾乎是一樣的。

的方桌上，秀兒說著「咯支咯支，不要臉不要臉」的話，四銘覺得「存身不住」、「很有些悲傷」以至「這一夜睡得非常晚」的細節，這被解讀爲「這種理性與情欲的衝突已使四褐精疲力盡……四銘是由於最終不能驅除潛意識裏的「性幻想」，才感到無緣無故的精神萎靡的。於是一度和緩的「焦躁」又激發起來」〔註41〕。和這個思路相近，但程度更甚的解讀是：

> 四銘對孝女的性幻想只能作爲幻想存在，無法成爲現實，望梅無法止渴，他的性渴望並未得到妻子的理解與回應，其性欲望一直處於被壓抑狀態……再次看到肥皂，又強化了其受壓抑的性意識……女兒的話語則是對其性欲望的再次壓抑。妻子沒有用他買回來的肥皂，這令他很失望，意味著他無法從妻子這兒滿足自己的性欲望……強大的原始本能在他內心奔騰，欲望之火燒得他難以入眠。〔註42〕

這段話在前面曾引用過，而爲何四銘在此「存身不住」、「很有些悲傷」乃至「這一夜睡得非常晚」文章已有過較細緻的分析。爲何研究者會做出如此給人以「突兀」之感的解讀，這是一個值得深思的問題。我認爲理論體系自身的內在邏輯在這裡扮演了一個相當重要的角色，抽象的性欲概念覆蓋了鮮活的人物形象，導致了概念化的解讀，致使四銘好像是一架奔騰不息的性欲機器一樣。

再次，精神分析法在使用中也並不完整，而是選擇了較爲「有利」的那個側面。精神分析可以體現爲一套（技術性）分析方法，也能夠提供一種對複雜的人格、人性有價值判斷的認識。而這兩方面在分析《肥皂》與四銘的時候，存在著一定的錯位。弗洛伊德的精神分析學說把人格分成本我、自我、超我的三層，並用性欲衝動來試圖解釋人類的行爲動機，正是基於人性的複雜。以往研究者得出四銘是僞道學的結論，多數都借助精神分析學說來論證，但這裡恰恰存在一個奇特的悖論：以往研究者幾乎都是在在技術的層面上使用，以此解剖四銘的各種心理、解釋各種舉動，但在價值判斷的層面上卻依然採用的是「封建與反封建」、「傳統與現代」的框架，這種處理符合那個時代的特定要求，當然也便於把《肥皂》塞到魯迅作品的宏大敘事格局中。研究者往往通過技術性的分析，發掘四銘的心理活動，並從四銘的種種隱秘心理中得出他虛僞、矯飾、

〔註41〕溫儒敏：《〈肥皂〉的精神分析解讀》，《魯迅研究動態》，1989 年第 2 期，第 16 頁。

〔註42〕呂周聚：《肥皂的多重象徵意蘊——魯迅〈肥皂〉的重新解讀》，《魯迅研究月刊》，2012 年第 12 期，第 33 頁。

道德墮落、卑鄙骯髒、道貌岸然、滿口仁義道德實則男盜女娼的偽君子、假道學身份。但實際上，四銘只是對孝女起了性幻想而已，他既沒有像卜薇園那樣馬上就聯想到佳人名妓身上（而是轉移到四太太），也沒有何道統那般對光棍的調笑表現的肆無忌憚（而是先謹小慎微的去買肥皂，又在四太太識破後羞愧難當），他的所謂「見不得人」的種種活動都局限在個人或者家庭之內，對外在的社會並沒有形成實質性的危害，甚至他力爭孝女進入詩題在客觀上對維持社會風紀、明確是非標準還是有積極意義的。再者，若是從精神分析學說在價值判斷的方面說，它恰恰揭示了四銘的性幻想不是構成一個人虛偽的動因，而只是每個人人性中內在的本能欲望（常體現為人格中的「本我」），因而四銘的性幻想只是一個正常的生理現象而已，這種「意淫（即性幻想）」，也許是再尋常不過的、合乎人性的現象了，表面的道貌岸然是處於社會道德規範下的「超我」，心底深處時不時泛起的這種「性幻想」則是「本我」的悸動。只要「本我」（id）與「自我」（ego）、「超我」（super-ego）之間保持平衡，就會實現人格的正常發展。所以，四銘的問題只是個人人格內部的問題（最終得到了平衡），而道德與否是對一個人人格的外部的整體判斷，它們處於兩個層面。換句話說，人格內部的矛盾、衝突，不能作為人外在道德與否的判定標準〔註43〕。從中不難看出有趣的地方：精神分析作為價值判斷的方面對文本解讀中技術分析的方面形成了「解構」，因而前者常常被研究者迴避。換句話說，《肥皂》中精神分析的運用是不徹底、完整的，而是為了得出一個先在的預設進行了利於自己的選擇。

　　總而言之，且不論精神分析這種源於西方的理論適不適合用來分析魯迅的作品〔註44〕，就《肥皂》中運用的精神分析而言，會發現上面的種種「怪異」和「尷尬」。平心而論，精神分析對理解《肥皂》及四銘的心理脈絡是有很好的啟示的，如果不是簡單、僵硬的直接套用的話。如關於他性欲望的轉

〔註43〕因為如果這樣的話，我們就都是虛偽的，於是也就沒有了所謂的「真誠」。既如此，它也就同時喪失了作為一種標準的判別、區分功能，沉入到虛無中去了。

〔註44〕王富仁曾經很好的反思了這個問題，提出了三條意見「一、如何把對人的一般的、科學的（帶有機械性質的）心理研究轉化為審美的、藝術的、具有個別性的文化和文學研究的方式，對於我們還是一個巨大難題。二、中西文化的巨大差異給心理學在中國文學研究中的具體運用造成了巨大的困難。三、人的一般心理機制和文化心理的關係是至今沒有得到統一的、科學的說明的問題。心理學是在當前世界上得到迅速發展的一個學科，但它仍在發展中，它還不可能說明各種複雜的人類的心理現象。」參見《中國魯迅研究的歷史與現狀》一書，福建教育出版社，2010年，第171～173頁。

移（雖然並非潛意識）；隱秘心理被人識破後自我防衛機制導致的反向形式（更加要確證自己的身份，遂大罵學堂、痛批新文化等）；（由於旁觀孝女引起的，被四太太識破後進一步加強了的）道德焦慮引起自我防衛機制的昇華與補償（更加捍衛孝道，推動孝女進入詩題）。但此前的研究常常是簡單的套用理論，並且這種套用還帶有著明顯的選擇性，導致了概念化的效果——理論的使用超過了應有的限度，而對作品、人物形象的闡釋也越過了適當的界限。更深入的探究會發現，精神分析法的引入及選擇也許都只是表象，好像它們只是爲了得出一些先驗的結論而較爲合用的工具罷了。這些精神分析式的解讀不從合乎常情、人性的角度，或者我們都經歷過的日常家庭生活的角度，而是有意無意地把所謂舊家庭、封建家長、舊式婦女兒童先驗地設定到吃人、非人性、壓迫與被壓迫等框架中，從而硬將作品中的一個個細節塞到自己主觀的意願中，或（表面）客觀上強行令其與慣常的魯迅形象相吻合。於是，解讀中那個慣常的魯迅形象成爲了強大的「不在場的在場」，時刻對研究者們揮手、招搖、蠱惑。

反思二，長期凝固的（政治化）魯迅形象的歷史慣性。

前面已經提到，《肥皂》在新時期之前的大半個世紀裏，國內的研究和評價大都相當尷尬，幾乎不是遭到批評就是不受重視。其根本原因在於，人們找不到一種合適的方式去眞正進入《肥皂》。有限的研究中，那些慣常的所謂「進入」，帶有著明確而先驗的設定，即要符合魯迅逐漸被人們長期樹立起來的那種形象（而且常常帶著要維護、捍衛這個形象的善意），至少解釋的限度是不會有損於這個形象。對魯迅而言，由於他對社會變革的堅持，對人民大眾立場的堅守，在「五四」之後逐漸步入左翼陣營。不過，魯迅是一個有巨大影響力但又極具爭議的人物，且不論學院派、自由派、英美派、京海派的陳西瀅、蘇雪林、梁實秋、沈從文、施蟄存等人如何中傷、侮蔑、貶低魯迅，就連左翼陣營內部的評價也大相徑庭。批駁者如成仿吾、錢杏邨、郭沫若等在 20 年代末就有過這樣的評價：

> 這種以趣味爲中心的生活基調，它所暗示著的是一種在小天地
> 中自己騙自己的自足，它所矜持著的是閒暇，閒暇，第三個閒暇。
>
> 〔註45〕

〔註45〕仿吾（成仿吾）：《完成我們的文學革命》，《革命文學論爭資料選編》上冊，
　　　　北京：人民文學出版社，1981 年版，第 20 頁。

> 人道主義者（指魯迅）不論在什麼階級支配下都很得意的，因
> 爲他有意識或無意識地總是支配階級的走狗。〔註46〕

> 他的創作即能代表時代，他只能代表庚子暴動的前後一直到清
> 末；再換句話說，就是除開他的創作的技巧，以及少數的幾篇能代
> 表五四時代的精神外，大部分是沒有表現現代的！〔註47〕

> 他是資本主義以前的一個封建餘孽。……魯迅是二重的反革命
> 的人物。……他是一位不得志的 fascist（法西斯諦）！〔註48〕

要建設一種新型的文化，標舉文化領袖、指明文化方向、樹立文化旗幟，是一種客觀上的需要，魯迅即是長期作爲「被需要」而存在的。所以，如何評價魯迅也成爲當時左翼陣營的客觀需要，對此，馮雪峰、瞿秋白及胡風等人做出了自己的貢獻。自 30 年代以來，左翼作家、批評家的魯迅評價、研究一直佔據著主導的地位。儘管他們各自的出發點各有不同、角度也各有側重，但總體而言評價的關鍵詞是：反封建、反專制、最清醒的現實主義、從進化論到階級論、思想革命、精神啓蒙、「韌」的戰鬥、戰鬥傳統等。其實，馮雪峰、瞿秋白、胡風等人的魯迅研究一開始就帶有著「政治」的意味，即有新舊、左右之分，只不過不是最純粹的政治，而是文藝領域的「政治性」。如果這些帶有文藝陣線上的「政治性」研究還有較多的學術性和知識分子氣質的話，那麼毛澤東對魯迅的評價既把這種評價的政治性推上了頂峰，也把魯迅的歷史地位推上了頂峰。

不過，沒有一個知識分子、思想者的方向能與從政治角度樹立文化旗幟的標準完全一致，政治社社只能在現有備選項中擇取那個最爲接近的對象。而且，這個對象也不能隨意挑選，需要有先決條件：其一，對象自身要有較大的影響力、號召力，否則不足以被樹爲旗幟，正如沒有厚實的根基，憑空建築大廈的可能性不大。其二，要有豐富、深刻的思想內容，這樣才有被進一步挖掘和闡釋的空間。其三，儘管對象不可能與政治標準一致，但政治視

〔註46〕石厚生（成仿吾）：《畢竟是「醉眼陶然」罷了》，《革命文學論爭資料選編》上冊，北京：人民文學出版社，1981 年版，第 374 頁。
〔註47〕錢杏邨：《死去了的阿 Q 時代》，《革命文學論爭資料選編》上冊，北京：人民文學出版社，1981 年版，第 184 頁。
〔註48〕杜荃（郭沫若）：《文藝戰線上的封建餘孽——批評魯迅的「我的態度氣量和年紀」》，《郭沫若研究資料》上冊，北京：中國社會科學出版社，1986 年版，第 250 頁。

角下最重視的那些核心「品質」，應該能從對象身上找到，最好這些「品質」
也是其主導的方面。魯迅正是在這些意義上，其形象逐漸被樹立、建構起來，
其結果便是那些不符合政治需要的種種側面被掩埋或刻意迴避掉了，因為只
有這樣作為文化旗幟才更鮮明（更有立場性、戰鬥性）、更純粹（犧牲了其全
面性、豐富性）、更突出（把符合政治標準的一面在程度上凸顯出來）、更有
力（政治需要一種與傳統決裂的決絕的力量）！

　　魯迅的形象正是在《新民主主義論》裏，被打扮並且確定了下來，因為
在中國評價論斷的權威性常常被論斷者的權威所替代。這種魯迅觀、魯迅形
象隨著毛澤東領導的中國共產主義運動的勝利及推進，更加強了其不容置疑
的權威性。到了 80 年代，雖然人們已經開始著手發掘與神壇上的魯迅不一樣
的面目，但近半個世紀以來被長久固定的魯迅形象仍然有巨大的歷史慣性，
使得魯迅那種毫不妥協地反封建、反傳統的姿態，幾乎成了人們不言自明的
「潛意識」。於是，在魯迅研究中，哪怕具體到《肥皂》這篇小說的解讀中，
人們才會發現如此多的簡單化、概念化、程式化的判斷。如四銘的性幻想「由
女丐到太太身體的轉移恰恰又彰顯出其保守主義心理的作祟」〔註 49〕，這樣
的看法已經讓人有些不好理解了，卜薇園倒是「不保守」，但其行徑更壞，難
道要讓四銘一樣去嫖妓才算不保守嗎？往前是無恥，往後是保守，四銘差不
多要處於「豬八戒照鏡子」式的夾縫中了。又如：

> 　　因買肥皂而引出「惡毒婦」，反映了反革命派與新文化運動的矛
> 盾，顯示了四銘這個半封建文化的代表的反動與頑固；又如從肥皂
> 引出「孝女」，從「孝女」引出移風者們的「宏論」與「詩題」，顯
> 示了四銘內心與外表的矛盾，揭露了他的腐朽與虛偽；再如，從「惡
> 毒婦」引出了父子矛盾，從「孝女」引出了夫妻矛盾。總之，肥皂
> 引起了家族中的種種糾葛，又反映了封建禮教中的父權和夫權的獨
> 裁和兇殘。〔註 50〕

> 　　這一高潮，顯示「移風」的對象，正是四銘之流。四銘這夥人，
> 真所謂滿口的仁義道德，一肚皮男盜女娼。從父子關係看，四銘如

〔註 49〕　朱崇科：《〈肥皂〉隱喻的潛行與破解——魯迅〈肥皂〉精讀》，《名作欣賞》，
　　　　　2008 年第 6 期，第 64 頁。
〔註 50〕　劉云：《將沉重的負載顯露給人們看——讀魯迅的〈肥皂〉和〈離婚〉》，《黃
　　　　　山高等專科學校學報》（教育科學版），1999 年第 3 期，第 32 頁。

> 一家的「暴君」；從夫婦和男女關係看，四銘荒淫無恥，從朋友關係
> 看，四銘是偽君子。魯迅正是這樣地從多角度多層次來揭露四銘之
> 流的醜惡本質的。〔註51〕

誠然，在作品的解讀中，無論人物形象還是小說主旨都要納入到與事先形成的魯迅形象相符合的軌道，這種做法是導致研究者有意無意會出現「主題先行」的一個重要原因。不過，這一點卻不能充分解釋，為何80年代以後的魯迅形象雖已逐漸去掉了「革命家」、「新文化聖人」等政治性帽子，真實、豐富、飽滿了許多，但其形象的主體卻依然揮之不去、頑固且強大。也許，更深層的原因是，整個現代的中國文化（即新文化）與傳統文化的隔閡。

反思三，體現在魯迅形象、魯迅研究中的「選本」現象及新舊文化的隔膜。

政治性的魯迅形象之所以堅固，一方面是政治話語的強大和持續，另一方面則是知識者、研究者沒有找到一種與政治化的魯迅形象相區別，且能夠替代後者的魯迅形象。

1980年代，來自海外的一種全新的魯迅形象與大陸長期以來被「聖化」的魯迅形成了鮮明的對比。前者把魯迅看做中國文化的罪人，後者則把魯迅視為中國文化的旗幟。這種兩極評價，是因為在界定「中國文化」這一概念的時候，前者的重心在傳統文化，後者的重心在近代以來的新文化（或者是所謂的現代文化）；後者有把傳統看做應當被破除、批判的專制性文化的傾向，而前者則傾向於認為所謂「現代中國文化」實質上是「西化」（而沒有「中國」），所謂的「中國」應當主要在傳統中。但實際上，所謂的中國文化應該是包括「傳統──現代」兩方面的，即便是我們要建設當下的現代中國文化，也不能完全無視傳統，只是這兩個部分仍舊難以找到對接的渠道。這種新舊文化的隔閡，具體到魯迅研究上，便是我們也難以找到一條消弭兩種魯迅形象間巨大錯位的路。再具體到《肥皂》的解讀中，即便得出了魯迅正面描寫封建社會某些方面〔註52〕的解讀，如何接受它反倒成了問題，似乎這個「燙手山芋」般的結論削弱了魯迅的高度與價值。在面對海外新儒家的質疑和批

〔註51〕 吳奔星：《心理描寫的典範──重讀魯迅的小說〈肥皂〉》，《紹興師專學報》，1990年第1期，第7頁。

〔註52〕 如家庭生活中有溫情、人性的一面；禮教也有它合理、積極的一面；道學家中也有那種雖然有些迂呆、怯弱卻也到底還對禮教中的神聖性有所堅守、敬畏的人物。

評時，下意識地捍衛魯迅（往往是善意的），反而會「窄化」了魯迅，沒有與政治化的魯迅形象拉開質的、足夠的距離（當前的研究與慣常的魯迅形象間的距離可能還只是量的差異）。

　　魯迅在《「題未定」草》（六至九）中談及文章選本的時候，說過「我總以爲倘要論文，最好是顧及全篇，並且顧及作者的全人，以及他所處的社會狀態，這才較爲確鑿。要不然，是很容易近乎說夢的」〔註53〕。例如陶淵明，就並非「悠然見南山」般地「整天整夜的飄飄然」，而是「這『猛志固常在』和『悠然見南山』的是一個人，倘有取捨，即非全人，再加抑揚，更離眞實」，所以，「選本所顯示的，往往並非作者的特色，倒是選者的眼光」。〔註54〕我們研究魯迅也應當是這樣，在「知人論世」中顧及魯迅的全人。其實，當前大陸的魯迅形象也可以看做是一個「選本」的魯迅，且這個「選本」與陶淵明慣常的形象相反，大體上是「金剛怒目」的居多，因此，我們應該從各種蛛絲馬跡中認眞爬梳，發現魯迅其他的方面（包括「悠然見南山」的時候），呈現一個「全本」的魯迅。

〔註53〕魯迅：《「題未定」草》（六至九），《魯迅全集》第6卷，北京：人民文學出版社，1981年，第444頁。

〔註54〕魯迅：《「題未定」草》（六至九），《魯迅全集》第6卷，北京：人民文學出版社，1981年，第436頁。

拾、從教體驗與魯迅現代小說的教育書寫

顏同林[*]

摘要：著書立說與從教「樹人」是魯迅一生中試圖立足於民國社會歷史並支撐其「立人」思想、改造國民性的兩塊基石。結合魯迅的教育管理經歷與從教體驗，從民國教育文化的角度重新來探討《吶喊》與《彷徨》中的教育書寫，既可以再現一批冷色調的民國教員形象，也能夠對民國教育機制進行個人性的批判性揭露。魯迅小說作品包蘊著灰色而失敗的教育理念，是具有痛感的近現代教育「野史」資料，其中帶有作者個人不妥協的洞見與偏見，也是民國教育及其機制本身的藝術呈現。

關鍵詞：從教體驗，魯迅小說，教育書寫，反教育

---

[*] 顏同林（1975～），男，湖南省漣源市人，貴州師範大學文學院教授，文學博士，主要從事中國現當代文學，中國詩歌理論研究。

　　《吶喊》與《彷徨》既是生命個體魯迅豐富人生經驗的集中與凝結，也是現代小說空間中不可重複的精神高地與豐碑。作為前者，魯迅著書立說與從教「樹人」是其一生中兩個重要的側面，是他試圖立足於民國社會歷史並支撐其「立人」思想、改造國民性的基石；從後者來看，它們被譽為中國現代小說開端與成熟的標誌，一直沒有動搖過，而相應的經典化闡釋早已十分繁複，「吶喊」和《彷徨》的研究在整個魯迅研究和整個中國現代文學研究中都是最有成績的領域」。〔註1〕在這兩本薄薄的小說集子中，農民與知識分子的人物形象是主要的兩類，「以描寫知識分子為題材、描寫知識分子的生活的，幾占半數」，而魯迅之所以如此關注知識分子的命運，「和魯迅個人的出身、經歷和生活態度等有關。」〔註2〕「魯迅是從革命民主主義的角度、從被壓迫的群眾的角度來觀察知識分子的問題的」，因為「知識分子也是受難的」。〔註3〕這些結論也廣為學界所共知。但值得追問的是，其中一類人物形象即知識分子到底指涉哪些具體的職業，其背後又包含著哪些可以追溯到社會的職業體驗呢？其次，如果從最近興起的民國歷史文化與現代文學研究熱潮中來重審的話，通過這一熱潮所席卷的一系列新的命題、方法與策略〔註4〕，我們又該如何重新回到魯迅從吶喊到彷徨所蘊含的民國歷史文化中去呢？

　　基於此，本書擬結合魯迅的教員經歷與從教體驗，從現代教育文化的角度重新來探討《吶喊》與《彷徨》的內容與主題。——研究魯迅現代小說的教育書寫，既因文本中存在的教育史料與精神所召喚，也緣於相關的研究頗為少見之故。比較而言，舊制中學畢業後便擔當小學教員十餘來，後來又在中學、大學斷斷續續任教過數年的葉聖陶，或專職或兼職，其小說作品大多以「教育小說」著稱，葉氏在自述中曾謙遜地說「我當教師，接觸一些教育界的情形，我就寫那些。……我的小說，如果還有人要看看的話，我希望

〔註1〕　王富仁：《中國反封建思想革命的一面鏡子——〈吶喊〉〈彷徨〉綜論》，中國人民大學出版社，2010年版，第1頁。
〔註2〕　王西彥：《也談關於魯迅小說中知識分子形象的問題》，《論阿Q和他的悲劇》，新文藝出版社，1957年版，第96頁。
〔註3〕　陳湧：《魯迅論》，人民文學出版社，1984年版，第41、63頁。
〔註4〕　參見李怡：《中國現代文學史的敘述範式》，《中國社會科學》，2012年第2期，《民國機制：中國現代文學的一種闡釋框架》，《廣東社會科學》，2010年第6期；以及周維東：《中國現代文學研究中的「民國視野」述評》，《文藝爭鳴》，2012年第5期。

讀者預先存這樣一種想法：這是中國社會二三十年來一鱗一爪的寫照，是浮面的寫照，同時摻雜些作者的粗淺的主觀見解，把它當文藝作品看，還不如把它當資料看適當些。」〔註5〕對於魯迅與其現代小說而言，相同的名號與自述是沒有的，但類似的情形卻普遍得很。追究起來，蓋因魯迅本人的精神視野明顯高出於同時代的作家，其話語言說方式十分獨特，小說結構、人物譜系與思想題旨也迥然有別。儘管如此，對魯迅現代小說的教育書寫進行適當的梳理與還原，仍顯得十分迫切。現代作家教育書寫的差異並不能夠成為被忽視的理由，把魯迅相關小說作品作為不可多得的文藝精品看待之餘，也可以試圖像葉聖陶所說的當作「中國社會二三十年來一鱗一爪的寫照」，特別是當作現代教育「一鱗一爪」式的「資料」來看取，或者也可以當作魯迅所生活的「一半滿清，一半民國的時代」〔註6〕的特定社會歷史的「資料」來剖析。

一

由清末到民初的輾轉求學與初涉文藝，再到民國之後二十餘年以自己的方式服務社會，魯迅終其一生，大體上可以落實在「教育」與「文化」這兩個領域。除了給魯迅戴上文學家、思想家、革命家的帽子外，學術界早有人將「教育家」的桂冠也一併贈予〔註7〕，無疑這是站得住腳的。魯迅在中華民國之後的工作履歷表中，假使要像當下人事檔案一樣認真填寫的話，差不多有一半是扮演不同教育工作者的形象。雖然他從一九二七年上半年放棄教職定居上海後，其人生的最後十年可以作為一個自由作家來定位，但真要算上他面對不同學校的眾多演說，面對不同年齡與文化的青年學子所進行的盡心培植與扶持，面對也是直接或間接從事教育工作的一批教授、政客抑或正人君子之流的對手們所進行的頑命博弈，幾乎可以說魯迅在民國社會歷史上凸現的身份脫不掉他習慣的自稱——教員，或是被社會廣泛接受的思想文化界「導師」。專職也罷，兼職也罷，抑或被尊稱為廣大青年的導師也罷，魯迅「教員」的身份十分特殊，其從教體驗也就並不普通了。

〔註5〕 葉聖陶：《葉聖陶選集・自序》，開明書店，1951年，第2頁。
〔註6〕 周恩來：《我要說的話》，李宗英，張夢陽編：《六十年來魯迅研究論文選》（上），中國社會科學出版社，1982年版，第496頁。
〔註7〕 參見郭沫若：《魯迅是卓越的教育家》，《教師報》，1956年10月23日：顧明遠等：《魯迅的教育思想和實踐》，人民教育出版社，1980年版，第7頁。

　　從家館而私塾，從國內而日本，青年周樹人從扶桑留學歸來大體先遵從清政府學部之法則，即官費留學生畢業回國後均須擔任專門教員五年的規定，他回國擔任中等學校教員之職，從小處講是生命個體的糊口與生存，從大處講或是「救救孩子」式的啓蒙大計，或是「立人」思想的重要環節。魯迅在他的小說中這樣形象地呈現，在他的大量雜感、散文、書信等文類中也是那樣獨立而深入地思考著。職業與身份的定格，莫過於個人的自傳了，魯迅曾留下了幾次這樣的自傳：一是 1930 年 5 月作的《魯迅自傳》，係 1925 年所作《自敍傳略》的基礎上增補修訂而成；二是 1934 年 3、4 月間，魯迅與茅盾一起應美國人伊羅生之託選編一部題名《草鞋腳》的中國現代短篇小說集，因爲此書計劃收入各入選者的小傳，魯迅自己寫了簡短的《自傳》。綜合起來，其中工作履歷方面是這樣說的，1910 年回國後在杭州師範學校作助教，次年在紹興中學作監學。一九一二年革命後，被任命爲紹興師範學校校長。此後到南京在教育部辦事，不久便隨部遷入北京並爲教育部僉事，文學革命以後，除作短篇小說與短評外，一面也做北京大學、師範大學、女子師範大學的講師，1926 年離開北京到廈門大學做教授，約半年之後到廣州，在中山大學做教務長和文科教授。——魯迅這些自述都比較簡略，涉及的學校因校名更替而名字有異。查對魯迅年譜，我們補充魯迅在黎明中學、大中公學、世界語學校、集成國際語言學校、中國大學、上海勞動大學等學校兼職的情形，合起來有十多處之多。掰著手指數這些學校能順藤摸瓜地勾勒出魯迅的人生軌迹：從紹興而南京、北京、廈門、廣州、上海，這些不同的從教經歷，屢經執鞭、辭職、變更、遷徙，或接受聘書，或屢次擲還，因人事的糾葛而不斷另就，一切均是「爲人生」新的意義的不斷尋找。似乎可以套用幾句老話：人往高（各）處走，水往低處流；此處不留爺，自有留爺處。以時間而論，少則二三個月、一年半載，多則三五年以上不等；以授課專業而論，最先則是化學、生物、博物學之類，與自己求學所學專業較爲接近，算是專業對口；後來則專事中國文學史、小說史、文藝理論等課程的講授。其次，魯迅不但充任過不同的中學、大學的教員，而且還負著教育管理工作的小小「京官」一職。1912 年初，經好友許壽裳推薦，魯迅應同鄉蔡元培之邀赴教育部任職，一直到 1926 年出走北京赴廈門大學任教爲止，他以科長之職主管過社會科學司轄下如圖書館、博物館、通俗教育等份內工作。定居上海的最後十年，經蔡元培推薦，魯迅也曾有四年時間兼任中央研究院的特約撰述員一職，

享受著與他二十年代在教育部當科長時的同等薪酬待遇，用今天的話來說便是與教授相當的「研究員」一職。再次，從教之外，魯迅的講演活動早在紹興師範學堂任教時就開始了，一直到魯迅逝世，正式演講次數達六十多次；上海居留十年之間教學活動較少，講演則爲最多。〔註8〕在此期間，除了這些帶有啓蒙、傳播等教育性質的講演，魯迅退出教育界面對從文或從教的選擇時，仍然數次徘徊在是否重執教鞭的猶豫之中！一句話，通過這些簡要的撿拾可以看出魯迅一生是泡在教育之中，從舊到新，從校內到校外，從講臺到講壇，無一不是特定職業的面對與積累。

以上所述，都可以拿「從教體驗」來歸納之。現代闡釋學代表人物，德國哲學家加達默爾曾對「體驗」進行過語詞史和概念史的溯源工作，他認爲：「每一種行爲作爲一種生命要素，仍然是與在行爲中所表現出來的生命無限性相關聯」，「凡是能被稱之爲體驗的東西，都是在回憶中建立起來的。」〔註9〕魯迅的文藝創作之於體驗，之於個體生命感悟，都是長久延續、不可替代的。它是如此的豐富與錯落，足以讓魯迅的文藝創作風生水起，不論是雜感、書信，還是散文、小說等文類的創制，其中直接或間接論述教育的，就有七八十篇之多，都透露出教育圈豐富的時代信息。教育界的大環境與小氣候，同一戰線上的同事或同行們的言行舉止、精神境界乃至作者常說的嘴臉，自然了然於胸。當周樹人用魯迅筆名發表第一篇白話小說《狂人日記》之後，「一發而不可收拾」，取材於教育主題的甚多，教育書寫成爲魯迅的興奮點，其相關的經驗之談是這樣通俗而又深刻：「作者寫出創作來，對於其中的事情，雖然不必親歷過，最好是經歷過。……我所謂經歷，是所遇，所見，所聞，並不一定是所作，但所作自然也可以包含在裏面。天才們無論怎樣說大話，歸根結蒂，還是不能憑空創造。」〔註10〕「我的取材，多采自病態社會的不幸的人們中，意思是在揭出病苦，引起療救的注意。……所寫的事迹，大抵有一點見過或聽到過的緣由，但決不全用這事實，只是採取一端，加以改造，或生發開去，到足以幾乎完全發表我的意思爲止」。〔註11〕——源自教

〔註 8〕 參見馬蹄疾：《魯迅講演考》，黑龍江人民出版社，1981 年版。

〔註 9〕 〔德〕加達默爾：《眞理與方法：哲學詮釋學的基本特徵》（上卷），洪漢鼎譯，上海譯文出版社，2004 年版，第 82～86 頁。

〔註10〕 魯迅：《葉紫作〈豐收〉序》，《魯迅全集》第 6 卷，人民文學出版社，2005 年版（以下出自此全集，省略出版信息，只注頁碼），第 227 頁。

〔註11〕 魯迅：《我怎麼做起小說來》，《魯迅全集》第 4 卷，第 526～527 頁。

育界的見聞與經驗不斷給魯迅帶來新的契機與靈感，不論是中學還是大學，不論是專職還是兼職，不論是從教還是從事教育管理，魯迅與教育這一行業休戚相關，雖然說不上榮辱與共。帶著生命個體的特殊思考，魯迅與眾不同之處極其鮮明，比較胡適、周作人、葉聖陶、老舍、朱自清、聞一多等等也有豐富從教體驗的現代作家們，都不難看出魯迅與他們之間明顯的異質性。正如有學者所言，「魯迅小說的卓然不群之處，恰恰在於：它把現代藝術的兩種對立的趨向融為一體，並體現為『無我化』或『客觀化』的創作原則與『一切與我有關』的創作原則的獨特結合，從而使我們在這個藝術世界所真實呈現的社會歷史的廣闊畫面中，感覺到了一個痛苦的、掙扎的、活生生的靈魂的深情傾訴，又在這個藝術世界所表達的深切的個人性的情感的海洋中，聽出了中國社會生活的蛻變的呻吟。」〔註12〕

從宏觀層面而言是這樣獨具本色，從具體的篇目細讀而言也是如此五彩繽紛。它們各有出處，只是有些出處從簡，有待於補充豐富罷了。以寄居自己寓所的女大學生許羨蘇為材料，有感於某些人「嫉視剪髮的女子，竟和清朝末年之嫉視剪髮的男子相同」〔註13〕而作《頭髮的故事》。「『親領』問題的歷史，是起源頗古的，中華民國十一年，就因此引起過方玄綽的牢騷，我便將這寫了一篇《端午節》。」〔註14〕紹興府中學堂、浙江山會初級師範學堂的同事范愛農這一原型，則化成了《在酒樓上》、《孤獨者》的基本情節。二弟周作人於 1917 年出疹子，作為兄長的魯迅在服侍中擔憂過，「主要的事情是實有的」，〔註15〕事過數年之後衍生成篇的則是《弟兄》，……類似之處頗多，雖然不是一時一地之事，但都經過魯迅精心的謀篇佈局，反覆醞釀，虛實雜呈。有時短評、散文一類文字不足以承載之，便出之以小說；有時在小說創作之餘，還會在別的文字中程度不一地涉及到。從創作心理來看，魯迅小說與雜文不同，後者一般是明確而具體的報章文章與人事瑣聞，進入了他的精神視野而傾瀉胸中的塊壘，但在小說這一藝術形式中，魯迅在進入創作之前是胸中早存鬱結，偶爾為某人某事所觸而終於一氣呵成，揮灑成篇時往往包含以從教體驗為原材料與原動力的內核。

〔註12〕 汪暉：《反抗絕望：魯迅及其文學世界》（增訂版），生活‧讀書‧新知三聯書店，2008 年版，第 399 頁。

〔註13〕 魯迅：《從鬍鬚說到牙齒》，《魯迅全集》第 1 卷，第 260 頁。

〔註14〕 魯迅：《記「發薪」》，《魯迅全集》第 3 卷，第 369 頁。

〔註15〕 周遐壽：《魯迅小說裏的人物》，人民文學出版社，1957 年版，第 137 頁。

二

　　文學源自於生活而出入於生活，在現實與虛構之間，往往有交叉的精神地帶。在魯迅現代小說中既有教員形象的藝術再現，也有民國教育制度、機制運作、時代環境等教育母題的披露，無疑都是同等重要的。「魯迅表達對教育問題思考的主要方式，是文學的。」〔註 16〕以文學而非教育的方式來關注教育，當然教員形象的刻畫處於首當其衝的位置。從小說中主人公的塑造與賦予神采來看，包含的民國社會教育信息更豐厚一些。

　　魯迅小說中的「教員」形象並不太多，雖然他在人際圈子裏接觸的教育工作者相當龐雜。「從實社會的一大群的人物裏，看出了某種共同的特質，形成了一個『觀念』，再把這『觀念』放到某種一定形象裏去，而這形象未必就同於原先人物的形象了，這便是觀念的形象化的做法。」〔註 17〕這是魯迅小說典型人物的「做法」之一，運用得最爲嫻熟。在《狂人日記》之前，魯迅發表過一篇具有「突出的回憶錄性質和抒情性質」〔註 18〕的文言小說《懷舊》，主人公是塾師禿先生。主人公定格在塾師身上，主要篇幅卻落在與教學無關的方面，比如塾師與當地鄉紳籌劃如何去籠絡暴民，怎樣去面對時代變局，以及長毛故事在鄉間的衍變。至於教育方面則以傳統私塾對課、讀經爲主要功課，全篇彌漫著呆板迂滯、枯燥無味的傳習氣氛。對教材與教學方法的詛咒點綴其間，帶有悲哀的調子。《懷舊》開啓了以第一人稱「我」爲敘述人稱、借回憶削弱情節的新潮，其遭遇似乎是魯迅幼時私塾教育的折射。小說中有一漫畫式的特寫，即禿先生光禿髮亮的頭緊貼書本去讀書，顯然他是高度近視了，給「我」留下了有趣的印象，另外他對學童動輒以界尺擊首等方式進行體罰，不准學童活蹦亂跳之舉，則是九歲學童的惡夢之源。這一切，似乎埋下了魯迅終生對教育失望的萌芽。

　　《懷舊》並不被魯迅所看重，其生前一直沒有把它收錄進自己的集子。沿此一途，在《吶喊》與《彷徨》兩部現代小說集中，魯迅逐漸開掘了兩類

〔註 16〕姜彩燕：《從「棄文從教」到「棄教從文」》，《西北大學學報》，2012 年第 1 期。

〔註 17〕巴人：《魯迅的創作方法》，李宗英，張夢陽編：《六十年來魯迅研究論文選》（上），中國社會科學出版社，1982 年版，第 293 頁。

〔註 18〕〔捷〕雅羅斯拉夫·普實克：《魯迅的〈懷舊〉——中國現代文學的先聲》（沈於譯），樂黛雲編：《國外魯迅研究論集》，北京大學出版社，1981 年版，第 471 頁。

教育書寫的模式。第一類是間接涉及教育主題的，如《頭髮裏的故事》、《白光》、《肥皂》、《弟兄》等。教育成為枝節性的情節或環境，或是穿插一個片斷，或是一個點綴性的場面，或是課堂之外家長對學堂的評價。《頭髮裏的故事》中拉扯到學校裏辮子的問題，借小說中 N 先生之口，穿插了他留學與在家鄉從教時的許多關於剪掉辮子的痛苦經歷。作品主要是以獨白方式進行，環境與情節都顯得有些跳躍，學堂與教育往往成為淡化的背景。《白光》中的陳士成，與孔乙己差不多，均是科舉制度下的失敗者與被凌辱者。陳士成一生一面在家以塾師為業，獨身一人藉此糊口度日，一面醉心於科舉，癡迷此途而不計寒暑，在第十六次縣試落第之後卻絕望了。傳統私塾為師的尊嚴，也因學業不舉而被沖淡得所剩無幾。陳士成考試失利，秀才都沒撈到，神經異常敏感而紊亂，幻想中盼望掘出祖埋的金銀而自救，結果一無所獲以至瘋癲落水而亡。小說中有這樣一個情節：作為一個幾十年如一日赴考而屢次不中的塾師，相信在學生、學生家長面前是擡不起頭的。這次也同樣如此，陳士成看榜後失意回家，剛到自己的房門口，所教的七個學童便一齊放開喉嚨，吱的念起書來。他大吃一驚，耳朵邊似乎敲了一聲磬，也似乎看出學童「臉上都顯出小覷他的神色」。因心情不好，陳士成要學童們回去，當學童們一溜煙跑走了後，陳士成還看見許多小頭夾著黑圈圈在眼前跳舞，有時雜亂，有時也排成異樣的陣圖。「這回又完了」沉重的歎息，想必在學生乃至世人面前，陳士成也許重複做過好夢，但都是黃粱一夢。饒有意味的是，陳士成離家看榜耽擱一天，學童卻一直在其家自學讀書，似乎是塾師的特意安排，譬如中了秀才之後在學生面前揚眉吐氣一回？！《肥皂》雖然是以守舊而虛偽的老爺四銘為諷刺對象，但其中有一些情節涉及新式教育，比如四銘老爺在光緒年間也擁護開辦新學堂；中西折中的學堂開設有「口耳並重」的英文課程；學生在街上商店裏能大膽用英文「old fool」諷刺當地鄉紳，整個社會風氣都有變化（雖然在四銘、何道銃等人眼裏是頹風，需專重聖經崇祀孟母來挽救）；四銘們反對女學，女學生剪頭髮並在街頭成群結隊出頭露臉，風氣之壞甚於軍人土匪；四銘等鄉紳感覺在當地的地位與榮譽不保，訾議取消學堂……這些均是在四銘從街上回家時所生發出來的，在家裏四銘是學程、秀兒的家長，在家裏大擺家長架子，無疑可從家庭教育的角度進行闡釋。《弟兄》中以張沛君兄弟為對象，言及其弟靖甫說一週有多少作文要批閱，顯然是國文教員。教員生病臥床在家，為兄在請醫的同時卻擔心一家的生計，暗示了像靖甫一

樣的國文教員的生活。

　　第二類書寫模式則是直接的、以教育爲主幹的題材處理。《端午節》、《在酒樓上》、《高老夫子》、《孤獨者》最爲典型。在這幾個小說中，主要處理薪金問題，還涉及教員聘用、教師地位與尊嚴等方面的問題。以索薪爲內容的《端午節》（1922 年 6 月作），在寫作之前，魯迅所經歷之事有以下諸項：北洋軍閥期間，政府經常拖欠教育經費，教育總長更替頻繁，索薪之事屢有發生，魯迅作爲僉事，或是教員，數次參與此事：1920 年 8 月參與教育部中同事組織的索薪團；1921 年 10 月，參加教育部部員和各校教職員發起的「索薪」請願運動，往午門索薪；同年 12 月，與教育部十五名科長、主任因欠薪半年聯呈府院，一面通電全國，申明政府摧殘教育之罪，一面全體辭職並索還欠薪；1922 年 3 月，其老友蔡元培呈文代八所大學索薪，北京各公立小學校長亦因教育經費無著落向京師學務局辭職，京師教育界風起雲湧。「著書都爲稻梁謀」，教育也是一樣，又況且教育從業薪金經常被挪占，不知能眞正領到多少在手裏（北洋軍閥時期教員工資普遍打折領取，甚至低到三折兌現）。付勞取酬，本是正義之事，但在討薪之路上可能薪水討不到不算，可能還討到一頓毒打呢！如 1921 年 6 月，京師公立小學以上學校師生代表赴國務院請願，被拘禁於純一齋院內，斷絕飲食；爲援救請願者，京師教育界師生代表千餘人冒雨到總統府新華門前請願索薪，卻突遭軍警鎮壓，十餘人受傷。親歷討薪無果之苦況，屢向親友借貸之尷尬，鬱積於魯迅之內心，憤而投筆疾書繫於《端午節》這一小說之上，也就水到渠成了。與魯迅亦官亦師的身份一樣，《端午節》的主人公方玄綽是以官員兼北京首善學校的教員身份出現的，其處世原則是事不關己而麻木不仁，敷衍成性而逆來順受。如在衙門裏，「總長冤他有神經病，只要地位還不至於動搖，他決不開一開口」；置身教員之伍，「教員的薪水欠到大半年了，只要別有官俸支持，他也決不開一開口。不但不開口，當教員聯合索薪的時候，他還暗地裏以爲欠斟酌，太嚷嚷。」雙份薪俸，像雙份保險絲一樣，是養成方玄綽特定性格的物質基礎。但是，一旦政府同時欠發教員薪金和官員官俸，雙保險失靈，到了傳統端午節節根時，他卻窘迫不已，露出了自己的尾巴，收起了雙薪帶來的口頭禪「差不多」以及那份假清高。方玄綽一直到最後才意識到以前教育界討薪的問題之所在。延伸開來，拖欠教師工資，一直不絕於縷，足以成爲一個二十世紀以來的文學母題。《高老夫子》則是另一個尖銳的母題，從反面印證了學高爲師、身正

爲範的重要性質。賢良女學校因歷史教員中途辭職,聘高老夫子頂替這一空缺。高老夫子雖然以「夫子」自道,趨附高爾基之名改爲高爾礎,卻改變不了無此資質的現實;在牌友口中的「老杆」高幹亭,不但不能充任人之師,而且原來還是一個打牌、看戲、喝酒、跟女人的主,根本不能入行。自從在地方報紙上發表《論中華國民皆有整理國史之義務》一文以後,高幹亭便以學究自詡,以下數端,均與他後來在課堂上出醜相關:一、不熟悉歷史與也不熟悉教材;二、偶爾動心謀一個教員做做,出發點是去看看女學生而已;三、在女校落荒而逃後,相反以謾罵女校爲能事,嚷嚷著女學堂搞壞風氣,不如停閉的好。從兼職教員任上退出去,高老夫子原形畢露——回退到與其它賭友設局詭騙錢財一類的勾當中去了。

與以上作品不同,《在酒樓上》、《孤獨者》似乎可以作爲「身邊小說」來分析。這兩個作品,既是魯迅舊友經歷的變形呈現,也差不多是魯迅自己的隱喻。《在酒樓上》主要人物一是呂緯甫,一是敘述者「我」,呂緯甫原是曾爲教員的敘述者「我」的舊同事。「我」回到S城便去找舊學校與舊同事,一爲懷舊,一爲敘故。舊學校也改換了名稱和模樣,生疏得很;舊同事早不知散到哪裏去了,一個也不在。可見教員變動之頻繁,教育興廢之顯豁。有意尋人特不見,無意相逢一石居。「我」在小酒店一石居獨自喝酒偶然碰到舊同窗兼舊同事呂緯甫,但他年輕時候的銳氣與改革教育的勇氣都散失了,可謂事是人非。呂緯甫從S城到太原在同鄉家裏教家塾糊口,「無聊」、「慵懶」字眼經常跳出小說紙面,按他的說法是模模胡胡過日子,糊口的活僅限調教同鄉的三個小孩——兩男一女,男生教讀子曰詩云,女生只教《女兒經》。在小說敘述中,可以窺見教育不是一個終身可以託付的職業,呂緯甫在S城失業以後中途往往幹別的什麼事去了,在太原的家塾也是臨時性質。與呂緯甫性格相似,魏連殳所學專業是動物學,卻在中學堂做歷史教員,沒有家小而弧身一人。從教之餘,魏連殳喜歡發表些小文章,毫無顧忌地議論時政,以至小報上匿名攻擊者有之,撒布流言者有之,後來竟因此被校長辭退,失業閒居。爲了「還要活幾天」,魏連殳違心做了軍閥杜師長的顧問,薪水達現洋八十元,成爲一地之紅人,一時家裏熱鬧非凡,人來人往,與當教員時的清貧與冷寂相比,形成了鮮明的對照。

以上教育主題的書寫,有以下幾個特點:第一,縱觀這些教員人物,幾乎沒出現閃光的、熱情的、有活力的正面人物,似乎都可以歸入懦弱失意、

得過且過者之流，他們或是年輕時候曾有理想，或是醉心科舉，或是逆來順受之輩，但是一旦出現意外便連基本生存都難以保障。比如《頭髮裏的故事》裏的 N 先生，《端午節》裏的方玄綽，《白光》裏的陳士成，《在酒樓上》的呂緯甫，《高老夫子》裏的高爾礎，《孤獨者》中的魏連殳，哪一個不是灰色的人生呢？這些教員形象雖然沒有魯迅現代小說中的狂人、瘋子形像那樣敏感而多變，也沒有農民形像那樣麻木而簡單，但在他們身上同樣看不到前途，大多遭受冷落、郁郁不得志，即使憤世嫉俗一陣，到頭來也是不能善終的。因此，也就談不上「樂教」。第二，教員隊伍良莠不齊，職業不穩定，流動性強。教員們或因學潮，或因人事，或因當政者不仁，糊口的飯碗往往變得像土坯一樣很容易被打碎，三尺講臺下來之後隨時有捲鋪蓋走人的風險。具體到教員個體，情況各異，較爲複雜：或者教員從教的門檻低，不具備從教資格的教員，也在其中濫竽充數；或者同事之間相處，不去同流合污便可能爲人師而不能長久。如《高老夫子》中花白鬍子的教務長萬瑤圃，一直隱身的女校校長，與高老夫子一樣同是教育外行，迂腐不堪，卻一直執掌女校；或者是相互排擠，如呂緯甫的出逃、魏連殳的被擠兌。問題是，到底是誰在排擠誰呢？魯迅小說似乎告訴讀者是正直的、有能力的受到排擠，剩下的便是相反的人物，那麼教育還有言勝的可能麼？另一方面，教育流動性大的原因之一，便是教員報酬問題，從收入來說，正如魯迅在紹興從教時所言：「所入甚微，不足自養」〔註 19〕。魯迅小說中這些教員大多數是從業於中小學教育階段，又是擔任國文、歷史等課程，含金量不高，報酬自然更低。第三，整個社會的教育大環境較爲糟糕，弊病叢生。浸淫其中，往往不能自己，隨波逐流的居多。即使是大學，在魯迅眼裏也不盡如人意。譬如楊蔭榆執掌下的北京女子師範大學、林文慶治下的廈門大學，均是如此；又比如，逼使魯迅下定決心離開教育界的原因是在中山大學，因爲「教界這東西，我實在有點怕了，並不比政界乾淨。」〔註 20〕「教育界正如文學界，漆黑一團。無賴當路，但上海怕比平津更甚。」〔註 21〕所以，N 先生的牢騷，方玄綽的覺醒，陳士成之死，呂緯甫、魏連殳的潦倒，都是教育底層從業者之「一鱗一爪的寫照」。

〔註19〕 魯迅：《100815 致許壽裳》，《魯迅全集》第 11 卷，第 333 頁。

〔註20〕 魯迅：《270515 致章廷謙》，《魯迅全集》第 12 卷，第 33 頁。

〔註21〕 魯迅：《350717 致李霽野》，《魯迅全集》第 13 卷，第 505 頁。

三

《吶喊》與《彷徨》中有關教育書寫的現代小說，其內容、人物與主旨一方面能夠反觀魯迅的教壇軌迹、教育趣味與「為人生」的理想，另一方面，也可以窺探民國教育的部分現象與實質。雖然魯迅小說作品凸現出來的，只是他目光所及中灰色而失敗的教育現象，是個人化的冷色調的近現代教育「野史」資料，但是，它並沒有變形與僞飾，而是有一定的代表性與普遍性。把魯迅個人化的教育書寫，放置在民國歷史文化的大背景下，來重新審察魯迅此類小說的教育史意義，自有其存在的特殊價值。當然這是借助於文學來論述，在現實與虛構的糾纏中解讀現象，而不是全部立足於民國教育之歷史。

民國教育是一個異常複雜而龐大的存在，它是有棱有角的多面體，正如橫看成嶺側成峰，遠近高低各不同一樣，人人看到的時代風景具有差異性。在從傳統私塾爲主的封建教育制度向現代學校這一新式教育制度轉變過程中，民國教育的劃時代意義不容低估。在從事民國教育專門研究的學者眼中，足以可以寫出汗牛充棟的煌煌巨作。但是，民國教育具有雙重性，理想與現實的差別永遠存在，其缺陷與劣處也十分顯豁。在辛亥革命之後，對既有舊式教育的評價是比較低的。中華民國成立後首次召開中央教育會議，教育總長蔡元培在會議開幕時發表講演：「惟教育事業爲國家強盛之根本。中國前此教育無系統，無方針，直言之，可以謂之無教育。」〔註 22〕這既是蔡元培個人之見，也可以視爲官方的意見之一。現代教育隨著辛亥革命之後的需要逐步改革，發展迅猛。比如，從教育制度頂層設計來看，自晚清開始，中小學等學校形成了新的學制與內容，1904 年「癸卯學制」頒佈與形成，取法日本的教育制度，成爲當時教育改革的主流。這一階段的教育大體貫穿「中學爲體、西學爲用」的教育指導思想，爲現代中國文化的發展奠定了基礎。民國政府的教育部於 1912〜1913 年制訂頒佈民國第一個學校制度系統，即「壬子癸丑學制」，1922 年又以「壬戌學制」代之，從取法日本、德國轉而取法美國，移植美式教育制度成爲一種時代主流。民元之始，教育主管部門與時俱進地頒佈《普通教育暫行辦法通令》、《普通教育暫行課程標準》等文告，到了 1930 年代，據統計，中央與各省市單行教育法規共有 260 餘種〔註 23〕，包括《大

〔註22〕 轉引自魯迅博物館魯迅研究室編：《魯迅年譜》（增訂本第一卷），人民文學出版社，2000 年版，第 268 頁。

〔註23〕 蔣致遠主編：《中華民國教育年鑒第一次（第一冊）》（影印本），宗青圖書出

學令》、《大學規程》、《女子高等師範學校規程》、《國立大學職員任用及薪俸規程》、《中學校令》、《小學校令》等等一系列法令與法規，包含了諸如教育行政、學校教育、社會教育、國外留學、教育學術團體等諸方面的內容。在教育學制中高居金字塔頂層的大學校，大體以蔡元培主政北京大學時提出的「思想自由、兼容並包」為原則，在類別上則形成了國立、私立與教會教育的鼎立之勢。僅以 1923 年為例，北京的大學校有國立五所，私立五所，教會性質的三所；專門學校則是國立十五所，私立七所，教會性質等三所；中學校則是私立學校多於國立與公立的。在教職員數、學生人數、教育經費等方面，國立與公立學校略佔優勢，中學校則相反。〔註24〕

在教育思想與宗旨上，中華民國第一任教育總長在 1912 年 7 月曾比較過民國教育與君主時代之教育的不同，最顯著的是「民國教育方針，應從受教育者本體上著想，有如何能力，方能盡如何責任；受如何教育，始能俱如何能力。」〔註25〕清末「忠君、尊孔、尚公、尚武、尚實」的教育宗旨，便公然廢除了，代之以「培養共和國民」為宗旨，以「五育並舉」為方針。民國成立之後，不管是高等教育，還是中小學教育，不論是辦學規模、層次，還是受教人群、教育經費，均是大幅度提升，整個教育是向前發展的。比如「從民國 5 年至 14 年的十年間，全國大學增加 10 倍，大學生增加 6 倍，經費增加 12 倍。」〔註26〕但是，另一方面，從北洋政府到南京國民黨政府，先後數次試圖提倡與恢復以尊孔讀經為宗旨的指導原則，企圖作為穩定專制統治之需；作為主管部門，因黨派紛爭、政局不穩，教育總長更替頻繁，教育管理部門難以作為。從 1912 年到 1926 年即魯迅在教育部併兼職從教的十五年之中，教育總長先後由三十四人充任，更換次數達四十二次之多。教育當局辦教育，在「做十多年官僚，目睹一打以上總長」的魯迅眼裏，「大抵是來做『當局的』」，〔註27〕和「教育」是沒有關係的。又比如，由於辛亥革命以後的國體建設，握槍在手的軍閥們無暇顧及教育，放鬆了管轄，學界思想活躍、學

版公司，1991 年，第 1～221 頁。

〔註24〕王燕來選編：《民國教育統計資料彙編》（第 11 冊），國家圖書館出版社，2010 年版，第 387～394 頁。

〔註25〕蔡元培：《全國臨時教育會議開會詞》，《蔡元培全集》（第二卷），浙江教育出版社，1997 年版，第 177 頁。

〔註26〕熊明安：《中華民國教育史》，重慶出版社，1997 年版，第 72 頁。

〔註27〕魯迅：《反漫談》，《魯迅全集》第 3 卷，第 333 頁。

潮湧動。當時最高層次的大學校，增設評議會、教授會、學生自治會等獨立自治機構蔚然成風，整個教育傳遞出銳意改革的氣象。但是，另一方面，教育政策朝令夕改，人事無常，空談多於實幹。教育淪爲附庸之後，都會讓位於政權之更替、地盤之搶奪。在魯迅的從教時代，雖然吶喊「教育救國」者有之，雖然提倡教育經費獨立之聲也不絕於耳，雖然也有主事者「常持相對的循環論」、「自小學以至大學，沒有一方面不整頓」〔註28〕……但是，在教育實踐中並不令人滿意，即使有法可依，也會在實踐中大打折扣，甚至於在一時一地，教育似乎都有可有可無之虞。初等教育並不普及，接受教育的人群僅占少數，而全國中小學師資缺口一直甚大，除推行免費的師範學校、簡易師範以資彌補之外，便是改造私塾與改良塾師，但進展十分緩慢，據統計，即使到了 1935 年，全國仍有私塾 110144 所，其中已改造與未改造的分別占 34.98% 和 65.02%，塾師 110933 人，已改良與未改良的分別占 35.31% 和 64.69%。〔註29〕

　　結合魯迅的管理經驗與從教經歷，由此推而論之，民國教育並不成功，陷在爛泥裏的教育界缺乏陽光與朝氣。魯迅一邊盼望教育的復興，一邊又絕望地抗拒教育，本身也像民國教育一樣陷在民國社會歷史的巨大漩渦之中。魯迅現代小說的創作時段，恰恰是軍閥統治時期，這一切，都讓魯迅經常處在教育焦慮之中，帶給魯迅的是一種人生的痛感。比如，在由北京去廈門途中，「魯迅曾經考慮過：教書的事，絕不可以作爲終生事業來看待」。〔註30〕離開北京這一是非之地，魯迅來廈門大學之後，也認爲當地「無聊」，任職的大學「沒有生活。學校是一個秘密世界，外面誰也不明白內情。據我所覺得的，中樞是『錢』，繞著這東西的是爭奪，騙取，鬥寵，獻媚，叩頭。沒有希望的。」〔註31〕所以，魯迅生命的最後十年，去北平探親期間，曾有北京大學學生代表，以及老友馬幼漁等熱情相邀去北大、燕大等校去教書，都被魯迅婉謝了。身居教職與教育管理十多年，魯迅對民國教育認識得更加清醒：與其說警惕它的致命缺陷，不如說意識到擔任教職與自己的理想有鴻溝。知

〔註28〕蔡元培：《我在教育界的經驗》，《蔡元培全集》（第八卷），浙江教育出版社，1997 年版，第 508 頁。

〔註29〕中國第二歷史檔案館編：《中華民國檔案資料彙編輯（第五輯）第一編（教育）》，江蘇古籍出版社，1994 年版，第 682 頁。

〔註30〕許廣平：《魯迅回憶錄》，作家出版社，1961 年版，第 65 頁。

〔註31〕魯迅：《270112 致翟永坤》，《魯迅全集》第 12 卷，第 13 頁。

識的傳遞，道德的教化，歷來是教育的基本職能。在魯迅眼裏，養成健全、獨立的人格，比知識傳授與傳承更重要。通過文藝擴大教育的範圍，深入國民的精神，喚醒國人沉睡的靈魂與獨立的思想，魯迅以自己的方式「反教育」，以文藝的眼光反思教育的存在。

首先，從立人的角度來看，「首在立人，人立而後凡事舉」曾是魯迅的座右銘。借西方思想資源來歌頌反抗的鬥志，掙脫被奴役的命運，爭取人的獨立與自由，一直是魯迅的大教育觀。也許是歷史的巧合，魯迅本名周樹人，似乎可以是百年「樹人」的闡釋。魯迅第一篇小說《狂人日記》，雖然不是集中寫教育題材，但「救救孩子」的呼聲不正是一位良師的呼籲麼？如何立人，魯迅的答案首先是想依靠文藝，但事實上文藝的力量是有限的。教育也是「立人」的途徑之一，是一個「十年樹木，百年樹人」的領域，作用很大但良莠不齊。魯迅曾寫過《我們現在怎樣做父親》、《上海的兒童》、《我們怎樣教育兒童的？》、《我之節烈觀》等大量短文，提出教育兒童，要順其天性，將來成一個完全的人；教育青少年，要思想自由，適應時代，而不是製造適應環境的機器；義無反顧地反對奴化教育，爭取做人的權利。此外，在魯迅許多給許廣平以及其它親友的書信中，頻繁地批判烏煙瘴氣的教育界，實際上也是「揭出病苦，引起療救的注意。」另外，教育問題最關鍵的還有一個師資建設的問題。這是一個一百多年也沒有根本解決的問題，能否吸引最優秀的師資，能否鼓勵終身從教，能否把從教變成一種高尚的事業，魯迅與魯迅的小說仍在發出冷峻的質詢。第二，由立人而改造國民性，如何學習、如何傳授比傳授什麼還重要一些。教學是為了不用教，是葉聖陶的說法，魯迅的教學差不多是異曲同工。如何傳授知識與做人之道，魯迅有自己的體認，這裡不妨引錄一些多年的同事，以及聽過魯迅課的學生的體會。在許壽裳的印象中，「魯迅教書是循循善誘的，所編的講義是簡明扼要」。〔註 32〕據魏建功回憶，魯迅「講課的時候並不是『照本宣科』」而是「多半就了講義上的論點加以發揮補充」。「先生講課的精神跟寫雜感的風格是一致的。我們那時候聽先生講課實在是在聽先生對社會說話。先生的教學是最典範的理論聯繫實際的。」〔註 33〕在許廣平的回憶中，魯迅在北京女子高等師範學校講中國小說

〔註32〕 許壽裳：《亡友魯迅印象記》，人民文學出版社，1953 年版，第 30 頁。
〔註33〕 魏建功：《憶三十年代的魯迅先生》，沈尹默等：《回憶偉大的魯迅》，新文藝出版社，1958 年版，第 49 頁。

史「隨時實事求是地分析問題」，「不是逐段逐句的，只是在某處有疑難的地方才加以解釋」，「講解了字句，當時文章流派，內容的荒誕與否，可信程度如何？都在書本之外，逐一指出」，「所以雖說是講《中國小說史略》，實在是對一切事物都含有教育道理，無怪學生們對這門功課，對這樣的講解都擁護無窮，實覺受益無窮」。〔註34〕魯迅 1924 年暑假在西安講學，共講十一次，據陪同魯迅上課的當地教員回憶他「講課非常生動，旁引博證，聯繫實際」，「說話非常簡要，有時也很幽默含蓄」。〔註35〕從不同聽眾反饋意見來分析，可見魯迅在講課或演講中，注重理論與實踐的聯繫，博學多識、深入淺出，以啓發式教育爲主。做到了這一點還不夠，魯迅還十分看重在師生教學活動之餘的個體主動性。魯迅小時候對刻板、死記硬背的私塾教育耿耿於懷，在日本仙臺醫專對功課只求記憶，不須思索也頗有微詞；後來自仙臺醫專退學自修學習，在非正常的教育渠道中求得眞經。既有的教育有難以克服的缺陷，如果完全依靠它，很難超越自身的局限，魯迅自己依靠讀雜學，閱野史，自主、主動地採取拿來主義的態度，彌補了這一缺陷。正如給青年的信中所寫「最好是自己多看看書。靠教員，是不行的，即使將他們的學問都學了來，也不過是『瞠目呆然』。」〔註36〕總之，魯迅自己在教育實踐中，有自己的師德操守與傳授原則，足以擔當良師之職。同時，單純依賴它，也是不能盡善盡美的。

其次，從經濟角度來看，民國時期的教員，在教育方面的收入差距很大，既有全國範疇內的東西、南北以及城鄉之間的地區差異，也有因學歷、專業不同帶來的差異。民初有關規定，繼承清代學優而仕的傳統，起碼的教師工資，約爲當地工農收入二倍以上；「1920 年代中國腦力勞動者（薪金階層）跟體力勞動者（工資階層）的平均收入和生活費大約相差 3～10 倍。這個比例跟當時各國包括日本、印度、埃及等的情況是類似的。」〔註37〕最高的學者，月薪等同於國家省部級高級官員，與基層教師有三四十倍的差距；1930 年代，以河北爲例，當時河北省規定，省立小學教員月薪 22～55 元，縣立小學教員 14～36 元，鄉村教員最低僅 4 元。〔註38〕與大學校以教員職稱付酬不同，中

〔註34〕許廣平：《魯迅回憶錄》，作家出版社，1961 年版，第 28～32 頁。
〔註35〕單演義：《魯迅講學在西安》，陝西人民出版社，1981 年版，第 135 頁。
〔註36〕魯迅：《271021 致廖立峨》，《魯迅全集》第 12 卷，第 82 頁。
〔註37〕陳明遠：《文化人與錢》，百花文藝出版社，2001 年版，第 33 頁。
〔註38〕裴毅然：《中國現代文學經濟生態》，河南人民出版社，2012 年版，第 93 頁。

小學教員工資視任教學科的不同，區別很大，比如 1915 年北高師附中教授理化英之教員一月有 173 元，而歷史教員只有 27 元。〔註 39〕從魯迅生活在民國時期的二十多年來看，定居上海十年期間倒是教育比較穩定、薪金較為樂觀的時期，但此時魯迅一腔心血全託付給了文藝著述。魯迅在辛亥革命之後切身經歷的是那一時段，恰恰是很讓他受到傷害的糟糕的一段從教經歷。這些創傷體驗，在他的教育書寫小說「一鱗一爪」地存在著。比如《弟兄》中張沛君令弟靖甫一星期十八點鐘功課，外加九十三本作文，教學工作量很大；進賬卻低，在等待普悌思大夫來給弟弟看病時，張沛君擔心的是兄弟兩家的經濟困窘——家裏掙錢人一旦病倒，家計都不能支持，兄弟兩人五個小孩讀書就有問題。《高老夫子》中女學校缺崗的是歷史教員，兼職者每周授課四小時，每小時大洋三角，顯然是相當低廉的，從薪金來看對高幹亭沒有吸引力。試比較一下便知，比如魯迅 1923 年在許壽裳任校長的北京女子高等師範學校兼職國文學系小說史科，每周一小時，月薪拾參元伍角，按本校兼任教員例致送，算下來每小時計酬四元以上。高幹亭與賭友三人合計在賭桌上誆騙，可將對方賭資二百銀元掃光。坐上賭桌一定能贏，而且金額巨大，兼職教幾小時歷史課的那幾文錢當然不在高幹亭眼裏了。《孤獨者》主要寫魏連殳的遭遇，其次也通過「我」在當地任教凸現一些側面的類似消息，比如教員擇業之艱難，安分守己的必要；又比如當時薪水的微薄與不穩定，「山陽的教育事業的狀況很不佳，到校兩個月，得不到一文薪水。」學校裏的人們，雖然是月薪十五六元的小職員，也沒有一個不是樂天知命的，仗著打熬成功的銅筋鐵骨，面黃肌瘦地從早辦公一直到夜，看到名位較高的人物，仍是畢恭畢敬。從這些情節分析，教歷史課程的魏連殳在收入上是很可憐的，很難養活自己，自己發點牢騷也情有可原。這裡面有魯迅自己早年的影子，也有像他的朋友范愛農的影子與悲劇在。

再次，在魯迅從事教育的朋友圈子中，蔡元培、許壽裳等私交甚篤的老友，都是有理想、有教育操守的人物，他們也是可能影響魯迅教育思想的不多的幾個人，保持著正面、積極的教育家形象，可惜的是魯迅沒有在小說中留下相應的一筆。相反的是，胡適、陳源、顧頡剛等北大同事，或留學歐美，或師承名師，在學校教學層面上的地位與影響力比魯迅還要大，但他們又樂於充當政府的幫閒。這些學者名流處於社會上層，在世俗人的眼裏風光得很，

〔註 39〕李華興主編：《民國教育史》，上海教育出版社，1997 年版，第 514～515 頁。

但在魯迅眼裏和筆下，卻並不閃光。魯迅與他們在共事與論爭中，因爲其人品操守與自己相左而早已看透了他們的靈魂世界。因此就出現了這樣一個很難打破的心理怪圈：處於弱勢地位的是那麼可憐，大多數往往又是基層的文史教員，他們與魯迅在小說中一起吶喊與彷徨；處於強勢位置的又是魯迅內心瞧不起的，僅僅在雜文與書信中留下了他們的身影！此外，魯迅小說中的教員性別，基本上是男性教員，與民國之後一二十年的教育界性別比有關，當時中學校、專門學校與大學校，女性教員占的比例不到百分之幾，魯迅與女性教員打交道極其少見，相應的是，在他現代小說的教育書寫中，也就成了一個男性教員的世界。

缺乏經濟與良心支撐的民國教育是灰色而失敗的教育，讓人不能滿足。反問一句，有沒有理想一點的教育呢？或者說，在魯迅的心目中，有沒有稍爲讓他高興而點頭的呢？答案是肯定的。除了魯迅爲人師時的以身作則之外，這裡還可以借助其它文類的文字來加以佐證。在散文《從百草園到三味書屋》裏，同樣是老塾師，魯迅的發蒙老師壽鏡吾先生，是一位下層知識分子，是本城中極方正、質樸、博學的老先生，雖然受時代局限，封建教育思想較爲濃厚，也有陳舊、迂腐的東西，比如沒有尊重學童的天性，但魯迅對他的基本態度是肯定而讚揚的，魯迅一生與他保持師生之情，表裏如一地尊重他，回到家鄉都會去拜訪。在日本留學期間，東渡日本避難的章太炎先生曾是他的老師。周氏兄弟、許壽裳、錢玄同等短時間到章太炎寓所聽講文字學、國學，章氏授課態度平易、民主，學識淵博。這一點在魯迅看來，也是肯定的，雖然對他後期脫離革命與民主也頗有微詞。出於朋友之請，魯迅爲曹靖華之父代作教澤碑文，云：「幼承義方，長懷大願，秉性寬厚，立行貞明。躬居山曲，設校授徒，專心一志，啓迪後進，或有未諦，循循誘之，歷久不渝，惠流遐邇。又不泥古，爲學日新，作時世之前驅，與童冠而俱邁。爰使舊鄉丕變，日見昭明，君子自強，永無意必。而韜光里巷，處之怡然。」〔註40〕可以猜測，魯迅替不曾謀面的鄉村教員樹碑，肯定攙雜著自己的教育理想。眞正稱得上是良師的，恐怕要算他的日語教師藤野先生，作爲他留學日本仙臺醫學專門學校的解剖學教授，藤野嚴九郎生活儉樸，正直、熱忱，師生關係是親密而沒有間隙的。在魯迅心目中，理想的教育追求的是實施「立人」的教育，是在回憶中仍然感覺溫暖的教育。至於教員與學生平

〔註40〕 魯迅：《河南盧氏曹先生教澤碑文》，《魯迅全集》第 6 卷，第 203 頁。

等、親切，在教學上循循善誘、因人施教，在人格上正直、同情弱者，都是基礎的一環。

最後一點是，魯迅對民國教育不斷地持批判與反思的立場，蓋因在教育與文學之間，魯迅有選擇的餘地。作爲一個思想革命的先驅，相比於文學的歷史穿透力與擴散力，魯迅認爲學校教育的力量不足與之抗衡。魯迅首先是棄醫從文，然後是棄教從文，以文藝的形式覆蓋並取代了學校教育的影響。從事文藝工作，既能施惠於集聚於身邊的文學青年，又可以文字壽於聲音，無限地幅射到更爲廣大的識字讀書的人們身上，在更大範圍內開啓民智，改造「國民性」。從讀者受眾的角度來看，當時能閱讀書報的，也是青年學生居多，他們處於人生的起步與艱難時期，散居全國各地都可能是潛在的魯迅作品的讀者群，魯迅堅信文學的力量，相應壓制了教育的聲音。正如魯迅在廈門時給許廣平的信所說：「對於此後的方針，實在很有些徘徊不決，那就是：做文章呢，還是教書？因爲這兩件事，是勢不兩立的」。〔註41〕知己知彼，魚和熊掌不可兼得，魯迅有捨棄，也有沉甸甸的回報。

結　語

在魯迅生活的民國時期，教育求國、教育爲本、教育獨立的口號此起彼伏。端著教育飯碗的知識分子，活在各自的精彩與無奈中，作爲其中的一員，魯迅有自己沉重而急切的歎息，也有自己深刻而偏頗的洞察。從救救孩子的呼聲開始，魯迅或從事教育，誨人不倦；或從事文藝，握筆吶喊，均有他無私的提醒與呼籲，也有他超越個體的警剔與虛無。一腳踏在教育上，一腳踏在文藝上，「爲人生」而著眼於國民人格的健全與獨立，吃教育飯而「反教育」，反思它的存在與意義，魯迅以自己的眞知灼見，留下了一筆民國教育歷史的遺產。在民國教育的天空，魯迅仍是那麼清澈，那麼明亮。

〔註41〕魯迅：《兩地書》，《魯迅全集》第 11 卷，第 187 頁。

拾壹、漢畫像對魯迅文學創作的影響

孫　偉[*]

摘要：魯迅對漢畫像的搜集和整理投入了巨大的精力、時間，對其所表現出來的深沉雄大的風格非常嚮往。他可能採取漢畫像中積極壯美的圖景，爲《故事新編》注入了遠古時的原初生氣，而這種墓葬藝術中獰厲驚悚的元素則影響著《野草》的寫作。魯迅作品中的蛇、狼、烏鴉和貓頭鷹等獨特意象，與漢畫像中或獨立存在、或作爲裝飾的四靈等祥瑞之獸，不僅存在著形體上的相似，精神氣質也有共同之處。

關鍵詞：魯迅，漢畫像，野草，故事新編

---

* 孫偉，四川大學文學與新聞學院博士後。

　　魯迅花了很大的力氣搜集漢畫像和漢魏六朝的碑拓，現在保留下的漢畫像有六百多件，碑拓有近六千件。他在文章中也多次表達對漢代深沉雄大氣象的嚮往。在他的學術成績裏，更是出版了時至今日仍有重要參考價值的《漢文學史綱要》，其中一半篇幅用來探討漢朝的文學。魯迅在漢畫像中的長期浸淫，對精神世界必然會發生相應影響，從而也輻射到文學創作。由於對漢畫像所表達出來的宏大氣象的沉醉，他從中汲取的營養，經過獨特內心世界的釀造，構成了他的文學世界裏最具特色的深邃意象。

一、魯迅收藏漢畫像的動機和意義

　　魯迅中年以後對漢畫像的喜愛應當與他童年時對碑刻的研習相關。由於清末民初金石學的勃興，書法上碑學對帖學形成壓倒之勢，康有爲更是發表了《廣藝舟雙楫》，對前朝的碑學進行總結。據周作人的回憶，魯迅小時候「新年出城拜歲，來回總要一整天，船中枯坐無聊，只好看書消遣，那時放在『帽盒』中帶去的大抵是《遊記》或《金石存》，後者原刻石印本，很是精緻」。〔註1〕有學者認爲，「魯迅從小就是在碑學書風的籠罩下長大的。後來魯迅對古代碑刻的濃厚興趣顯然便是這兒時所種下的影響」。〔註2〕有的學者將魯迅的書法放到乾嘉學派的分支——以阮元爲代表的「揚州學派」裏進行分析，認爲阮元、俞樾和章太炎等人崇尚碑學的書法思想影響了魯迅。〔註3〕由於魯迅在這樣的風氣中成長，便與古代的碑刻結下了不解之緣。中國書畫同源，再過渡到對漢畫像的喜愛只是一步之遙。

　　除了碑學的影響，魯迅在啓蒙階段也受到了漢朝文學的影響。據壽洙鄰的回憶，他的父親壽鏡吾先生很喜歡漢魏六朝文學。「鏡吾公不喜八股文，所授止經史綱要、唐宋詞、古文詞，魯迅並不措意，鏡吾公常手抄漢魏六朝古典文學，但魯迅亦喜閱之，故往往置正課不理，其抽屜中小說雜書古典文學，無所不有。」〔註4〕「鏡吾公喜漢魏六朝古典文學，時時誦讀，雖因文義較爲深奧，未便以教初學生徒，但魯迅耳濡目染，已心領神會，能爲古典文學的

〔註1〕周啓明：《魯迅的青年時代》，魯迅博物館、魯迅研究室、《魯迅研究月刊》選編《魯迅回憶錄：專著》（中冊），北京出版社，1999年版，第881頁。
〔註2〕蔡顯良：《融冶篆隸於一爐聽任心腕之交應》，《榮寶齋》，2008年第6期。
〔註3〕參見蕭振鳴：《魯迅與民國書法》，《魯迅研究月刊》，2007年第7期。
〔註4〕壽洙鄰：《我也談談魯迅的故事》，魯迅博物館、魯迅研究室、《魯迅研究月刊》選編《魯迅回憶錄：散篇》（上冊），北京出版社，1999年版，第4頁。

筆墨。」〔註5〕由於壽鏡吾老先生的影響，魯迅對漢代的文學在啓蒙階段就很有親近感。如果以此觀察魯迅從日本歸國到新文化運動的那段一向被稱爲沉默時期的抄古碑的日子，就不能再僅僅視作只爲將生命儘快消去而消磨時光。雖然心情頹唐，或許也無心做什麼具體的事情，但這並不是無所爲，而是在爲將來做準備。魯迅在 1910 年給自己的摯友許壽裳的信中寫道：「又翻類書，薈集古逸書數種，此非求學，以代醇酒婦人者也。」〔註6〕這是他在當時的教育環境下無可奈何的選擇。他沒有辦法做想做的事，又不願隨從附合，只能做些在別人看來枯燥乏味的工作，而這在他來說則是在認眞的做事。這段時期的看似無聊的工作，其實都爲他以後的學術研究、文學創作和美術活動提供助力。

魯迅除了搜集漢魏六朝的碑拓外，一項重要的工作就是搜集漢畫像。1913 年 9 月 11 日，魯迅在日記中記道，「胡孟樂貽山東畫像石刻拓本 10 枚」，〔註7〕此後一直持續到他生命的盡頭，在 1936 年，仍託朋友搜集南陽漢畫像。與這種愛好相對應的是魯迅對《嵇康集》的偏愛，他校勘甚勤，從在北京教育部一直到生命結束。有學者認爲魯迅，「面對古人文獻時，一是嚴謹，一絲不苟；二是玩味之餘能吸其餘味，變爲己句；三是美感的把玩，能將舊籍的神魂描摹出來，幽情暗生。」〔註8〕因此，這些工作可能會給魯迅的創作帶來影響。他在雜文中曾說，「近幾時我想看看古書，再來做點什麼書，把那些壞種的祖墳刨一下。」〔註9〕這種「刨祖墳」的工作自然少不了對古籍的長期浸染、反覆玩味。魯迅在創作《故事新編》時，曾表示「並沒有將古人寫得更死」〔註10〕，這對於魯迅的文學創作自然也助力不少。在指導青年的木刻運動時，他表示爲了創造出一種更好的版畫來，「參酌漢代的石刻畫像」〔註11〕是很重要的。

〔註 5〕 壽洙鄰：《我也談談魯迅的故事》，魯迅博物館、魯迅研究室、《魯迅研究月刊》選編《魯迅回憶錄：散篇》（上冊），第 5～6 頁。

〔註 6〕 魯迅：《書信·101115 致許壽裳》，《魯迅全集》第 11 卷，人民文學出版社，2005 年版，第 335 頁。

〔註 7〕 魯迅：《日記·19130911》，《魯迅全集》第 15 卷，第 78 頁。

〔註 8〕 孫郁：《魯迅的浙東脾氣》，《學術月刊》，2011 年第 11 期。

〔註 9〕 魯迅：《書信·350104 致蕭軍、蕭紅》，《魯迅全集》第 13 卷，第 330 頁。

〔註 10〕 魯迅：《故事新編·序言》，《魯迅全集》第 2 卷，第 354 頁。

〔註 11〕 魯迅：《書信·350204 致李樺》，《魯迅全集》第 13 卷，人民文學出版社，2005 年版，第 373 頁。

對漢畫像的長期關注，並不僅僅是爲了藉以瞭解那時人的生活狀態和典章制度，更重要的是爲了吸取漢代人深沉雄大的氣象。相比當下僵死狹小的審美習慣，魯迅感歎道：「遙想漢人多少閎放，新來的動植物，即毫不拘忌，來充裝飾的花紋」，〔註 12〕「惟漢人石刻，氣魄深沉雄大」〔註 13〕，「漢畫像的圖案，美妙無倫」〔註 14〕。魯迅主張藝術要積極主動地參與社會現實，繪畫應發揮自身形象的直接可感的優勢，創造出普羅大眾能夠看得懂的作品，而不應走入脫離現實的有閒階級的藝術道路上去。漢畫像正是在這點上應和了魯迅的藝術需求，所以成了他終生不離不棄的美術珍藏。

既有的研究成果表明，漢畫像實際上是和漢代流行的喪葬禮俗緊密地聯繫在一起的。漢畫像的題材包羅萬象，既有人物、動物、建築、生產狀況等社會生活類，也有像孔子見老子、二桃殺三士、荊軻刺秦王等歷史故事類，還有如伏羲、女媧、三足鳥、九頭人面獸等神鬼祥瑞類，最後還有各種花紋圖案。這些都是當時人類處於特定時段思想觀念的反映。漢代人由於認識自然能力的提高，開始擺脫先秦時人們對鬼神的五體投地式的膜拜，生發出人類初步的主體意識。漢畫像的內容固然是爲死人創造出來的形象世界，但更是爲了活著的人服務的。它體現出了漢代人昂揚向上的對於自然界積極進取的信念，同時由於鬼神觀念的作用，又充滿了無窮無盡的想像，所以，這些作品既高度的模仿現實，也極盡誇張變形之能事。〔註 15〕更爲重要的是，漢畫像集中代表了漢代精神。「漢代精神是一種『席卷天下，包舉宇內』的雄渾氣魄，是我們民族初步形成時期特有的積極進取、蓬勃向上的樂觀主義精神，是一種崇尚陽剛之美的、大氣磅礴的英雄主義精神。漢代精神是一種宏闊的文化精神，這集中表現在漢代呈現出歷史上前所未有的統一和開放氣象，這也是漢代文化的精華。」〔註 16〕

正是由於漢畫像具有以上的品質，魯迅才對其投入如此巨大的熱情和精力。漢畫像在魯迅的藝術世界裏佔有舉足輕重的地位，並對以後的從事版畫運動有直接的補益。除了從文字裏瞭解中國古人的生活狀況和精神魂靈，漢

〔註 12〕 魯迅：《墳·看鏡有感》，《魯迅全集》第 1 卷，第 208 頁。
〔註 13〕 魯迅：《書信·350909 致李樺》，《魯迅全集》第 13 卷，第 539 頁。
〔註 14〕 許壽裳：《亡友魯迅印象記·許壽裳回憶魯迅全編》，上海文化出版社，2006 年版，第 41 頁。
〔註 15〕 參見蔣英炬、楊愛國：《漢代畫像石與畫像磚》，文物出版社，2001 年版。
〔註 16〕 徐永斌主編：《南陽漢畫像石藝術》，河南大學出版社，2007 年版，第 160 頁。

畫像也是魯迅所藉重的另一關鍵媒介。魯迅在文字領域裏，對野史很是青睞，認爲從中可以看到中國歷史的眞相。與此相對應的是，「文字往往是主流的、統一的、正統的、精英文化的代表；圖像往往是民間的、邊緣的、非正統的、市俗文化的表現。」〔註17〕他對漢畫像的青睞，可能想在文字記錄之外找到另一種較爲直觀的藝術形式以瞭解歷史上的人和事，以補助文字之所不及。有學者認爲，「魯迅對傳統的一個基本思路，那就是在主流文化之外的支流話語世界，存在著一個健康、朗然的精神世界，漢畫像的整理其實證明了先生非凡的視野，他意識到，如果說要復興舊的藝術，那自然是漢代畫像這樣的藝術。它們沒有道學的東西，是無僞的存在。」〔註18〕他在給友人的信中多次談到要擇取反映當時社會風俗者，如遊獵，鹵薄，宴飲之類編印成冊以傳世。〔註19〕他在指導當時的木刻青年進行版畫創作時，表示漢畫像具有重要的參考價值。「所以我的意思，是以爲倘參酌漢代的石刻畫像，明清的書籍插畫，並且留心民間所賞玩的所謂『年畫』，和歐洲的新法融合起來，許能夠創出一種更好的版畫。」〔註20〕

　　除了對他以後的版畫活動產生影響外，漢畫像對魯迅文學創作的影響也不容小覷。當他下筆欲創造出一系列的場景和形象時，在這之前，創作者的頭腦中一定是對其進行了預先的構造，在此構圖過程中，經常耳濡目染並且心嚮往之的漢畫像可能會發生作用。在魯迅的著作中，「漢畫像」共出現了49 次，其中有兩次出現在《廈門通信（三）》這篇雜文中，有四次出現在寫給友人的信中，其餘四十三次都出現在日記裏。巧合的是，它們出現的時間與魯迅的文學創作時間有著某種相關性。如圖 1 所示，「漢畫像」在魯迅著作中出現的次數與文學作品創作的數量，在 1927 年之前大致呈現此消彼長的態勢，而到了 1927 年之後，兩者則趨於一致。魯迅在 1918 年創作《狂人日記》之前，就已經開始收集漢畫像，並且呈現出癡迷的狀態。當他開始發表作品時，可能沒有太多的時間關注這一領域。但值得注意的是，1923 年作爲

〔註17〕朱存明：《漢畫像的象徵世界》，人民文學出版社，2005 年版，第 8 頁。

〔註18〕孫郁、趙曉生：《魯迅研究的幾個問題》，《渤海大學學報》（哲學社會科學版），2009 年第 1 期。

〔註19〕參見魯迅：《書信·340306 致姚克》、《書信·340324 致姚克》、《書信·340609 致臺靜農》，《魯迅全集》第 13 卷，人民文學出版社，2005 年版，第 39、48、145 頁。

〔註20〕魯迅：《書信·350204 致李樺》，《魯迅全集》第 13 卷，第 373 頁。

圖1　魯迅著作中「漢畫像」出現次數與文學作品數量比較圖〔註21〕

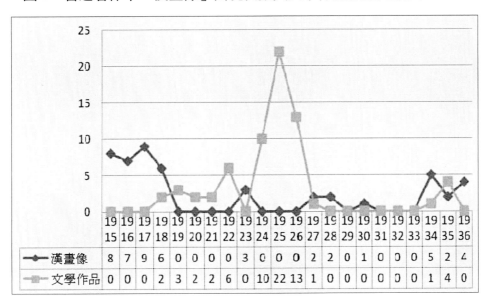

	1915	1916	1917	1918	1919	1920	1921	1922	1923	1924	1925	1926	1927	1928	1929	1930	1931	1932	1933	1934	1935	1936
漢畫像	8	7	9	6	0	0	0	3	0	0	0	0	2	2	0	1	0	0	0	5	2	4
文學作品	0	0	0	2	3	2	2	6	0	10	22	13	1	0	0	0	0	0	0	1	4	0

魯迅非常特別的時間點，這年他與周作人絕裂，一篇作品也沒有寫，但「漢畫像」卻在他的日記裏出現了三次。到了上海以後，有四五年的時間，漢畫像和文學創作幾乎同時在魯迅的生命裏消失，但湊巧的是，這兩項活動從1934年開始又同時出現在他生命裏。這種現象可能是巧合，也可能漢畫像以自身直觀的藝術形式，在某種程度上對他的創作力形成了激發。對這種聯繫提供論據支持的，是在魯迅的具體文學作品裏可以找到與漢畫像很多的相似之處。

二、漢畫像對《野草》和《故事新編》的影響

　　魯迅在後期收藏的漢畫像主要是河南南陽的漢畫像。南陽漢畫館成立於1935年10月10日，陳列收集到的180餘塊畫像石。魯迅在1934年即託臺靜農、王冶秋等朋友代為尋找拓片。他一定是得到了南陽漢畫像石的消息，所以託朋友代為搜集。與此同時，他開始了《故事新編》集中最後五篇小說的創作。魯迅對古代的神話、傳說進行重寫，有著對傳統文化正本清源的意味。他要將已經被寫得僵死的古人重寫，煥發出新的活力，從而為當下提供新的文化資源。漢畫像帶給他的視覺衝擊，或許會給他提供創作「故事新編」的

〔註21〕圖表中統計文學作品的數量單位是「篇」。

靈感吧。但翻閱魯迅最後創作的五篇小說，卻很難找到與漢畫像的直接聯繫。這裡大概存在著一種創作目的與創作實做之間的悖論。魯迅曾說，「油滑是創作的大敵，我對於自己很不滿」〔註22〕，並在給友人的信中多次表達這種看法〔註23〕。在對《故事新編》整體否定的情況下，魯迅對其也有局部肯定。他說「《不周山》的後半是很草率的，決不能稱爲佳作。」〔註24〕因爲現實的因素過多地參與了寫作，改變了原來的創作目的，並且「從認眞陷入了油滑」。〔註25〕除了《補天》的上半部分寫得認眞，魯迅認爲《鑄劍》寫得也較爲認眞。在1933年編印《魯迅自選集》時，他從《故事新編》里選的就是《奔月》和《鑄劍》。認眞地看這兩篇，魯迅所謂的「認眞」也許是自認爲寫出了遠古人類人性中的「偉麗雄壯」〔註26〕，而這又是經過專制的奴化訓練下的人們所急切需要的。試看《補天》和《鑄劍》中的幾段描寫：

> 粉紅的天空中，曲曲折折的漂著許多條石綠色的浮雲，星便在那後面忽明忽滅的睒眼。天邊的血紅的雲彩裏有一個光芒四射的太陽，如流動的金球包在荒古的熔岩裏；那一邊，卻是一個生鐵一般的冷而且白的月亮。(《補天》)

> 火勢並不旺，那蘆柴是沒有干透的，但居然也烘烘地響，很久很久，終於伸出無數火焰的舌頭來，一伸一縮的向上舔，又很久，便合成火焰的重臺花，又成了火焰的柱，赫赫的壓倒了崑崙山上的紅光。大風忽地起來，火柱旋轉著發吼，青的和雜色的石塊都一色通紅了，飴糖似的流佈在裂縫中間，像一條不滅的閃電。(《補天》)

> 嘩拉拉地騰上一道白氣的時候，地面也覺得動搖。那白氣到天半便變成白雲，罩住了這處所，漸漸現出緋紅顏色，映得一切都如

〔註22〕 魯迅：《故事新編・序言》，《魯迅全集》第2卷，人民文學出版社，2005年版，第353頁。

〔註23〕 參見魯迅：《書信・351123致邱遇》，《魯迅全集》第13卷，第589頁；《書信・360201致黎烈文》、《書信・360201致曹靖華》、《書信・360229致楊霽雲》、《書信・360203致增田涉》、《書信・360723致雅羅斯拉夫・普實克》，《魯迅全集》第14卷，第17、18、41、382、389頁。

〔註24〕 魯迅：《故事新編・序言》，《魯迅全集》第2卷，第354頁。

〔註25〕 魯迅：《故事新編・序言》，《魯迅全集》第2卷，人民文學出版社，2005年版，第353頁。

〔註26〕 魯迅：《書信・360328致增田涉》，《魯迅全集》第14卷，第386頁。

桃花。我家的漆黑的爐子裏，是躺著通紅的兩把劍。你父親用井華水慢慢地滴下去，那劍嘶嘶地吼著，慢慢轉成青色了。這樣地七日七夜，就看不見了劍，仔細看時，卻還在爐底裏，純青的，透明的，正像兩條冰。（《鑄劍》）

這三段描寫集色彩的絢爛與力的舞蹈於一體，描繪出恢宏壯觀的景象，張揚著浪漫的想像與無窮的生命力。這應當是魯迅所嚮往的遠古時的闊大雄偉。我們固不能說是漢畫像爲魯迅的描寫提供了模板，但也有可能是參與塑造的元素之一。深受楚文化影響的漢畫像，其造型靈魂飛揚，畫面熱烈奔騰，情感狂放不羈，而這些又深爲魯迅讚賞。因此，在描寫遠古彌漫於天地間汪洋恣肆的原初生氣時，漢畫像應當爲其提供了重要的參考。遺憾的是，魯迅並沒有獲得超然於當下的創作狀態，周圍的事情刺激著敏感的他，也不可避免地影響著作品的寫作由認眞變爲遊戲。在這種遊戲中，他暫且使得緊張的心神獲得緩解，但作品中的諷刺卻多過了對原初精神的刻繪，魯迅對於自己的創作很不滿。

如果說魯迅可能採取漢畫像中積極壯美的圖景來爲《故事新編》塑造遠古時的原初生氣助力的話，那麼，漢畫像這種墓葬藝術中獰厲驚悚的元素則可能影響著《野草》的寫作。爲了保證死者在另一個世界不受妖魔鬼怪的傷害，漢代人創造了一系列辟邪祈福的畫像，比如青龍、白虎、朱雀、玄武、鋪首銜環、神荼、鬱壘等。這些形象首先是作爲一種超人力的「惡」的化身出現的，它們與遠古時巫術的符咒的功能是相似的，既神秘又恐怖。這種藝術與以「夢與死亡」爲主題的《野草》的創作存在著某種程度的相似。魯迅自稱《野草》爲「大半是廢弛的地獄邊沿的慘白色小花」〔註27〕，這似乎和漢畫像這種裝飾死亡的藝術頗爲相近。有意思的是，魯迅在編輯《野草》期間，將自己的第一本雜文集題做《墳》，並在《後記》裏寫道：「惟願偏愛我的作品的讀者也不過將這當作一種紀念，知道這小小的丘隴中，無非埋著曾經活過的軀殼。」〔註28〕他在文章最後還引用了陸機憑弔曹操的悼文作結。或許魯迅在編輯完《墳》後，所畫的一幅小畫最能表現他當時的心情。如圖2所示，圖上的標號，「一是貓頭鷹，二象徵雨，三是天，四是樹，五是月，六

〔註27〕 魯迅：《二心集·〈野草〉英文譯本序》，《魯迅全集》第 4 卷，人民文學出版社，2005 年版，第 365 頁。
〔註28〕 魯迅：《墳·寫在〈墳〉後面》，《魯迅全集》第 1 卷，第 303 頁。

圖2　魯迅繪《墳》卷前小畫〔註29〕

是雲，七是『1907-25』」〔註30〕。這些外圍的裝飾的內容與漢畫像非常相似。與其將此圖看成是魯迅爲《墳》創作的插圖，不如將其視作他爲自己製作的墓碑。這裡面既有魯迅對過去的埋葬，也有對新生活的翹首期盼。

在《朝花夕拾》的《小引》裏，魯迅表達了這段時間「眞是雖生之日，猶死之年」〔註31〕。在編印《墳》、《野草》和《朝花夕拾》的這段日子裏，他感到了出奇的無聊，而這時與死亡相關的詞彙便密集地出現在他的文字中。試看這三本著作的《後記》和《小引》，「妖魔」、「神魂」、「新墳」、「埋藏」、「瞻仰皇陵」、「憑弔荒冢」、〔註32〕「陳迹」、「過往」、「築臺」、「掘坑」、「老死」、「埋掉自己」、「逝去」、「死便埋我」、「梟蛇鬼怪」、「毒死」、「僵

〔註29〕　此圖取自王錫榮：《魯迅的藝術世界》，第 29 頁。有剪裁。
〔註30〕　王錫榮：《魯迅的藝術世界》，江蘇文藝出版社，2009 年版，第 29 頁。
〔註31〕　魯迅：《朝花夕拾·小引》，《魯迅全集》第 2 卷，人民文學出版社，2005 年版，第 235 頁。
〔註32〕　魯迅：《墳·題記》，《魯迅全集》第 1 卷，第 4～5 頁。

屍」、「鬼魂」、「舊壘」、「詛咒」、「毀滅」、「丘隴」、「軀殼」、〔註33〕「死亡」、「朽腐」、「陳死人」、「靜穆」、〔註34〕「雖生之日，猶死之年」〔註35〕等便充斥其間。考察這些詞彙，它們似乎是構成了魯迅生命很重要的底色。此類詞彙普遍存在於他的創作中，尤其是在他心情比較低落的時候。魯迅自稱「心情太頹唐了」之〔註36〕的《野草》，裏面與此相似的用詞也特別集中。據統計，「死」在《野草》13 篇散文詩中出現了 51 次；「夢」在 9 篇中出現了 22 次；「夜」在 10 篇中出現了 30 次；「墳」在 3 篇中出現了 10 次；「墓」在一篇中出現了 4 次；「地獄」在兩篇中出現了 15 次；「鬼」在兩篇中出現了 18 次；「魂」在 5 篇中出現了 16 次。這八個詞彙最集中出現的篇目是《墓碣文》和《失掉的好地獄》。我們從這兩篇散文詩中或許可以尋找到魯迅所喜愛的漢畫像所發生的影響。首先從題目上看，「地獄」和「墓碣」是和死亡相關的，這也是漢畫像所傾力描繪的世界。這兩篇頗具魯迅通體黑色裝扮意味的散文詩，可能是借用了漢畫像所表現的死亡世界來造型，從而表達魯迅自身的哲思。魯迅稱《野草》是在「碰了許多釘子之後寫出來的」〔註37〕，是「廢弛的地獄邊沿的慘白色小花」〔註38〕。他對於這小花自然有留戀，正像在其他地方所表達的一樣，「所謂回憶者，雖說可以使人歡欣，有時也不免使人寂寞，使精神的絲縷還牽著已逝的寂寞的時光，又有什麼意味呢，而我偏苦於不能全忘卻，這不能全忘的一部分，到現在便成了《吶喊》的來由。」〔註39〕魯迅對於這些回憶也是警醒的，認為這就像他在兒時吃過的蔬果一樣，是「思鄉的蠱惑」，「也許要閧騙我一生，使我時時反顧。」〔註40〕魯迅對回憶的反思並不僅僅局限於此，他在《失掉的好地獄》裏進一步寫道，當鬼魂們在魔鬼的統治下，看到了慘白可憐的小花時，「被大蠱惑，倏忽間記起人世，默想至不知幾多年，遂同時向著人間，發一聲反獄的絕叫。」〔註41〕不過這由「小

〔註33〕 魯迅：《墳‧寫在〈墳〉後面》，《魯迅全集》第 1 卷，第 298～303 頁。

〔註34〕 參見魯迅：《野草‧題辭》，《魯迅全集》第 2 卷，第 163 頁。

〔註35〕 參見魯迅：《朝花夕拾‧小引》，《魯迅全集》第 2 卷，第 235 頁。

〔註36〕 魯迅：《書信‧341009 致蕭軍》，《魯迅全集》第 13 卷，第 224 頁。

〔註37〕 魯迅：《書信‧341009 致蕭軍》，《魯迅全集》第 13 卷，第 224 頁。

〔註38〕 魯迅：《二心集‧〈野草〉英文譯本序》，《魯迅全集》第 4 卷，第 365 頁。

〔註39〕 魯迅：《吶喊‧自序》，《魯迅全集》第 1 卷，第 437 頁。

〔註40〕 魯迅：《朝花夕拾‧小引》，《魯迅全集》第 2 卷，第 236 頁。

〔註41〕 魯迅：《野草‧失掉的好地獄》，《魯迅全集》第 2 卷，人民文學出版社，2005 年版，第 204 頁。

花」的蠱惑所帶來的卻不是找尋回了「失掉的好地獄」，恰恰相反，「當鬼魂們又發一聲反獄的絕叫時，即已成為人類的叛徒，得到永劫沉淪的罰，遷入劍樹林的中央」，「曼陀羅花立即焦枯了」。〔註42〕回憶使得人迷失，陷入了更為絕望的境地，而欲得到拯救，唯一可取的是直面當下的絕望。在寫完《失掉的好地獄》的次日，魯迅即創作《墓碣文》。墓碣上寫道：「於浩歌狂熱之際中寒；於天上看見深淵。於一切眼中看見無所有；於無所希望中得救。」〔註43〕這是對鬼魂們受了回憶的蠱惑沉淪到無可拯救的地獄後進行反思從而獲得的自救的新路。必須拋棄一切幻想和留戀，離開這即使抉心自食，但由於心已陳舊而無法知其本味的死屍。對於沉溺於過去的人們，魯迅在後面創作的《淡淡的血痕中》這樣說道：

> 幾片廢墟和幾個荒墳散在地上，映以淡淡的血痕，人們都在其間咀嚼著人我的渺茫的悲苦。但是不肯吐棄，以為究竟勝於空虛，各各自稱為「天之僇民」，以作咀嚼著人我的渺茫的悲苦的辯解，而且悚息著靜待新的悲苦的到來。新的，這就使他們恐懼，而又渴欲相遇。〔註44〕

這樣的糾纏於過去，於現實是不能有任何補益的。魯迅接著塑造出了心目中的理想人物，「叛逆的猛士出於人間；他屹立著，洞見一切已改和現有的廢墟和荒墳，記得一切深廣和久遠的苦痛，正視一切重疊淤積的凝血，深知一切已死，方生，將生和未生。」〔註45〕魯迅通過建構「地獄」和「墳墓」這兩個場所，表達著對傳統與當下的思考，他反抗一切貌似充滿希望的溫情的誘惑，直面頹壞的現實，而只有如此，才可以開闢出一條求生之路。這可能會與魯迅長期浸淫其間的漢畫像和碑拓存在著聯繫。他從那些為死人所造的藝術中汲取靈感，讓故事發生在生死之間，向死而生，場景陰森駭人，但卻有著一種摒棄淺薄溫情之後的清醒，希望正寄予其間。

漢畫像對《野草》創作的影響還表現在對人物、事件和環境的描寫上。它與《故事新編》裏致力於恢宏壯觀的描寫不同，呈現出「悲涼漂渺」〔註46〕的風格。試看下面幾段描寫：

〔註42〕 魯迅：《野草·失掉的好地獄》，《魯迅全集》第2卷，第205頁。
〔註43〕 魯迅：《野草·墓碣文》，《魯迅全集》第2卷，第207頁。
〔註44〕 魯迅：《野草·淡淡的血痕中》，《魯迅全集》第2卷，第226頁。
〔註45〕 魯迅：《野草·淡淡的血痕中》，《魯迅全集》第2卷，第226～227頁。
〔註46〕 魯迅：《野草·希望》，《魯迅全集》第2卷，第181頁。

別的，在晴天之下，旋風忽來，便蓬勃地奮飛，在日光中燦燦地生光，如包藏火焰的大霧，旋轉而且升騰，彌漫太空，使太空旋轉而且升騰地閃爍。（《雪》）

我的身上噴出一縷黑煙，上昇如鐵線蛇。冰谷四面，又登時滿有紅焰流動，如大火聚，將我包圍。（《死火》）

我繞到碣後，才見孤墳，上無草木，且已頹壞。即從大闕口中，窺見死屍，胸腹俱破，中無心肝。而臉上卻絕不顯哀樂之狀，但蒙蒙如煙然。（《墓碣文》）

當她說出無詞的言語時，她那偉大如石像，然而已經荒廢的，頹敗的身軀的全面都顫動了。這顫動點點如魚鱗，每一鱗都起伏如沸水在烈火上；空中也即刻一同振顫，彷彿暴風雨中的荒海的波濤。（《頹敗線的顫動》）

這些描寫一方面呈現出「息息變幻，永無定形」〔註47〕的動態，另一方面，又表現出悲涼慷慨的筋骨。在飛騰漂渺的意象中含著魯迅對人世冷靜深沉的思考，在棄絕廉價樂觀的同時又昂揚著永遠進擊的精神。這是對溫柔敦厚詩風的反叛，它追求「飛揚的極致的大歡喜」〔註48〕。與傳統的不語怪力亂神不同，魯迅喜歡在描寫中加入素爲中國避之唯恐不及的「惡物」，經過一番藝術處理，使其展現出一種既攝人心魄又冷澀奇峻的美感。這些「惡物」與魯迅筆下升騰變幻的景象形成張力，對被長期以來在主張靜美的文學傳統裏浸染的國人構成巨大的視覺衝擊，使沉靜的心警醒。

三、漢畫像對魯迅文學語言的影響

有的學者用「內攝兼外鑠」〔註49〕來概括魯迅文學中的修辭特徵，認爲魯迅將複雜深刻的思想藏於文字的深層，而文字又追求犀利流暢的風格，因此形成一種矛盾力，成就了自己獨特的語言風格。沿用此說，魯迅文字的「內攝」無疑是他當時既對現實充滿絕望但又決然向其進擊的矛盾心態，而

〔註47〕 魯迅：《野草・死火》，《魯迅全集》第 2 卷，人民文學出版社，2005 年版，第 200 頁。
〔註48〕 魯迅：《野草・復仇》，《魯迅全集》第 2 卷，第 176 頁。
〔註49〕 〔新加坡〕林萬菁：《論魯迅修辭：從技巧到規律》，萬里書局，1986 年版，第 19～32 頁。

「外鑠」則以升騰漂渺的極致的美學風格將其表現出來。魯迅在從事文學創作之前就沉迷其間的漢畫像，以其簡潔質樸的藝術形式，「負載著大量隱秘信息的文化密碼，是漢代社會形象的文化標記」〔註50〕。這對魯迅文字的「內攝」和「外鑠」方面都產生了影響。他的文字裏包含了如此多的互相衝突的思想，與他沉默的北京六年是相關的。在經歷過《新生》流產，「見過了辛亥革命，見過二次革命，見過袁世凱稱帝，張勳復辟，看來看去，就看得懷疑起來，於是失望，頹唐得很了。」〔註51〕在這種對現實日益絕望的過程中，「於是用了種種法，來麻醉自己的靈魂，使我沉入於國民中，使我回到古代去」〔註52〕。如此說來，沉醉在漢畫像和碑拓的世界裏，就算是這方法中很有效的手段之一吧。但魯迅真的就完全頹唐了嗎？也不盡然。如果要真是這樣，那麼不管錢玄同如何的勸說，也不會有後來的創作了。這段時期和他後來所描寫的「死火」是相似的。雖然即將凍滅，但一旦稍遇溫熱，他會即刻再行燃燒。不過他認為即使這樣的溫熱出現了，也會「有大石車突然馳來，我終於碾死在車輪底下」〔註53〕。魯迅在後來給許廣平的信中回憶以前的生活時說，「向來不為自己生活打算，一切聽人安排，因為那時豫料是活不久的。」〔註54〕他抱著待死之心沉入漢畫像這種為死人準備的藝術裏，欣賞到了人死以後所看不到為他們創作的想像世界。這是一種只有跨越生死兩界才能看到的藝術，活人和死人都看不到，而魯迅卻以一顆待死之心幸運地看到了。魯迅需要外部的溫熱將其喚醒，但漢畫像這種為死人準備的藝術未嘗沒有給予他這種溫熱。千百年來，人死後，誰又能看到為自己創作的畫像和碑文呢？更何況漢畫像所展現出的狂放恢宏的生命力，未必就不給他帶來對生的留戀和對未來的希望。魯迅在漢畫像裏往返生死之界，徘徊在希望和絕望的邊緣，使得他的思想更加的深刻和豐富。

漢畫像以線描作為主要造型手段，其畫面簡潔流暢，又質樸雄厚。魯迅的語言以簡潔犀利為主要特徵，而將豐富複雜的思想藏於其中。這與漢畫像

〔註50〕徐永斌主編：《南陽漢畫像石藝術》，河南大學出版社，2007 年版，第 161 頁。

〔註51〕魯迅：《南腔北調集·〈自選集〉自序》，《魯迅全集》第 4 卷，人民文學出版社，2005 年版，第 468 頁。

〔註52〕魯迅：《吶喊·自序》，《魯迅全集》第 1 卷，第 440 頁。

〔註53〕魯迅：《野草·死火》，《魯迅全集》第 2 卷，第 201 頁。

〔註54〕魯迅：《兩地書·八三》，《魯迅全集》第 11 卷，第 225 頁。

有著異曲同工之妙。不能武斷地說，是漢畫像形成了魯迅的語言風格，畢竟還有其他眾多的因素在起著作用，但漢畫像可能是這眾多起作用的因素中的一個部分吧。

漢畫像對魯迅語言「內攝兼外鑠」的影響，集中地表現在意象的塑造過程中。在眾多的意象中，「梟蛇鬼怪」類的意象最爲獨特，也最能反映魯迅的思想。在與許廣平的戀愛中，他曾用這個名稱作爲她的代名詞，「我就愛梟蛇鬼怪，我要給他踐踏我的特權。我對於名譽，地位，什麼都不要，我只要梟蛇鬼怪夠了。」〔註 55〕這類意象包括蛇、貓頭鷹和狼等。與「蛇」緊密相關的有「大毒蛇」〔註 56〕、「赤練蛇」〔註 57〕、「鐵線蛇」〔註 58〕、「長蛇」〔註 59〕、「毒蛇」〔註 60〕、「金蛇」〔註 61〕、「青梢蛇」〔註 62〕、「蝮蛇」〔註 63〕等；與「貓頭鷹」最相近的是《藥》中的「烏鴉」，此外還有「兀鷹」〔註 64〕、「鷹鸇」〔註 65〕、「獅虎鷹隼」〔註 66〕、「惡鳥」〔註 67〕、「鴟鴉」〔註 68〕、「怪鴟」〔註 69〕等。無論是蛇、貓頭鷹，還是狼，在中國傳統文化裏，都是人們避之唯恐不及的惡物，認爲會給自己帶來不祥的厄運。但正是由於人們對它們的憎惡和恐懼，它們也被賦予了神秘的魅惑。它們與魯迅早期所呼喚的「不和眾囂，獨具我見之士」〔註 70〕在精神上是相似的，但那時的熱情和自信冷卻了，添加了孤絕冷傲，同時也變得更有力量。它們在某種程度上是魯

〔註 55〕 魯迅：《書信・270111 致許廣平》，《魯迅全集》第 12 卷，第 10～11 頁。

〔註 56〕 魯迅：《吶喊・自序》，《魯迅全集》第 1 卷，第 439 頁。

〔註 57〕 魯迅：《野草・我的失戀》，《魯迅全集》第 2 卷，第 174 頁。

〔註 58〕 魯迅：《野草・死火》，《魯迅全集》第 2 卷，第 201 頁。

〔註 59〕 魯迅：《野草・墓碣文》，《魯迅全集》第 2 卷，第 207 頁。

〔註 60〕 魯迅：《華蓋集・雜感》，《魯迅全集》第 3 卷，第 52 頁。

〔註 61〕 魯迅：《集外集・斯巴達之魂》，《魯迅全集》第 7 卷，人民文學出版社，2005 年版，第 15 頁。

〔註 62〕 魯迅：《集外集拾遺・對於〈新潮〉一部分的意見》，《魯迅全集》第 7 卷，第 235 頁。

〔註 63〕 魯迅：《集外集拾遺・對於〈新潮〉一部分的意見》，《魯迅全集》第 7 卷，第 235 頁。

〔註 64〕 魯迅：《野草・過客》，《魯迅全集》第 2 卷，第 197 頁。

〔註 65〕 魯迅：《華蓋集・夏三蟲》，《魯迅全集》第 3 卷，第 42 頁。

〔註 66〕 魯迅：《且介亭雜文末編・半夏小集》，《魯迅全集》第 6 卷，第 619 頁。

〔註 67〕 魯迅：《野草・秋夜》，《魯迅全集》第 2 卷，第 167 頁。

〔註 68〕 魯迅：《故事新編・鑄劍》，《魯迅全集》第 2 卷，第 440 頁。

〔註 69〕 魯迅：《集外集・「音樂」？》，《魯迅全集》第 7 卷，第 56 頁。

〔註 70〕 魯迅：《集外集拾遺補編・破惡聲論》，《魯迅全集》第 8 卷，第 27 頁。

迅自我的化身，承載著他內心深處最隱秘的文化情結。

關於這類意象的形成過程，靳新來的博士論文《「人」與「獸」的糾葛》中有著詳細的論述。他認為，魯迅童年閱讀的《山海經》，中國比興文學傳統下的《莊子》、佛教、尼采的《查拉圖斯特拉如是說》和西方的自然科學，對魯迅的動物意象起著重要的影響。〔註71〕這些因素可能確實對蛇、貓頭鷹和狼等意象的形成發揮了作用，但它們畢竟是魯迅整體人生經驗和思想認識的結晶，而不可能是受了哪一種或幾種因素的影響即可造就的。漢畫像可能也是參與了這種塑造的過程並發揮了自己的影響的。在 1923 年時，蔡元培曾向魯迅索要漢畫像中有關人首蛇身的拓片，魯迅回信並附上自己的收藏三枚，還作了詳細的解釋，認為「此畫似多刻於頂層，故在殘石中頗難觀也」〔註72〕，可見他當時對此已有研究。在魯迅北京時期收藏的山東、江蘇、甘肅、四川的漢畫像中，關於青龍、白虎、朱雀、玄武這四象的不僅有單獨的，而且還較多地作為裝飾存在於其他的畫像中。魯迅一直保持著對這些祥瑞之獸的喜愛，他晚年託朋友搜集到的南陽漢畫像裏，「對於『四靈』和獸鬥的刻畫，約有 80 餘幅，為數不可謂少。」〔註73〕這四像是人們「根據天的星宿的圖像的圖式而幻想出一種形象，然後與人所見到或想像到的圖像相聯屬，然後在命名的過程中形成一種文化的傳統，上昇為一種人文的知識體系」〔註74〕。這體現出了古人想像自身與世界的關係的思維特徵，裏面既有對現實的觀察，又有對未知世界的嚮往。這種基於人類目光所及而又超越所見塑造出來的四象，是古人既希望把握認識自然又恐懼敬畏自然的產物。我們固不能說魯迅筆下的「蛇」、「貓頭鷹」和「狼」意象來自於四象，但它們存在著外形特徵和精神氣質的相似。在外形特徵上，玄武是龜蛇的合體，也有學者認為，「綜合起來看，龍是以蛇為基礎的。而發展變化了的蛇圖騰象就是龍的形象」〔註75〕；「貓頭鷹」和朱雀所代表的猛禽也有相似之處；「狼」和白虎所代表的老虎同屬猛獸，並且在魯迅收集到的漢畫像裏的惡獸裏，如圖 3、圖 4 所示，有些與「狼」的外形頗相似。也許外形的相似還在其次，魯迅顯然更注

〔註71〕參見靳新來：《「人」與「獸」的糾葛：魯迅筆下的動物意象》，上海三聯書店，2010 年版。
〔註72〕參見魯迅：《書信・23010 致蔡元培》，《魯迅全集》第 11 卷，第 433 頁。
〔註73〕李允經：《魯迅與中外美術》，書海出版社，2005 年版，第 231 頁。
〔註74〕朱存明：《漢畫像的象徵世界》，人民文學出版社，2005 年版，第 232 頁。
〔註75〕徐乃湘、崔岩峋：《說龍》，紫禁城出版社，1987 年版，第 13 頁。

圖3　魯迅收藏的山東漢畫像之一〔註76〕

圖4　魯迅藏肥城孝堂山新出土畫像（局部）〔註77〕

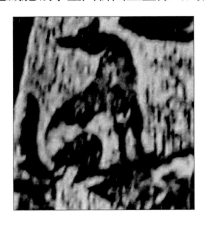

重它們的內在精神氣質。傳統的「龍」、「鳳」和「虎」已經過多地沾染上了權力的色彩，失去了他們本有的野性和活力，而「蛇」、「貓頭鷹」和「狼」則被人們塑造成邪惡的代表，但同時也幸運地保留了自己獨立無羈的本性。它們都屬於超出人力所能控制的範圍之外的動物，既神秘又有力量，讓人心生畏懼。但這並不是說上述漢畫像中的動物就是魯迅所創造意象的原型，只不過他在留戀忘返於其間的時候，未嘗不可能從中得到某種程度的啓發。試

〔註76〕　此圖取自北京魯迅博物館、上海魯迅紀念館編：《魯迅藏漢畫像》（二），上海人民美術出版社，1991年版，圖二二五，有剪裁。
〔註77〕　此圖取自北京魯迅博物館、上海魯迅紀念館編：《魯迅藏漢畫像》（二），圖三〇，有剪裁。

看對它們的描寫：

> 我的身上噴出一縷黑煙，上昇如鐵線蛇。(《死火》)

> 此外則貓頭鷹，鳴極慘厲。(《懷舊》)

> 忽然，他流下淚來了，接著就失聲，立刻又變成長嗥，像一匹受傷的狼，當深夜在曠野中嗥叫，慘傷裏夾雜著憤怒和悲哀。(《孤獨者》)

> 笑聲即刻散佈在杉樹林中，深處隨著有一群燐火似的眼光閃動，倏忽臨近，聽到咻咻的餓狼的喘息。第一口撕盡了眉間尺的青衣，第二口便身體全都不見了，血痕也頃刻舔盡，只微微聽得咀嚼骨頭的聲音。(《鑄劍》)

它們都與黑夜和死亡相關，在靜默中蓄積著駭人的暴發力，以奇峰突起之勢打破人們的視覺慣性，使得讀者獲得新的審美感受。

與「貓頭鷹」頗相似的另一意象——「烏鴉」，同樣也是為人們素不喜歡的惡禽。魯迅對其情有獨衷，《藥》對它的刻畫更是給人留下深刻印象：

> 那烏鴉也在筆直的樹枝間，縮著頭，鐵鑄一般站著。(《藥》)

> 他們走不上二三十步遠，忽聽得背後「啞——」的一聲大叫：兩個人都竦然的回過頭，只見那烏鴉張開兩翅，一挫身，直向著遠處的天空，箭也似的飛去了。(《藥》)

這裡的烏鴉冷冷地看著眼前發生的一切，任憑夏四奶奶如何求乞，絕不給予絲毫廉價的希望，「但居於布施者之上，給予煩膩，疑心，憎惡」〔註78〕，「用無所為和沉默求乞」〔註79〕。魯迅雖然為了聽將令，「不恤用了曲筆，在《藥》的瑜兒的墳上平空添上一個花環」〔註80〕，但他用「鐵鑄一般站著」的烏鴉，轉瞬間又消解了這些微的人造的亮色。巧合的是，在魯迅的收藏中就有很多含有烏鴉的漢畫像，有的是單獨成幅，表現神話傳說中的三足烏托著太陽而形成日出日落。圖 5 太陽正中有隻烏鴉，另一隻則在向右飛行。據

〔註78〕魯迅：《野草・求乞者》，《魯迅全集》第 2 卷，人民文學出版社，2005 年版，第 171 頁。

〔註79〕魯迅：《野草・求乞者》，《魯迅全集》第 2 卷，人民文學出版社，2005 年版，第 172 頁。

〔註80〕魯迅：《吶喊・自序》，《魯迅全集》第 1 卷，人民文學出版社，2005 年版，第 441 頁。

學者研究，「漢畫像圖像中，日中有鳥和扶桑樹上群鳥飛翔的圖像是極典型的」。〔註81〕不僅如此，因爲這種鳥象徵著太陽，因此有了代表時間的意味。它還作爲裝飾或者表達時間流逝而廣泛存在於其他漢畫像中。如圖 6 所示，在魯迅收藏的漢畫像中，只要有車馬出行，那麼這種鳥便會出現。如圖 7 所示，在泗水撈鼎的畫像中，烏鴉不僅出現在天空，而且充斥在撈鼎的周圍，這不僅起到裝飾性的效果，而且也是古人表達時間流逝的方式。

圖 5　魯迅藏肥城孝堂山郭氏石室畫像（中脊底部）〔註82〕

圖 6　魯迅藏肥城孝堂山郭氏石室畫像（正壁右上）局部〔註83〕

〔註81〕 朱存明：《漢畫像的象徵世界》，人民文學出版社，2005 年版，第 177 頁。
〔註82〕 此圖取自北京魯迅博物館、上海魯迅紀念館編：《魯迅藏漢畫像》（二），圖二五，有剪裁。
〔註83〕 此圖取自北京魯迅博物館、上海魯迅紀念館編：《魯迅藏漢畫像》（二），上海人民美術出版社，1991 年版，圖二六，有剪裁。

圖7　魯迅藏嘉祥武氏祠畫像（武班石室）〔註84〕

　　「烏鴉」還出現在《奔月》裏，但內涵與《藥》裏面的有了很大的不同。如果說後者是高居於悲喜之上的拯救者，那麼前者則是落入凡塵的困頓者，充滿了無奈的氣息。后羿的弓在從前是射日的，也就是射那隻三足烏的，而現在則只能射其落入凡塵中的後裔——烏鴉了，整天吃烏鴉炸醬麵。一為從太陽中承繼了力量的超人，一為整日忙於柴米油鹽的凡夫俗子，內涵截然相反，卻也可以說成是漢畫像中那隻太陽鳥的一體兩面。由於烏鴉是太陽的象徵，又廣泛出現在魯迅收藏的漢畫像中，他受其影響創作出自己文學作品中的意象，應該是存在著這種可能性的。

〔註84〕此圖取自北京魯迅博物館、上海魯迅紀念館編：《魯迅藏漢畫像》（二），圖六一，有剪裁。

拾貳、魯迅白俄敘事考論

楊　慧[*]

【基金項目】

　　本書爲國家社科基金項目「中國現代文學中的白俄敘事研究（1928～1937）」
（項目編號 13CZW085）的階段性成果。

　　摘要：通過對魯迅的生活世界與文本世界進行考證與細讀，發現魯迅筆下存
在著爲數不少的白俄敘事。作爲中國現代史上一個獨特的「他者」，白俄構成了有
關西方、現代、歷史與革命的多重鏡象。而魯迅正是在那些深刻關涉個人的思想
轉向，以及現代中國之社會變革、文化狀況、乃至革命走向的重要議題上敏銳地
發現了白俄對於自身以及國人獨特的「喚醒」與「質疑」功能，這是魯迅爲建設
「拿來」的現代中國所作出的獨特貢獻之一。

---

[*] 楊慧，男，（1978～），遼寧遼陽人，清華大學文學博士，廈門大學中文系副教授，
　研究方向爲中國現代文學。

　　魯迅與俄國及蘇聯的關係，關聯著文學、革命、想像、政治等諸多領域的重要問題，因而成爲魯迅研究界長期以來的一個熱點。〔註1〕而通過爬梳和學習諸位學界先進的經驗可以發現，就時代而論，這些深入的研討幾乎全部沿著沙皇俄國（簡稱沙俄）與蘇維埃俄國（包括蘇聯，簡稱蘇俄）這兩條進路而展開。但據筆者對魯迅的生活世界與文本世界進行考證與細讀，發現除了沙俄和蘇俄之外，魯迅筆下還有爲數不少的白俄敘事。作爲俄國十月革命之後被迫流散國外的一個龐大群體，白俄成爲中國乃至世界現代史上一個獨特的存在，〔註2〕他們流動在中國歷史與革命的深處，構成了沙俄與蘇俄的獨特鏡象。而通過對魯迅的白俄敘事進行考論，我們將發現，這裡隱藏著破解魯迅與俄蘇關係問題，並進而走向魯迅思想深處的另一條進路。

一、反抗「寂寞」：魯迅與白俄的相遇

　　倘若追溯中國現代文學中的白俄敘事，魯迅在 1922 年發表的《爲「俄國歌劇團」》一文開此先河。1922 年 4 月 4 日晚，魯迅陪同俄國盲詩人愛羅先珂去北京第一舞臺觀看「俄國歌劇團」演出的《游牧情》，並在 4 月 9 日作《爲「俄國歌劇團」》一文刊於當日晨報副刊。〔註3〕據當時主編晨報副刊的孫伏園回憶，該團是沙皇時代三大歌劇團之一，「十月革命」後一路向東，流亡國外，經哈爾濱、長春，沿途賣藝，最終來到北京。〔註4〕自 1922 年 4 月 3 日

〔註1〕 魯迅在世時，就已有學者開始進行有關魯迅與俄國著名作家的比較研究，建國以後，特別是「新時期」以來，這方面的研究更是不勝枚舉。較具代表性的研究可參見趙景深：《魯迅與柴霍甫》，《文學周報》第 8 卷第 351 卷，1929年；錫金：《魯迅與高爾基》，《中學生活》第 2 卷第 1 期，1939 年；王富仁：《魯迅前期小說與俄羅斯文學》，陝西人民出版社，1983 年；李春林：《魯迅與陀思妥耶夫斯基斯基》，安徽文藝出版社，1985 年；孫郁：《蘇俄文化影子下的蘇聯》，《解放軍藝術學院學報》，2003 年第 3 期。

〔註2〕 「白俄」特指那些在十月革命以後，特別是國內戰爭和外國軍事干涉期間，「代表統治階級」利益，並敵視蘇聯的遷居國外者。參見《蘇聯大百科全書》第 3 冊之「白俄」詞條，莫斯科：蘇聯百科全書出版社，1970 年版，第 161頁；據當時的國際聯盟統計，僅在 1920 年代末，白俄總數已在 150 萬人以上，以地域視之，歐洲最多，其中又以法國爲最，計 40 餘萬，在遠東則以中國人數最多，大約 7 萬 6 千人。文宙：《十年流浪的白俄狀況》，《東方雜誌》第 25卷第 1 號，1928 年 1 月 10 日。

〔註3〕 魯迅博物館魯迅研究室編：《魯迅年譜》（增訂本），人民文學出版社，1981年，第 71 頁。

〔註4〕 參見孫伏園：《〈鴨的喜劇〉——〈吶喊〉談叢》，孫伏園、孫福熙：《孫氏兄弟談魯迅》，新星出版社，2006 年版，第 231 頁。

起，俄國歌舞團在北京開始了爲期兩個多月的一系列演出。〔註5〕值得注意的
是，此次演出活動得到了北京新文學界，特別是「愛美劇」同人的大力支
持。陳大悲和他領導的新中華戲劇協社在推廣宣傳、指導觀眾等方面做了大
量工作，1922 年 4 至 5 月的《晨報副刊》上甚至出現了一波討論俄國歌劇的
小高潮。而作爲這一波討論熱潮的首發之作，《爲「俄國歌劇團」》卻顯得非
常特別。因爲魯迅在這次觀演過程中，關注的既不是歌劇的技術，也非觀眾
的素質，而是表演者自身的態度，而對前兩者的討論正構成了其他文章的共
同主題。〔註6〕

在《爲「俄國歌劇團」》一開篇，魯迅就提出了一個頗具悖謬的問題：
「我不知道，——其實是可以算知道的，然而我偏要這樣說，——俄國歌劇
團何以要離開他的故鄉，卻以這美妙的藝術到中國來博一點茶水喝。你們
還是回去罷！」所謂「其實是可以算知道的」，是指魯迅在理性上清楚俄國
歌舞團的流亡處境，爲了生計他們不得不來，而之所以偏要說「不知道」，
緣於魯迅不忍心看到這種「美妙的藝術」遭受翠塵珠坱的命運。曾有學者指
出，《爲「俄國歌劇團」》一文的主題是「寂寞」，這應該是一個在文本內外
都有證據的論斷。在魯迅看來，俄國演出者在臺上是寂寞的，那些由「兵」
和「非兵」組成的看客們只在看見臺上接吻時才鼓掌叫好，以至於「我」
很爲表演者惋惜。而臺下的「我」雖身在幾百名觀眾的包圍之中，卻也是
寂寞的，竟有身在「沙漠」之感。文本之外，魯迅曾用「沙漠」來形容 1920
年代初的北京社會，而「寂寞」更是他反覆用來定義自己這一時段心境的詞
匯。〔註7〕

〔註5〕 查閱 1922 年的《晨報》，「第一舞臺俄國歌舞團」的最後一次演出廣告刊登於
6 月 9 日，廣告內容是當晚八點半最後一次演出《情之波》。

〔註6〕 這些文章大多著眼於借鑒戲劇形式的層面，那些魯迅耿耿於懷的低俗掌聲也
並未被忽略，據稱這一問題在新中華戲劇協社對觀眾的積極宣傳和指導之下
基本上得到解決，而觀眾人數也有大幅提高。相關討論可參見陳大悲：《看俄
羅斯歌舞劇的雜感》，《晨報副刊》，1922 年 4 月 21 日，曙青：《第一舞臺觀俄
國歌劇有感》，《晨報副刊》，1922 年 5 月 7 日。新中華戲劇協社：《介紹俄羅
斯歌舞劇》，《晨報副刊》，1922 年 4 月 15 日。

〔註7〕 陸耀東引述了魯迅 1920 年 12 月 14 日致青木正兒的信、1925 年的《華蓋集·
有趣的消息》以及 1935 年的《中國新文學大系小說二集序》中對自己當時寂
寞心情的描述，而在《有趣的消息》中，魯迅更是直接將北京比作「一片大
沙漠」。參見陸耀東：《〈熱風〉注釋札記兩則》，《武漢大學學報》（社會科學
版），1981 年第 4 期。

不過「寂寞」並非魯迅這篇文章的全部意涵，反抗「寂寞」才是其深層的指向。在「沙漠」般的劇場中，「沒有花，沒有詩，沒有光，沒有熱。沒有藝術，而且沒有趣味，而且至於沒有好奇心。」在「我」看來，這顯然是一場「寂寞」的失敗表演，「我是怎麼一個怯弱的人呵。倘使我是一個歌人，我的聲音怕要銷沉了罷。沙漠在這裡。然而他們舞蹈了，歌唱了，美妙而且誠實的，而且勇猛的。」〔註8〕因而，所謂「寂寞」是作為觀眾的「我」的個人感受，而隱藏其後的是唯觀眾態度是從的評價標準，因而這種「寂寞」的感受其實不過是「我」的「怯弱」的另一種表達。但在白俄演員真誠而勇猛的表演對照之下，這種「怯弱」一再受到自我批判，而「我」也終於鼓起勇氣，唱響了「對於沙漠的反抗之歌」。〔註9〕因而，這場演出真正讓魯迅感動的是白俄歌舞團反抗並戰勝「寂寞」的勇猛，他們就像魯迅最為欣賞的哲學家尼采筆下的超人一樣，從不理會庸眾的喝彩、冷漠、嘲弄或是咒罵，只是孤獨而勇敢地前行。〔註10〕

在白俄演員身上發現尼采，這的確是魯迅在內心深處與白俄最為獨特的一次相遇。而正如伊藤虎丸所論，留日期間的魯迅就已深受當時流行於日本的尼采哲學之影響，他以「抵抗」為媒介，從尼采那裡接受了「超人」、文學的預言者性等思想，這些思想深刻不僅影響了魯迅的「革命」意志，而且開啟和決定了魯迅以「尼采個人主義」為基調的文學生涯與文學志向。〔註11〕因而，與其說魯迅在白俄演員身上發現尼采，毋寧說魯迅通過自己由尼采哲學參與形塑的思想視域發現了白俄演員。而如果回到1922年魯迅的內心世界，我們將會更為深入地理解這一「發現」的過程。魯迅在這場演出中看到了自己的「寂寞」與「怯弱」，而反抗「寂寞」與「怯弱」正是他在此一時段必須要面對的思想挑戰。在這裡，我們不要忘了魯迅所陪同觀劇的愛羅

〔註8〕 魯迅：《為「俄國歌劇團」》，《晨報副刊》、1922年4月9日，《魯迅全集》第1卷，1981年，人民文學出版社，第382頁。

〔註9〕 魯迅：《為「俄國歌劇團」》，第383頁。

〔註10〕 魯迅曾如此解讀尼采《查拉圖斯特的序言》中的若干意象：走索的超人會贏得群眾麇集觀覽，但一旦落下，群眾都會走散；超人會被小丑恐嚇，墳匠嘲罵，隱士怨望；鷹和蛇代表聰明和高傲，聰明和高傲是超人，而愚昧和高傲便是群眾，後者是教育的結果。參見魯迅：《察拉圖斯忒拉的序言》「譯後記」，《魯迅譯文全集》第8卷，福建教育出版社，2008年，第88～89頁。

〔註11〕 參見〔日〕伊藤虎丸：《魯迅早期的尼采觀與明治文學》，徐江譯，《文學評論》，1990年第1期。

先珂，他其實就是文中那位「初到北京，不久便說：我似乎住在沙漠裏了」
的人。

　　1922 年 10 月，魯迅發表了旨在懷念愛羅先珂的《鴨的喜劇》，此文雖爲
小說，但「所寫的都是實事」。〔註12〕小說中的愛羅先珂一到北京就向其傾訴
北京生活的寂寞，而魯迅也因此發現了一直包圍著自己的、但卻習焉不察的
寂寞。表面上看，《鴨的戲劇》似乎只是一篇筆調輕鬆、筆觸動情的回憶之
作，但在深層來看，魯迅對於愛羅先珂的溫暖回憶正是圍繞著對抗寂寞的主
題而展開。〔註13〕而大約一年前，魯迅就通過愛羅先珂的童話讀到了詩人
那顆「幼稚的，然而優美的純潔的心，人間的疆界也不能限制他的夢幻」。
〔註14〕愛羅先珂是個盲人，也是個流寓異國多年，且剛被日本當局驅逐出境
的「鄉愁又是特別的深」的流亡者。〔註15〕由此看來，寂寞似乎是流亡者愛
羅先珂的宿命，然而他更是一位「虛無黨」人——無政府主義者，一位典型
的俄羅斯知識分子，在他的心中從未失去對生命，自由和美的熱愛。因而在
魯迅看來，愛羅先珂一直是一個勇敢反抗寂寞之命運的強者。也正因爲如
此，這位俄國盲詩人對魯迅此時的思想轉變有著深刻影響，他幫助魯迅戰勝
寂寞與懷舊的心緒，並將文學視野從地方性的鄉土敘事轉向更加深邃的知識
分子內心世界。〔註16〕

　　1922 年 4 月 4 日的觀劇，正是魯迅上述思想轉變過程中的關鍵一環。這
一次，魯迅是在陪同一個俄國流亡者「愛羅先珂」觀劇時遇見了另一些俄國
流亡者「俄國歌舞團」。而兩者的流亡在政治上有著本質區別，前者是曾被沙

〔註12〕 周作人：《知堂回想錄》，安徽教育出版社，2008 年，第 288 頁。

〔註13〕 愛羅先珂因爲不能忍受北京沙漠般的寂寞，所以才買來蝌蚪，期待聽到未來
　　　　的蛙鳴，「然而養成池沼的音樂家卻只是愛羅先珂君的一件事」，他主張自食
　　　　其力，熱愛自然，在其勸說之下，魯迅家的院子裏養了小雞小鴨，呈現出一
　　　　派生機盎然的景象。參見魯迅：《鴨的喜劇》，《魯迅全集》第 1 卷，人民文學
　　　　出版社，1981 年，第 556 頁。

〔註14〕 魯迅：《狹的籠〉譯者附記》，《魯迅譯文全集》第 1 卷，福建教育出版社，2008
　　　　年，第 554 頁。

〔註15〕 愛羅先珂「平常總穿著俄國式的上衣」，他的衣箱裏幾乎沒有外國樣式的衣
　　　　服，「即此一件小事，也就可以想見他是一個眞實的『母親俄羅斯』的兒子」。
　　　　參見周作人：《知堂回想錄》，第 288～289 頁。

〔註16〕 有關觀看俄國歌舞團與魯迅之自覺以及愛羅先珂對魯迅思想轉變之影響的研
　　　　究，可參見彭明偉：《愛羅先珂與魯迅 1922 年的思想轉變》，《政大中文學報》
　　　　（臺灣），2007 年第 7 期。

皇迫害的「虛無黨」人，而後者是蘇維埃政權廣義上的反對者。那麼魯迅又是如何認識俄國歌舞團的「流亡」呢？而這的確是一個「須加以分析說明」的「政治態度」問題。〔註17〕

在魯迅寫作此文的1922年春，俄羅斯國內戰爭雖接近尾聲，但赤白之間的政權之爭尚未塵埃落定，「白俄」這個明顯帶有政治貶損意味的「雅號」也還沒有流行開來。〔註18〕雖然這並不妨礙「俄國歌劇團」和「白俄歌舞團」擁有同一個「所指」──「十月革命」後被迫逃亡國外的俄國人，但「白俄」與「俄國」卻代表了迥然不同的政治意義與國際地位。進而言之，「俄國」是真正的國家之名，而「白俄」則是被放逐於國家和歷史之外的沒落存在。需要注意的是，1918年8月中國北洋政府曾以支持白軍的「協約國」盟國的身份出兵海參崴〔註19〕，並且直到1924年5月31日才正式承認蘇維埃俄國並與之建交。〔註20〕因而在當時中國的歷史語境中，無論在外交、法律還是在官方輿論層面，比之於蘇維埃俄國公民，真正代表俄國的恰恰是這些後來被稱作「白俄」的流亡者。而此時中國知識界對蘇俄的瞭解相當有限，關注之焦點多在抽象的社會主義理論與制度討論，尚未出現政治立場與革命鬥爭層面的赤白對立，再加上「俄國歌舞團」是一個較為純粹的藝術團體，〔註21〕所以人們當時基本上並未關注其政治性質問題。正是由於這樣的時代背景，魯迅並沒有從政治意義上看待俄國歌舞團上的流亡，而只是在感佩愛羅先珂「反抗寂寞」的思想脈絡之中與同為流亡者的「俄國歌舞團」相遇。

〔註17〕 參見王瑤：《至陸耀東》（19751229），《王瑤全集》第8卷，河北教育出版社，2000年，第275頁。

〔註18〕 所謂「白俄」，顯然是與「赤俄」對待而生。俄文的白俄──белоэмигрант（ы），本義是指白色的僑民，這是蘇維埃當局給予的貶損性政治命名，而這一群體則自稱為「эмигрант（ы）」，即僑民。另按，胡愈之對「白俄」一詞有過非常精準的界定，認為「白俄」是俄羅斯蘇維埃政權送給十月革命後流亡國外之俄國僑民的「雅號」，「所以白俄是代表了思想反動政治落伍的無國籍的俄國人。這兩個字是在包含著一種政治的悲劇意味。」參見胡愈之：《白俄》，《胡愈之文集》第3卷，北京三聯書店，1996年，第57頁。（原載《生活周刊》，1932年9月）。

〔註19〕 參見《海參崴出兵宣言》，《政府公報》第928號，1918年8月25日。

〔註20〕 《布告中俄協定告成邦交重複令》，《司法公報》，1924年第192期。

〔註21〕 陸耀東細緻考察了當時《晨報副刊》所刊登的俄國歌舞團廣告和劇目介紹，認為該團是一個藝術團體。參見陸耀東：《〈熱風〉注釋札記兩則》。

　　而追溯起來，魯迅對此類飄零異邦的俄國流亡者並不陌生。早在 1906
年，留學日本的魯迅就曾與陶冶公、周作人、許壽裳等六人一起，在神田中
越館每夜走讀，學習俄文，教師就是一位亡命日本的俄國「虛無黨」人——
瑪理亞孔特夫人。〔註22〕這位瑪理亞孔特夫人大約三四十歲，可能是猶太人，
一句日文都不會講，起初授課靠一位學過俄文的日本學生現場翻譯，後來改
由六位中國學生自學文法，上課直接學習讀音。不過這種老師與學生各自為
政的教學方法效果不佳，老師講得精疲力竭，學生卻聽得一頭霧水。〔註23〕
由是觀之，這位瑪理亞孔特夫人的境遇頗類似那些在北京「沙漠」般的劇場
中寂寞表演的俄國歌舞團員。而魯迅學俄文的原因，本是佩服俄國「虛無黨
人」以及俄國文學中的「求自由的革命精神」，因而這位俄國女教師想必會給
魯迅留下深刻印象。雖然這個學習班不久星散，魯迅學語未成，但他未改初
衷，只是改由英文、德文及日文媒介去探尋俄國文學追求自由的革命精神。
〔註24〕正如梁啟超所言：「今日為中國謀，莫善於鑒俄」。〔註25〕也只有回到
此一「鑒俄」的歷史語境中，我們才能理解魯迅初遇俄國文學時的震撼：「從
那裡面，看見了被壓迫者的善良的靈魂，的酸辛，的掙扎」。〔註26〕如果考察
魯迅的俄國文學閱讀版圖，「白銀時代」文學作品幾乎佔據了半壁江山，而「白
銀時代」的「俄羅斯有關個性的思考幾乎與尼采的名字密不可分」。〔註27〕因
而，除了伊藤虎丸所考證的明治三十年代日本哲學界的尼采譯介，魯迅還一
直通過閱讀「白銀時代」文學來發現尼采。就在寫作《為「俄國歌劇團」》的

〔註22〕 同盟會員陶冶公是此次俄文學習活動的發起人，而其學俄文的真正動機在於
　　　　藉此機會取得與在日俄國「虛無黨」人的聯繫，進而爭取後者對中國革命的
　　　　援助。當時日俄戰爭剛剛結束，在日俄人備受歧視，俄文也無人重視，陶冶
　　　　公四處物色才找到瑪理亞孔特夫人。參見陶冶公：《我的自傳》，《紹興文史資
　　　　料》第 3 輯，1987 年，第 76～77 頁。
〔註23〕 魯迅在 1935 年 4 月 19 日致唐弢信中談及學習外文的方法，認為初學外文
　　　　時，若老師不懂中文，不能講解比較，則成年學生會很吃虧，發音即使正確，
　　　　所學也不過皮毛而已。這段話可視作魯迅對當年中越館俄文學習的評價。參
　　　　見魯迅：《致唐弢》，《魯迅書信集》（下卷），人民文學出版社，1976 年，第
　　　　798 頁。
〔註24〕 參見周作人：《知堂回想錄》，第 147～149 頁。
〔註25〕 梁啟超：《俄人之自由思想》，《清議報》第 96 號，1901 年 11 月 1 日。
〔註26〕 魯迅：《祝中俄文字之交》，《魯迅全集》第 4 卷，人民文學出版社，2005 年，
　　　　第 460 頁。
〔註27〕 俄羅斯科學院高爾基世界文學研究所集體編寫：《俄羅斯白銀時代文學史》，
　　　　谷羽、王亞民等譯，敦煌文藝出版社，2006 年，第 15 頁。

一年前，魯迅在分析阿爾志跋綏夫的《工人綏惠略夫》時指出：

> 而綏惠略夫也只是偷活在追攝裏，包圍過來的便是滅亡；這苦
> 楚，不但與幸福者全不相通，便是與所謂「不幸者們」也全不相通，
> 他們反幫了追攝者來加迫害，欣幸他的死亡，而在「別一方面，也
> 正如幸福者一般的糟蹋生活」。
>
> 綏惠略夫在這無路可走的境遇裏，不能不尋出一條可走的道路
> 來：
>
> ……
>
> 然而綏惠略夫卻確乎顯出尼采式的強者的色採來。他用了力量
> 和意志的全副，終身戰爭，就是用了炸彈和手槍，反抗而且淪滅
> （Untergehen）。〔註28〕

而在魯迅看來，那些在異國舞臺上、用異國人全然不懂的語言與形式「美妙
而且誠實的，而且勇猛」地歌舞著的白俄演員，他們所散發出的不正是綏惠
略夫式的，或者說「尼采式的強者的色彩」嗎？〔註29〕

　　總而言之，自青年時代起，魯迅就孜孜不倦地通過閱讀和翻譯俄國文學
在文本世界中想像俄國，如今他有機會近距離地觀照這些因獨特的歷史際遇
而流寓中國的白俄，因而獲得了一個更為深入地認識和理解異文化的契機。
不過，此時的魯迅只是在一個特殊的心境中偶遇白俄，其所塑造的白俄形
象也是主體意識強烈投射的產物，較少關涉中國革命與社會的現實問題。而
在五年之後，經由廈門和廣州的短暫漂泊，魯迅定居上海，並在這座半殖
民的國際大都市裏度過了最後的人生歲月，此時的白俄已經成為這座城市的
日常性存在，並且走進了魯迅的文學與革命空間，成為一個獨特的「中國」
問題。

二、白俄與半殖民地空間的「摩登」

　　在有關魯迅上海時期生活場域的考述中，研究者大抵不會忘記那座位於
今四川路2029號的白俄咖啡館，因為它見證了中國現代文學史上的若干重要

〔註28〕魯迅：《譯了〈工人綏惠略夫〉之後》，《魯迅譯文全集》第1卷，第139頁。

〔註29〕正因為此，魯迅對「俄國歌舞團」頗為欣賞。一個旁證是，1922年6月2日
　　　　晚，他曾陪同家人再次前往第一舞團觀劇。參見周作人：《周作人日記》（中），
　　　　大象出版社，1996年，第241頁。

事件。1933 年底，魯迅在這家咖啡館會晤了從鄂豫皖蘇區來滬的成仿吾，並幫助他同黨組織重新取得了聯繫。茅盾在《我走過的道路》一書中，對此次會面有過詳細回憶，並且指出這家白俄咖啡館因距離魯迅和茅盾所居住的北四川路底大陸新村很近，且較爲僻靜，中國人很少，所以魯迅與茅盾都將此處作爲私密晤談之所。〔註30〕而一年後的一個冬日，也是在一家白俄咖啡館，蕭軍蕭紅終於與期盼已久的魯迅先生見面暢談，日後異軍突起於中國文壇的「東北作家群」從這裡邁出了重要一步。據蕭軍回憶，他們在內山書店與魯迅見面後，簡短打過招呼後立刻「同去一家白俄咖啡館」，路線是「跨過一條東西橫貫的大馬路，向西走了一段。」〔註31〕而當時的內山書店位於原北四川路底施高塔路 11 號，按照上述路線，這家咖啡館也應該位於北四川路的附近。另據周國偉和彭曉在《尋訪魯迅在上海的足跡》一書中考證，1930 年代初的北四川路底只有一家白俄咖啡館。〔註32〕由此可以推斷，魯迅分別會見成仿吾和蕭軍的地方應該是同一家白俄咖啡館。蕭軍還回憶道，當時魯迅「很熟悉地推門就進去了，……一個禿頭的胖胖的中等身材的外國人——可能是俄國人——很熟識地和魯迅先生打了招呼」，魯迅告訴蕭軍，這家咖啡館以後面的「舞場」爲生，白天幾乎無人光顧，中國人更加少見，所以他「常常選取這地方作爲和人們接頭的地方。」〔註33〕

除了這家白俄咖啡館，某些散落在上海街頭的白俄餐館也曾留下了魯迅的身影。而據蕭紅回憶，魯迅常常光顧老靶子路上的一家白俄小吃茶店，老闆是個胖胖的白俄，「中國話大概他聽不懂。」〔註34〕1935 年 7 月 29 日，魯迅在給蕭軍的覆信中特別提及，「我們近地開了一家白俄飯店，黑面包，列巴圈，全有了。」〔註35〕1936 年 1 月 13 日晚，魯迅一家人曾到「俄國飯店夜飯」。〔註36〕

〔註30〕參見茅盾：《我走過的道路》（中），人民文學出版社，1984 年，第 214～215 頁。
〔註31〕蕭軍：《魯迅給蕭軍蕭紅信簡注釋錄》，金城出版社、西苑出版社，2011 年，第 67 頁。
〔註32〕參見周國偉、彭曉：《尋訪魯迅在上海的足跡》，上海教育出版社，1987 年，第 145 頁。
〔註33〕蕭軍：《魯迅給蕭軍蕭紅信簡注釋錄》，第 67 頁。
〔註34〕參見蕭紅：《魯迅先生生活散記》，《文藝陣地》第 4 卷第 1 期，1939 年 11 月 1 日。
〔註35〕魯迅：《致蕭軍》，《魯迅書信集》（下卷），第 853 頁。
〔註36〕魯迅：《魯迅日記》，人民文學出版社，1976 年第 2 版，第 996 頁。

　　由此可見，以白俄咖啡館為代表的白俄都市文化已經悄然走進魯迅的日常生活，並成為魯迅會友交談的一個重要場域。然而，一個值得思考的問題是，魯迅卻從未將它們寫進自己的文學世界。比之於魯迅的沉默，另外一些作家則大張旗鼓地表達著對白俄咖啡館的熱愛。1928 年 4 月的一個下午，像往常一樣，「海派」作家張若谷與傅彥長、田漢、朱應鵬等滬上名流相約來到位於上海霞飛路上的「巴爾幹」白俄咖啡館，一人一杯「華沙咖啡」，在海闊天空地「座談」半天。〔註 37〕這樣的聚會其實是作家張若谷最為愜意的日常生活：「坐在咖啡館裏的確是都會摩登生活的一種象徵」。〔註 38〕這種「象徵」的真正含義在於，人們不僅可以體驗到咖啡作為「興奮劑」的「刺激」，而且還可以享受到「咖啡侍女」所帶來的「情感滿足」。〔註 39〕而在張若谷看來，之所以首選「巴爾幹」白俄咖啡館，是因為除此之外，整個上海竟然找不出「第二家同樣地價廉物美招待周到的咖啡店了」。相比之下，那些「西洋人開的純粹貴族式的咖啡店」或者「日本人的料理店」「不是咖啡的色香味三者不能具，便是招待太不客氣」。〔註 40〕

　　回到歷史語境，張若谷對白俄咖啡館的判斷非常敏銳，在那裡，人們可以不高的花費享受到上海這座現代都市的摩登生活，並獲得心理與情感上的自我滿足，而這正是當時上海白俄文化核心特徵的直接體現。上海是在華白俄除哈爾濱之外的最大聚居地，據汪之成在《上海俄僑史》中的研究，1934 年上海常住白俄人數接近 16000 人，但若考慮到流動的白俄，這一數字在 1936 年可能超過 21000 人。〔註 41〕更為關鍵的是，與那些恪守華洋分界的歐美僑民不同，作為艱難圖存的「難民」和備受歐美外僑歧視的「二等白人」，絕大多數白俄雜處華人之中，其所從事的職業也大多與上海百姓密切相關。1926 至 1928 年間，白俄僅在霞飛路上就開設了近 20 家小百貨店，30 家服裝店，10 家食品店，5 家大型糖果店，5 家理髮店，此外還有很多咖啡館、小吃店等等。〔註 42〕事實上，除了上述的白俄咖啡館，價格親民且又風味獨具的白俄

〔註 37〕　張若谷：《現代都會生活象徵》，《珈琲座談》，上海真善美書局，1929 年，第 4 頁。

〔註 38〕　張若谷：《飲食男女戰爭》，上海良友圖書印刷公司，1933 年，第 145 頁。

〔註 39〕　參見張若谷：《現代都會生活象徵》，第 4 頁。

〔註 40〕　參見張若谷：《現代都會生活象徵》，第 7～8 頁。

〔註 41〕　參見汪之成：《上海俄僑史》，第 80～82 頁。

〔註 42〕　參見馬軍：《霞飛路與俄僑》，政協上海市盧灣區委員會編：《上海文史資料選輯盧灣卷》，2004 年第 2 期，第 249 頁。

餐館也深受上海市民喜愛。曾有作家指出,「未曾吃過『羅宋大菜』者,不得謂吃盡天下大菜,更不得成爲『國際吃客』也,是以混迹『十里洋場』,對於羅宋大菜,不能不吃。」而霞飛路上的羅宋大菜館乃是此中翹楚,該店老闆老闆娘是白俄,而店夥則大多是揚州人。〔註43〕如果爲求方便實惠,找一家在街頭巷尾隨處可見的白俄「小吃茶店」也是上佳之選。吳似鴻曾在《我與蔣光慈》一書中回憶起法租界法國公園旁的萬宜坊大門口的「白俄茶館」,「兩毛錢一盤牛肉包心菜湯,尚有數片黑面包,吃二盤不過四毛錢,我和光慈各吃一盤就夠了。」〔註44〕進而言之,以白俄咖啡館爲代表的白俄商家就像是一個「二傳手」,它們不僅帶來了西洋式的都市文化,而且很大程度上過濾了這種文化所負載的殖民主義氣息,將其自然地散播到上海市民的日常生活之中。

如果說以白俄咖啡館爲代表的白俄都市文化突出體現了上海這座城市的現代性。那麼如何看待這種建立在半殖民地之上的摩登、現代與國際性就成爲當時中國知識分子必須面對的重要問題。在張若谷的一位文友,同樣鼓吹上海都市文化的作家黃震遐看來,這些白俄咖啡館不過是上海這座城市Cosmopolitan(世界主義)景觀的一個縮影。按照黃震遐的分析,「只有租界才是眞正的上海。租界裏又可以分爲三個不同性質底區域,如果按照希臘思想來講,便是三個國家」,一是法租界,它是「流寓上海俄羅斯人地殖民地,一切文化都是莫斯科式」,其最著名的街道就是遍佈著包括露天咖啡館在內的種種享樂場所的霞飛路,二是英租界,這是類似香港的物質文明之邦,三是虹口,尤以北四川路爲代表,一到午夜這裡就成爲「麻醉瘋狂的萬國會場,沒有國籍,沒有種族,也沒有階級,藝術將所有一切都溶於一爐,『四海之內皆兄弟也』,便是他們底格言與方針」,而白俄舞女則是這一「萬國會場」的重要成員。因而「我們眞覺得很榮耀能夠住在這包羅萬象的上海中。……上海是我們的,老百姓絲毫沒份,他們不但沒份,而且還不配住在上海。上海是一個 Cosmopolitan,只有 Cosmopolitan 才是上海眞正的市民。我在上海越久,越覺得它好,我那許多臭味相投的狐群狗黨們也是如此。無論是異國情調底接觸或是藝術文化底享受,我們都應該三呼上海萬歲,偉大啊上海眞偉

〔註43〕參見陳亮:《羅宋大菜》,《申報》,1936 年 10 月 21 日。
〔註44〕參見吳似鴻著,傅建祥整理:《我與蔣光慈》,廣西教育出版社,1992 年,第52～53 頁。

大。」〔註 45〕也正是在此意義上，我們或許更容易理解，爲何白俄咖啡館中的聚會對張若谷而言是一種「最愜意的日常生活」。

　　與張若谷、黃震遐一樣，生活在上海的魯迅也分享視上海這座城市由白俄參與形塑的現代性與國際性。不過，魯迅光顧白俄咖啡館的原因顯然與張若谷、黃震遐等人大有不同。如前所述，魯迅看重的是它們離家較近，環境僻靜，中國人少，而且老闆是白俄，不懂中國話。換句話說，這些地方通過對其他人群的區隔，在城市的「褶皺」之中爲魯迅提供了進行文學與革命活動的空間。由此，我們可以發現，魯迅並沒有融入黃震遐所讚美的那種 Cosmopolitan，也並不願意享受那些異國情調帶來的摩登生活，恰恰與之相反，魯迅與這座半殖民地城市總是處於一種充滿張力的關係中：一方面，魯迅享受到了上海特有的開放、鬆弛與便利，但另一方面，魯迅時刻警醒於這座城市的半殖民地特性，甚至取「租界」二字之各半，以「且介」來命名自己的書房與文集。具體而言，魯迅對這座城市不時流露出的「倚徙華洋之間，往來主奴之界」的「西崽相」，〔註 46〕以及斜肩諂媚，甘爲「商的幫忙」〔註 47〕的市儈氣息深惡痛絕，經常性地疏離在這座城市的人群與繁囂之外。據許廣平回憶，上海時期的魯迅外出要麼步行要麼坐出租汽車，基本不坐電車或黃包車，看電影也不坐一樓普通的「正廳」，而是選擇二樓類似包廂的「花樓」。〔註 48〕由此可見，魯迅更像是一個藏身於這座城市的「局外人」，以冷峻的目光審視視這座城市特有的摩登生活。

　　的確，作爲魯迅在上海生活時的一個重要活動場域——白俄咖啡館從未直接出現在魯迅的筆下，但在魯迅的沉默中，我們其實似乎已經找到了答案。而早在 1928 年 8 月，魯迅發表了一篇題爲《革命廣告「魯迅附記」》的短文，正身處「革命文學」論戰硝煙之中的魯迅激烈抨擊了某些「革命作家」消費革命的「革命咖啡館」生活，他鄙視這種從前以看侍女爲賣點，如今以看「名人」爲噱頭的「革命廣告」，並特別聲明自己無緣附此風雅：「我是不喝咖啡

〔註 45〕黃震遐：《我們底上海》，《申報・藝術界》，1928 年 12 月 30 日。

〔註 46〕參見魯迅：《「題未定」草》（一至三），《魯迅全集》第 6 卷，人民出版社，1981年，第 355 頁。

〔註 47〕參見魯迅：《「京派」與「海派」》，《魯迅全集》第 5 卷，人民出版社，1981年，第 432 頁。

〔註 48〕參見景宋（許廣平）：《魯迅先生的娛樂》，《文藝陣地》第 4 卷第 1 期，1939年 11 月 1 日。

的，我總覺得這是洋大人所喝的東西……，不喜歡，還是綠茶好。」〔註49〕
在這裡，魯迅將「咖啡」與「洋大人」直接掛鉤，不僅是以其一貫的極富攻
擊性的文風批判這些「革命作家」之虛浮與自戀，更是揭露出隱藏在半殖民
地空間摩登生活表象之下的權力宰制，而「咖啡」與「綠茶」之辨，也再次
強調了魯迅自覺的文學與政治立場。

　　進而言之，魯迅的真正關切在於：坐在從洋大人那裡學來的咖啡館裏，
喝著洋大人喝的咖啡，你是不是真的就「洋氣」起來？從而，你是不是真的
如同自身所感受的那樣，開始自主地享有著這座半殖民地城市的都市生活？
正如魯迅在《從孩子的照相說起》一文中所指出，中國人必須要認真學習那
些科學、進步的真正「洋氣」，〔註50〕但是這種咖啡館裏得來的「洋氣」，不
過是古已有之的清客老爺青樓買笑的變種。事實上，當時上海的很多咖啡館
都通過「女侍」來營造摩登氣息，並以此作為招徠青年男性顧客的手段。據
曾在創造社出版部工作的黃藥眠在《黃藥眠口述自傳》中回憶，當年他深受
創造社浪漫風氣影響，常到咖啡館喝咖啡，一杯咖啡兩角，但總是給女侍一
塊，餘資作為小費，所以女侍們一見他來就「投懷送抱，調笑一番」〔註51〕。
而尤其當人們坐在白俄咖啡館中享受那「價廉物美招待周到」的服務之時，
很容易令人產生一種特有的主人翁之感，因為在這裡你不僅享有了上海這座
城市的摩登生活，而且這種摩登生活還是由有修養的純種白人所提供。然而
這種自欺欺人的幻想，與魯迅在《現代電影與有產階級》「譯者附記」中所辛
辣諷刺的「嫖白俄妓女以自慰」〔註52〕又有何實質區別？

　　因而，當我們回過頭去，仔細打量黃震遐所說的那種「世界主義」，就會
發現，其邏輯的悖謬恰在於，此一鼓吹「超越」的「世界主義」，卻建立在一
再「限定」的基礎上。它不僅限定了地域（租界）和人群（洋人和「我們」），

〔註49〕 參見魯迅：《革命廣告「魯迅附記」》，《語絲》第 4 卷第 3 期，1928 年 8 月 15
日。另按，魯迅在 1928 年 8 月 15 日致章廷謙信中也提及此事，指出創造社
咖啡館慌稱可在店中遇見魯迅、郁達夫等著名作家，虛假宣傳，而田漢開的
咖啡館則以「瞭解文學趣味之女侍女」為賣點，「肉麻煞人」。參見魯迅：《致
章廷謙》，《魯迅書信集》（上），人民文學出版社，1976 年，第 197 頁。
〔註50〕 參見魯迅：《從孩子的照相說起》，《魯迅全集》第 6 卷，第 82 頁。
〔註51〕 參見黃藥眠口述、蔡徹撰寫：《黃藥眠口述自傳》，中國社會科學出版社，2003
年，第 68 頁。
〔註52〕 魯迅：《現代電影與有產階級》「譯者附記」，《魯迅譯文全集》第 8 卷，第 409
頁。

而且限定了人際關係，即「異國情調底接觸或是藝術文化底享受」。換言之，這種人際關係並非來自彼此眞實的生存處境，而是屈從於摩登生活的消費邏輯。那麼「我們」又是誰呢？「我們」就是那些流連於上海西洋式摩登生活的「高等華人」，不過這裡的「高等」不僅指經濟地位，還包括西洋文學藝術修養。因而所謂「世界主義」的眞正含義在於，它不僅展示了上海摩登生活的國際性，而且強化了「我們」在消費這種摩登生活時的主體地位——那些過去是「主人」的洋人現在也不過是「我們」的「兄弟」而已。

然而，這種「世界主義」只是一個摩登生活中的消費神話，也只能存活於消費之中。換言之，「我們」一旦走出親切的白俄咖啡館，迎面遇到某位趾高氣揚的白俄巡捕，就會馬上回到半殖民地空間的現實秩序之中。這些白俄巡捕和他們的安南、印度乃至中國同事一道，代表視租界當局至高無上的統治，肆無忌憚地行使視他們那假借自歐美主人的權威。而對於白俄巡捕，魯迅並不陌生，住在大陸新村九號的時候，除了有白俄咖啡館老闆街坊，還有「在巡捕房工作的白俄」西鄰，且需小心提防。〔註53〕1933 年 8 月 6 日晚，正在法租界黃埔灘太古碼頭納凉的油漆匠劉明山慘遭無妄之災，竟被彼時驅離閒散人等的白俄巡捕踢入江中溺亡。〔註54〕在讀到《申報》的這則報導之後，魯迅很快就在《申報‧自由談》上發表雜文《踢》，憤怒地指認白俄巡捕充當帝國主義爪牙，殘害中國百姓的暴行。值得注意的是，文章之所以取名「踢」，是因爲魯迅發現上海已經出現了一批「踢」的專家，「有印度巡捕，有安南巡捕，現在還添了白俄巡捕」，他們把「踢」變成了對付「下等人」的專有名詞。而比之於白俄巡捕欺壓國人的明目張膽，國人的「忍辱負重」更讓魯迅齒冷心寒：只要不像劉明山那樣倒霉「落浦」，他們「就大抵用一句滑稽化的話道：『吃了一隻外國火腿』，一笑了之。」〔註55〕這一「吃了外國火腿」的典故並非魯迅的發明，而是當時在上海市民口中廣爲流傳的「俏皮話」。1932 年，上海的一份市民讀物《女朋友》向讀者講述了一則關於當紅影星金焱及女明星黎灼灼的花邊新聞，文中以調笑的口吻將金焱受到黎灼灼白人男

〔註53〕1933 年 7 月的一個凌晨，瞿秋白和楊之華來魯迅家裏避難時就曾經驚動這位鄰居，所幸最後平安無事。參見許廣平：《魯迅回憶錄》，作家出版社，1961 年版，第 129 頁。

〔註54〕《劉明山慘死係俄捕足踢墮浦》，《申報》，1933 年 8 月 9 日。

〔註55〕魯迅：《踢》，首發於《申報‧自由談》，1933 年 8 月 13 日，《魯迅全集》第 5 卷，第 245 頁。

友毆打一事稱作「享受了幾隻外國火腿」。而與之相類似的還有一例。1934 年
10 月，魯迅在《說「面子」》一文中講了個笑話：一個專愛誇耀的小癟三攀附
闊佬，把「滾出去」這樣的罵喝看做是闊佬對他「講了話了」，並以此爲榮奔
走告人。而在魯迅看來，這句爲小癟三博得面子的喝罵「滾出去」與上海人
口中的俏皮話「吃外國火腿」有著相同的邏輯：「雖然還不是『有面子』，卻
也不算怎麼『丟臉』了，然而比起被一個本國的下等人所踢來，又彷彿近於
『有面子』。」由是觀之，那種在白俄咖啡館裏所享受到的「世界主義」，不
過是以消費摩登生活的方式與那些白人闊佬以及他們的白俄替身們攀強附
會，而這當中所隱藏的國人的屈辱、無奈與自我欺騙正是魯迅想要极力提醒
世人的關鍵所在。

　　如果說躋身於「我們」，即「高等華人」之列的黃震遐尚可婉拒白俄巡捕
的「外國火腿」，然而對於其「世界主義」的「兄弟」送來的另一份禮物——
「抄靶子」恐怕他是推卻不得。按照魯迅的解說，在半殖民地城市上海，「抄
靶子」指的是租界的華洋（俄）巡捕對國人搜查全身及攜帶物品。而在殖民
地城市香港這一行爲被稱爲「搜身」，合乎體統又通俗易懂，而「抄靶子」的
命名之所以比「搜身」高妙，恰在於四萬萬國人自比「靶子」任由洋大人及
其下屬射擊，而且「四萬萬靶子，都排在爲名最古的地方，私心僥倖的只是
沒有被打著。」〔註 56〕或許，大談「世界主義」的黃震遐始終將自己想像成
那個幸運的一直沒有被打著的靶子吧，這也未可知。

　　如其在《革命廣告「魯迅附記」》中所言，生活中的魯迅的確不喜歡喝
咖啡。據蕭紅回憶，魯迅只喜歡喝清茶，家中不預備咖啡之類的其他飲品。
〔註57〕此外，我們在 1934 年 5 月 18 日的魯迅日記中還發現了他與葉紫、聶
紺弩在咖啡館裏「品茗」的記載。〔註 58〕儘管如此，魯迅卻是咖啡館裏的常
客。1923 年 8 月的魯迅日記顯示，早在北京時期他就常與友人常在咖啡館唔
談。〔註 59〕而到了上海，咖啡館更是成了魯迅重要的文學與革命活動場域，

〔註56〕 魯迅：《「抄靶子」》，《申報・自由談》，1933 年 6 月 20 日，《魯迅全集》第 5
　　　　卷，第 205～206 頁。
〔註57〕 蕭紅：《魯迅先生生活散記》。
〔註58〕 參見《魯迅日記》，人民文學出版社，1959 年，第 887 頁。
〔註59〕 1923 年 8 月 1 日上午，他與日本友人清水安三到咖啡館小坐，8 月 16 日午後
　　　　又與李茂如等人「往菠蘿倉一帶看屋，比畢，回至西四牌樓飲冷加非而歸。」
　　　　參見《魯迅日記》，第 455～456 頁。

除了上述的白俄咖啡館之外，他還光顧過公咖咖啡館和 ABC 咖啡店。〔註60〕
倘若仔細打量一下咖啡館這一西洋舶來品，我們會發現它在 17、18 世紀的歐
洲以及美國歷史中扮演了重要角色，而英國的咖啡館無疑最具代表性，因為
它不僅為全歐洲塑造了一種新型的禮貌社交方式，「其基本活動內容是發生在
平等個體之間的聊天和讀報」，並且因此而為全歐洲提供了一條通往啟蒙和理
性的獨特途徑：「穿過配備有報紙的咖啡館的大門」。〔註61〕進而言之，西洋
咖啡館文化的核心在於人們對以主體性和理性為核心的現代性的尋求。在此
意義上，我們說坐在白俄咖啡館裏的魯迅是「現代」的，但卻並不「摩登」。
相反，他對包裹在「摩登」之中的自戀與自欺有著深刻的警醒與批判。

三、異邦的白俄與革命的借鏡

　　上海時期的魯迅，閒來常去書店走走，這不僅是為了買書，也是一種休
息和娛樂。〔註62〕而在 1920 至 1930 年代的上海，那些位於法租界的白俄書
店是很多中國知識精英的流連之地，因為這裡常有讓人驚喜的發現。〔註63〕
我們找不到魯迅曾經光顧這些白俄書店的確實證據，但至少可以確定，他對
這些書店較為熟悉。我們都知道，進行外國文學翻譯工作的首要前提是找到
較為可靠的原文文本，而 1935 年 2 月，魯迅和孟十還卻都在為尋找俄國「白
銀時代」著名作家柯羅連科的俄文版短篇小說而發愁。無奈之下，魯迅只好
建議孟十還到上海的白俄書店中去碰碰運氣。在魯迅看來，那裡是個淘寶之
處，即使找不到柯羅連科的小說，或許也可能意外地「掘出一點可用的東
西」。〔註64〕

〔註60〕　參見上海魯迅紀念館編：《魯迅在上海活動舊址圖集》，上海教育出版社，
　　　　　1981 年版，圖 34、圖 62；《魯迅日記》，第 695 頁。
〔註61〕　參見〔英〕馬克曼・艾麗斯：《咖啡館的文化史》，孟麗譯，廣西師大出版社，
　　　　　2007 年，第 241～244 頁。
〔註62〕　參見景宋（許廣平）：《魯迅先生的娛樂》。
〔註63〕　郁達夫就是這裡的常客，1927 年 2 月 28 日上午，他「上霞飛路俄國人開的書
　　　　　店去買了十塊錢左右的書，」收穫了一本德國小說以及安特萊夫劇本的德譯
　　　　　本，接下來的兩天，他又去這家書鋪，先後買了兩本高爾基劇本以及兩本德譯
　　　　　俄國小說。7 月 18 日傍晚，郁達夫又在一家法租界的俄國書鋪裏買了三本德
　　　　　文小說，其中包括他非常珍視的羅曼羅蘭小說《夏天》的德譯本。參見郁達
　　　　　夫：《郁達夫日記集》，陝西人民出版社，1984 年，第 82、84～85、171 頁。
〔註64〕　魯迅：《致孟十還》（1935 年 2 月 7 日），《魯迅書信集》（下），第 749～750
　　　　　頁。

1935 年 4 月 16 日，孟十還在《譯文》第 2 卷第 2 期上翻譯發表了柯羅連科的短篇小說《片刻》。不知道這篇小說的俄文原版是否就是魯迅所期待的收穫，不過這年秋天孟十還的另一個發現著實讓魯迅驚喜不已。住在霞飛路「羅宋大菜館」樓上的孟十還近水樓臺，竟然在一家白俄書店中淘到了一本 1893 年版的《死魂靈》圖畫集，〔註65〕此書不僅是公認之善本，而且即使在蘇聯國內也是稀見。在魯迅看來，其原主人很可能就是一位流亡上海的白俄，在此書出版之際，他對原書收藏者表達了深深的敬意：

> 這大約是十月革命之際，俄國人帶了逃出國外來的；他該是一個愛好文藝的人，抱守了十六年，終於只好拿它來換衣食之資；在中國，也許未必有第二本。藏了起來，對己對人，說不定都是一種罪業，所以現在就設法來翻印這一本書，除紹介外國的藝術之外，……同時也以慰售出這本畫集的人，將他的原本化為千萬，廣布於世，實足償其損失而有餘……〔註66〕

魯迅對流亡白俄的讚譽顯然不止於讀書人之間的惺惺相惜。設身處地想來，革命爆發不啻天崩地裂，倉皇逃亡之際，常人大抵只能攜帶些保命之物，何人能在有限而寶貴的行李中放上一本厚厚的圖畫集，並且帶著它流徙萬里？倘若沒有對俄羅斯文化堅實的認信，何人能有此大勇？而此時的圖畫集早已不僅是一本來自俄羅斯的書，而是一脈源自俄羅斯的文化骨血。正如一位流亡哈爾濱的白俄詩人所言，「正因為受到了國家驅逐，我們才帶著俄羅斯四處奔走。」〔註67〕對於那些失去祖國而被迫流亡異域的白俄知識精英而言，堅守俄羅斯的語言與文化不僅是維繫白俄社群存在的精神紐帶，而且也是他們引以為傲的俄羅斯文化正統性之體現。而為魯迅所讚賞者，正是持書人此一捍衛祖國文化的大愛與大勇，而這也似乎再次回應了他在閱讀俄國文學時經常流露出的對「俄國人民的偉大」〔註68〕以及「那堅決猛烈冷靜的態度」的讚揚。〔註69〕

〔註65〕此書由魯迅出資百元買下，交文化生活藝術出版社出版。又因該社對銷量及出版成本有過顧慮，所以魯迅出一部錢補足成本，並訂購五十本。參見梅志：《讀許廣平先生的札記》，《新文學史料》，1993 年第 1 期。

〔註66〕魯迅：《「死魂靈百圖」小引》，《魯迅全集》第 6 卷，第 446 頁。

〔註67〕〔俄〕阿列克謝·阿恰伊爾：《在世界各地漂泊》，《松花江晨曲》，北方文藝出版社，2002 年，第 20 頁。

〔註68〕魯迅：《譯了〈工人綏惠略夫〉之後》，《魯迅譯文全集》第 1 卷，第 140 頁。

〔註69〕〔俄〕安特萊夫：《黯澹的煙霧裏》，魯迅譯，《譯者記》，《魯迅譯文全集》第

環顧 1935 年的中國文壇，魯迅這一激賞白俄的筆調可謂獨一無二。概略而言，當時中國作家的白俄敘事大致可分為三種類型，一是普羅（左翼）作家的「敵人」想像，二是靳以的「異國情調」反思，三是彭家煌、黑嬰等人的「苦難」書寫。〔註 70〕然而在這三種類型中，我們都找不到對白俄精英文化的思考。考慮到此時的魯迅已是左翼文學的精神領袖，那麼他與其他左翼作家在白俄敘事上的重大差異尤其值得關注。在普羅（左翼）作家的「敵人」想像中，白俄只能是沒落的階級敵人，而不能對其進行悲劇性的呈現，讚揚的筆觸更是絕無可能。而魯迅的問題意識顯然不同與此，在他看來，作為現代「知識分子」的兩大範型之一（另一範型是以左拉為代表的法國知識分子），俄國知識分子以血肉之軀承載了「十月革命」的時代巨變，其思想上的受傷與抵抗尤其值得關注。而魯迅這種關注的目光不僅集中於蘇聯「同路人」作家以及新興革命作家，〔註 71〕而且被白俄作家所深深吸引。1928 年 8 月，正在「革命文學」論戰之中的魯迅對於當下火熱的「唯物史觀打仗」不以為然，「只希望有切實的人，肯譯幾部世界上已有定評的關於唯物史觀的書——至少，是一部簡單淺顯的，兩部精密的——還要一兩本反對的著作。」〔註 72〕而在隱喻的意義上，白俄知識分子正是中國知識分子必讀的有關十月革命和蘇聯的「反對的著作」。

　　如所周知，「俄羅斯僑民界的文學，是俄羅斯民族文化不可分割的一個部分」，〔註 73〕如果離開俄僑文學，根本無法談論 20 世紀俄國文學史。〔註 74〕

---

1 卷，第 231 頁。

〔註 70〕參見彭家煌：《明天》，《申報・自由談》，1933 年 5 月 27 日；黑嬰：《聖誕節的前夜》，《良友畫報》第 102 期，1935 年 2 月 15 日。另外，1930 年代的申報上湧現出為數眾多的苦難白俄形象，不過這些作品大多將「苦難」奇觀化，以此滿足讀者的市民趣味。

〔註 71〕魯迅在分析畢力涅克的小說《精光的年頭》時指出，這部小說的唯一主角是「革命」，「而畢力涅克所寫的革命，其實不過是暴動，是叛亂，是原始的自然力的跳梁，革命後的農村，也只有嫌惡和絕望。」參見魯迅：《一天的工作・後記》，《魯迅譯文全集》第 6 卷，福建教育出版社，2008 年，第 324 頁。而在魯迅看來，法捷耶夫的《毀滅》最成功之處在於深刻剖析了在革命中遭遇挫敗與痛苦的知識分子，特別是「外來的知識分子」高中生美諦克的無奈與孤獨。參見魯迅：《毀滅・後記》，《魯迅譯文全集》第 5 卷，福建教育出版社，2008 年版，第 408 頁。

〔註 72〕魯迅：《文學的階級性》，《魯迅全集》第 4 卷，人民文學出版社，1981 年版，第 127 頁。

〔註 73〕〔俄〕弗・阿格諾所夫：《俄羅斯僑民文學史》，劉文飛、陳方譯，人民文學

倘若翻檢魯迅的蘇俄文學翻譯文本，很多作品出自革命後流亡國外或沉默於國內（「內部僑民」）的白俄作家之手。〔註75〕事實上，主要是通過閱讀日本學者的俄國文學研究著述，魯迅對這些白俄作家的狀況較為熟悉。〔註76〕在1926年8月發表的《「十二個」後記》中，魯迅明確指出「就詩人而言，他們因為禁不住連底的大變動，或者脫出國界，便死亡，如安得列夫；或者在德

〔註74〕 在俄僑文學的版圖中不僅名家雲集、群星璀璨的歐洲，還包括新人輩出、獨具一格的中國。俄僑文學研究專家弗·阿格諾所夫就認為，至少涅斯梅洛夫、佩列申和阿恰伊爾三位哈爾濱俄僑詩人是一流的，「他們可以被寫入任何一部俄羅斯文學史，他們的作品可以被列入任何一部 20 世紀俄語詩歌選集。參見《俄僑文學四人談》，〔俄〕弗·阿格諾所夫：《俄羅斯僑民文學史》「附錄二」，第724頁。不過即使對於居於主流的歐洲俄僑文學界而言，由於地理上的隔絕，當時的中國俄僑文學也只是被忽視的「沉默」的「外省」。參見李萌：《缺失的一環——在華俄國僑民文學》，北京：北京大學出版社，2007年，第2頁。而因為民族、語言和文化等方面的隔閡，中國俄僑文學更是未能進入魯迅以及其他中國作家的視野，這其中唯一的例外可能來自高長虹，他在訪歐前曾在哈爾濱逗留，並與著名俄僑作家涅斯梅洛夫結識，相互翻譯對方詩作。參見曾一智：《城與人——哈爾濱故事》，黑龍江人民出版社，2003年，第446頁。

〔註75〕 這些「白銀時代」作家主要是，契訶夫、安特萊夫（安德列耶夫）、契里珂夫、阿爾志跋綏夫、勃洛克、札彌亞丁（札米亞金）等人，而這當中的很多人後來成了著名的俄僑作家：安特萊夫、契里珂夫、阿爾志跋綏夫及札米亞金等。另外，有關晚年安德列耶夫反蘇維埃思想之研究，可參見俄羅斯科學院高爾基世界文學研究所集體編寫：《俄羅斯白銀時代文學史》第3卷，第306～308頁。

〔註76〕 1928年6至10月，魯迅在《奔流》上翻譯並連載了藏原惟人的《蘇俄的文藝政策》一文，該文是1924年5月9日俄國共產黨中央委員會所召開的黨的文藝政策討論會的速記，而如何更好地貫徹執行黨在文藝領域的指導方針——「和國內及國外僑民，行了最決定底的鬥爭」，正是此次討論會的重要議題之一。參見藏原惟人：《關於對文藝的黨的政策——關於文藝政策的評議會的議事速記錄（1924年5月9日）》，魯迅：《文藝政策》，《魯迅譯文全集》第5卷，福建教育出版社，2008年，第43、107頁。在該書的「附錄」中，岡澤秀虎論述了十月革命帶給俄國文學界的分化，過去居於文壇中心的作家大部分逃亡，而「失去了自己底階級，自己底生活條件的他們，在內心上也斷絕了創造底路了」。參見岡澤秀虎：《以理論為中心的俄國無產階級發達史》，同上書「附錄」，第126頁。而在魯迅1929年翻譯出版的《壁下譯叢》一書中，昇曙夢也論述了十月革命對俄國作家的淘洗，指出安特萊夫，庫普林，契理羅夫等著名作家現在「徒然住在國外，（譯者按：安特萊夫是在十月革命那年死的），一面詛咒著祖國的革命的成功，一面將在那暗中人式的亡命生活中，葬送自己的時代。」參見昇曙夢：《最近的戈理基》，魯迅譯，《魯迅譯文全集》第4卷，第147頁。

法做僑民，如梅壘什珂夫斯奇，巴理芒德；或者雖然並未脫走，卻比較的失了生動，如阿爾志跋綏夫。」〔註77〕半年後，魯迅在《老調子已經彈完》中以俄國爲例，再次論述了作家與革命的關係：「他們當俄皇專制的時代，有許多作家很同情於民眾，叫出許多慘痛的聲音，後來他們又看見民眾有缺點，便失望起來，不很能怎樣歌唱，待到革命以後，文學上便沒有什麼大作品了。只有幾個舊文學家跑到外國去，作了幾篇作品，但也不見得出色，因爲他們已經失掉了先前的環境了，不再能照先前似的開口。」〔註78〕1932 年 9 月，魯迅在《豎琴·前記》中再次強調，自尼古拉二世以來的俄國文學一直是「爲人生」的文學，但其在如今的蘇聯卻日趨凋零，這是因爲「十月革命」帶給作家們「一個意外的莫大的打擊。於是有梅壘什珂夫斯基夫婦，庫普林，蒲寧，安特萊夫之流的逃亡，阿爾志跋綏夫和唆羅古勃之流的沉默。」〔註79〕需要注意的是，魯迅對於白俄作家在中國革命語境中的客觀反動性非常警惕，1930 年 8 月，他在《十月·後記》中指出，「我們的大學教授拾了僑俄的唾餘，說那邊在用馬克斯學說据斥估兩，多也不是，少也不是，是誇張的，其實倒是他們要將這作爲口實，自己來据斥估兩。」〔註80〕

值得強調的是，中文中的「僑民」不過是一個中性名詞，「謂旅居國外之民」，〔註81〕而俄文中的「эмигрант」卻有著特殊的含義，「就是指那些由於種種原因，尤其是政治原因被迫離開祖國的人。」〔註82〕換言之，俄文中的「僑民」銘刻著反抗沙皇暴政的歷史記憶，是一個頗具悲劇性的政治詞彙。〔註83〕也正因爲此，按照 1930 年代的中國左翼文學的白俄敘事規範，作家不能稱這些「被迫離開祖國的人」爲「僑民」，而只能遵照蘇聯官方的叫法稱其爲「白俄」或者「白黨」。〔註84〕而魯迅的深刻之處在於，雖然他曾用「白俄」

〔註77〕 魯迅：《「十二個」後記》，《魯迅全集》第 7 卷，人民文學出版社，1981 年版，第 298 頁。

〔註78〕 魯迅：《老調子已經唱完》，《魯迅全集》第 7 卷，第 307～308 頁。

〔註79〕 魯迅：《豎琴·前記》，《魯迅譯文全集》第 6 卷，第 5～6 頁。

〔註80〕 魯迅：《十月·後記》，《魯迅譯文全集》第 6 卷，第 220 頁。

〔註81〕 中國大辭典編纂處編：《國語辭典》第 3 冊，商務印書館，1937 年，第 2080 頁。

〔註82〕 參見劉雲飛、陳方：「譯者後記」，〔俄〕弗·阿格諾索夫：《俄羅斯僑民文學史》，第 727 頁。

〔註83〕 據《蘇聯大百科全書》統計，僅 1913 年從沙皇俄國流亡出去的僑民就多達 29 萬人，而流亡僑民總數更是多達 170 萬人。參見〔俄〕弗·阿格諾索夫：《俄羅斯僑民文學史》，第 1 頁。

〔註84〕 幾乎唯一的例外來自蔣光慈的《麗莎的哀怨》，該小說以「外僑」和「僑民」

來稱呼那些狐假虎威的俄國巡捕以及日常生活中隨處可見的俄國店主，但卻從未用它來稱呼包括《死魂靈》圖畫集藏書者在內的俄國流亡知識分子。比之於藏書者「俄國人」的泛稱，魯迅一直以這些俄國流亡作家的「自稱」──「僑民」來稱呼他們。而這種稱呼的變化不僅反映出魯迅敏銳的政治洞察力，而且體現出魯迅對這些流亡知識分子的尊重。因而，在魯迅看來，這些俄國「僑民」知識精英正是來自異邦的借鏡，從中可以省察中國知識分子的革命道路。

四、「沙俄」的暗影與「反蘇」的面容

讓我們再回到那本 1893 年版的《死魂靈》圖畫集。其實只有回到 1930 年代初中國的歷史語境，我們才能真正理解魯迅這一發現俄文書籍的驚喜。正如魯迅所感慨，「想翻譯一點外國作品，被限制之處非常多。首先是書，住在雖然大都市，而新書卻極難得的地方，見聞決不能廣。」〔註 85〕而具體到俄蘇文學翻譯而言，最大的「限制」並非中俄文學交流上的客觀障礙，而是國民政府出於剿共反赤之目的，對與「蘇聯」有關的書籍報刊一概查禁，一時間國人談俄色變，以至於郵局中常有古怪之人「看見『俄國』兩字就恨」，連上海小市民也「以為俄國要吃他似的」。〔註 86〕在此白色恐怖之下，自然難覓第一手俄蘇文學資料的蹤影。事實上，直到 1937 年「抗戰」全面爆發，中國與蘇聯形成戰略同盟關係之前，〔註 87〕國民黨當局對「蘇聯」的恐懼和敵對都到了無以附加的程度。而作為蘇聯之敵的白俄，在國民黨當局這一系列敵對蘇聯的行動中扮演了並不光彩的告密者角色。

來稱呼上海白俄群體，而這種對白俄命運的悲劇性呈現正是其遭致激烈批判的重要原因之一。

〔註85〕魯迅：《壁下譯叢小引》，《魯迅譯文全集》第 4 卷，福建教育出版社，2008年版，第5頁。

〔註86〕參見魯迅：《致曹靖華》，《魯迅書信集》（上卷），第312頁。另按，蔣光慈曾親歷此荒謬可笑的查禁行為。1930 年代初，他曾預付百元在上海外文書店訂購一套《蘇聯百科全書》，然而該書到店之後，店員竟以「赤俄的書」為由，將書扣押。參見吳似鴻著，傅建祥整理：《我與蔣光慈》，第85頁。

〔註87〕隨著國共合作實現，蘇聯對華政策重心轉向國民黨一方，維持國民黨在抗日民族統一戰線中的主體地位，兩國於 1937 年簽訂《中蘇互不侵犯條約》，並在隨後簽訂了蘇聯三次對華貸款協議。儘管因為蘇聯堅持中立日本、避免與之開戰的政策，並與日本訂立中立條約，中國的聯蘇抗日戰略宣告終結，但兩國仍然形成了戰略同盟關係。參見薛銜天、金東吉：《民國時期中蘇關係史》（中），北京：中共黨史出版社，2009年版，第58頁。

　　1934 年 11 月 19 日，蕭軍在給魯迅的信中提及了這樣一件小事。初到上海的蕭軍感覺一派俄國風情的霞飛路很像哈爾濱的中央大街，不禁動了「思鄉之情」，於是他「一有機會就喜歡和遇到的隨便哪個俄國人說幾句『半弔子』的俄國話。」〔註 88〕然而讓蕭軍意想不到的是，一天後魯迅的回信擊碎了這溫暖的鄉愁。他特別嚴肅地警告蕭軍說：「現在我要趕緊通知你的，是霞飛路的那些俄國男女，幾乎全是白俄，你萬不可跟他們說俄國話，否則他們會疑心你是留學生，招出麻煩來。他們之中，以告密爲生的人們很不少。」〔註 89〕爲何被白俄懷疑成蘇聯留學生是如此可怕之事，竟會引發魯迅親自嚴厲提醒？而要理解魯迅的嚴厲，就必須瞭解國民黨當局對蘇聯留學生的嚴酷迫害。1929 年 1 月，國民政府頒行了由國民黨中央執行委員會制定了《處理留俄歸國學生暫時辦法》，該辦法對待蘇聯留學生無異於重罪嫌犯。〔註 90〕在此嚴酷迫害之下，不僅看俄文書是一種禁忌，甚至連說俄語都成了非常危險的事情。而正因爲白俄與國民黨當局的特務統治之間存在著密切的共謀，所以魯迅才用譏諷的筆調寫到，如今「蒙古親近赤俄，公決革出五族，以僑華白俄補缺，仍爲『五族共和』，各界提燈相慶」。〔註 91〕

　　而從很多像《踢》那樣的取材於新聞報導的雜感中可以看出，「在當代的文人中，恐怕再沒有魯迅那樣留心各種報紙的了吧。」〔註 92〕魯迅自己也曾宣稱，到上海後他一直閱讀申報，〔註 93〕何況自 1933 年初起，《申報・自由談》成了魯迅上海時期最重要的發表平臺之一，那麼《申報》大概是他最留心的報紙了。那麼作爲上海最重要的主流媒體，《申報》又是怎樣來報導白俄

〔註 88〕 蕭軍：《第六封信注釋》，《蕭軍全集》第 9 卷，華夏出版社，2008 年版，第 49 頁。
〔註 89〕 魯迅：《第六封信》，《蕭軍全集》第 9 卷，第 48 頁。
〔註 90〕 按照《辦法》之規定，留學生歸國後一星期必須親赴中央或各省黨部報到，在各省報到者，由該各省黨部轉送中央聽候處置。若一星期內不報到，即以共產嫌疑犯論處。而報到後必須入住中央設立之留俄歸國學生臨時招待所，非經中央詳密考查，認爲確無共黨嫌疑，並給予證明書後，不得擅自離去。得到證明書後，尚需國民黨黨員五名以上連坐保證，才能准其自由行動，但一年以內，仍須將住址行動，隨時報告中央，以備查訊。參見《處理留俄歸國學生暫時辦法》，《申報》，1929 年 2 月 18 日。
〔註 91〕 參見魯迅：《擬豫言——一九二九年出現的瑣事》，《魯迅全集》第 3 卷，人民文學出版社，1981 年版，第 571 頁。
〔註 92〕 李長之：《魯迅批判》，北京出版社，2003 年版，第 142 頁。
〔註 93〕 參見魯迅：《僞自由書・前記》，《魯迅全集》第 5 卷，第 3 頁。

的呢？1927～1936 年間的《申報》登載了幾百篇關於白俄的報導，其中絕大
多數是有關盜竊、搶劫、酗酒、賣淫、乞討等方面的負面信息。除了上述《劉
明山慘死係俄捕足踢墮浦》的報導，魯迅最爲關注的華洋（俄）關係方面的
代表性例子也較爲常見。

　　1930 年 3 月，法租界霞飛路巴黎大戲院房主丁潤庠被法租界會審公廨檢
察處送達堂之公務員，俄人克爾米鹿夫因細故毆打成傷。〔註 94〕當年 9 月，
崇明路青雲里新沙遜洋行因翻建洋行所屬房屋，雇傭白俄二百餘人，強拆民
屋，市民房屋被翻動者三十餘家，被毆傷者數人。〔註 95〕此番惡行引發整個
青雲里房客大請願。〔註 96〕1931 年 3 月，任職於滬西大西路一百號白俄老拉
買糖果公司的俄人馬爾克斯基，因與公司僕役河北人劉全山爭奪抹布，始而
口角，繼而逞凶，拳毆劉全山致死。〔註 97〕當年 5 月，上海人史文愷在購公
共汽車季票時，俄人皮配年高吉插後來居上，史與其理論，反對其推倒受
傷。〔註 98〕幾天後，充當皖人富商保鏢之白俄麥開夫爲在西藏路與時疫醫院
護士蘇州人李維嘉衝突，竟以槍柄猛擊李之頭面，「旁觀者爲鳴不平」而報
警。〔註 99〕

　　不可否認的是，上述新聞報導可能存在不同程度上的主觀性和傾向性，
但同樣不可否認的是，正是它們參與建構了上海白俄「帝國主義爪牙」的社
會形象。或許正因爲此，一部 1933 年出版的《現代語辭典》如此解釋「白
俄」詞條：「反對俄國革命及蘇維埃的俄羅斯人，他們流落各國，幫助帝國主
義鎮壓革命運動。」〔註 100〕除了源於日常生活中較爲淺表的直接經驗之外，
魯迅對於在華白俄的認知很大程度上還來自「閱讀」白俄的間接經驗，兩者
間的緊密互動塑造了此時魯迅心中的白俄形象。因而對於諸如此類的白俄負
面報導，魯迅無疑是熟悉的，它們不僅呈現了白俄的粗野與強橫，更是勾起
了魯迅對隱藏在這種粗野與強橫背後的，陳腐的沙文主義氣息的極度厭惡。
在《衝》中，魯迅回憶起沙皇時代用「哥薩克馬隊」衝散革命群眾的專制「快

〔註 94〕《丁潤庠被俄人毆傷續紀》，《申報》，1930 年 3 月 8 日。
〔註 95〕《崇明路青雲里昨有白俄強拆民屋》，《申報》，1930 年 9 月 11 日。
〔註 96〕《昨日青雲里房客大請願》，《申報》，1930 年 9 月 16 日。
〔註 97〕《俄人膽大妄爲一掌擊死華人》，《申報》，1931 年 4 月 26 日。
〔註 98〕《俄人推倒華人受傷》，《申報》，1931 年 5 月 17 日。
〔註 99〕《朱靜安家俄保鏢以槍柄行凶》，《申報》，1930 年 5 月 12 日。
〔註 100〕李鼎聲主編：《現代語辭典》，上海光明書局，1933 年，第 124 頁。

舉」。〔註101〕而在《踢》中，魯迅驚呼白俄巡捕竟然「將沙皇時代對猶太人的
手段，到我們這裡來施展了」。〔註102〕而通過閱讀俄國文學，魯迅早已領教這
一酷虐的「手段」，並且指認「專制俄國那時的『廟謨』，眞可謂『毒遍四海』
的了」。〔註103〕因而，在魯迅看來，這些欺壓中國百姓的白俄雖然經歷多年流
亡生涯的淘洗，但卻仍然只是一塊塊保留著沙皇專制遺毒的活化石。

　　如果說魯迅在這些欺壓國人的白俄身上發現了「沙俄」的暗影，那麼他
在那些白俄主辦的報紙上看到的則是一副清晰的「反蘇」的面容。據當時的
媒體文章披露，在1930年代的上海，白俄擁有視《俄文日報》、《霞報》等十
餘家俄文報紙，〔註104〕以及《俄國》、《設計者》等數份定期刊物，〔註105〕
這些報刊絕大多數都以反蘇爲輿論導向，〔註106〕是上海僑民界乃至上海新聞
界的重要力量之一。魯迅對這些白俄報刊可能有所耳聞，但因語言和政治等
方面的隔閡，與之素無交集。不過在1933年初，魯迅卻因愛爾蘭著名劇作家
蕭伯納而與它們意外「結緣」。這一年的2月17日，蕭伯納順訪上海，雖然
僅停留了半天多的時間，上海各媒體卻掀起了一波「蕭伯納熱」。而就在蕭氏
離開上海十餘天後，魯迅與瞿秋白合作編寫了《蕭伯納在上海》一書。魯迅
在該書序言中指出，蕭伯納受到了來自「英系報，日系報，白俄系報」的造
謠與攻擊。〔註107〕此處所言的「白俄系報」主要是指《上海霞報》，〔註108〕
而瞿秋白則將其指認爲「呸蕭的國際聯合戰線」主力之一。〔註109〕

〔註101〕 魯迅：《衝》，《魯迅全集》第5卷，第339頁。

〔註102〕 魯迅：《踢》，《魯迅全集》第5卷，第245頁。

〔註103〕 1921年4月，魯迅翻譯了俄國作家阿爾志跋綏夫以「猶太人虐殺」爲背景的
短篇小說《醫生》，在「譯者附記」中，魯迅言簡意賅地介紹了1905至1906
年間沙俄的猶太人大屠殺事件，他還特別提及了1921年白俄頭目恩琴在庫倫
對猶太人的殘酷殺戮。參見魯迅：《醫生・譯者附記》，《魯迅譯文全集》第1
卷，第274～275頁。

〔註104〕 參見胡道靜：《上海的日報》，《上海通志館期刊》第2年第1期，1934年6月。

〔註105〕 參見胡道靜：《上海的定期刊物》，《上海通志館期刊》第1年第3期，1933年3
月。

〔註106〕 《遠東之白俄》，上海《晨報》，1932年7月19日。

〔註107〕 魯迅：《「蕭伯納在上海」序言》，《蕭伯納在上海》「序言」第2頁。

〔註108〕 根據胡道靜的研究，該報又稱「柴拉報」，1920年創辦於哈爾濱，1925年、
1928年又分別在上海、天津創辦同名報紙。上海《霞報》還附設晚報版，即
《晚霞報》。該報即擁護白俄又贊成南京國民政府，是當時上海最主要的俄文
報紙。參見胡道靜：《上海的日報》。

〔註109〕 參見樂雯（瞿秋白）：《呸蕭的國際聯合戰線》，《蕭伯納在上海》，第62頁。

　　事實上，蕭伯納此訪之所以引發國人如此廣泛的關注，不僅因為他是世界文豪，更主要的是因為他是享譽世界的社會主義者，並且曾在 1931 年 7 月訪問蘇聯的著名親蘇作家。而也正因為關涉到「蘇聯」議題，上海白俄報紙才會深度參與了此次事件的報導。而如果按照魯迅的說法，將蕭伯納比作一面政治上的「大鏡子」〔註 110〕，那麼白俄報紙從中照見的一定是一副清晰的「反蘇」面容。從《蕭伯納在上海》一書收錄的兩篇白俄報紙文章來看，他們對蕭伯納的攻擊主要集中在「親蘇」問題上，一是指責蕭伯納對於蘇聯的「忠順」與「讚美」，〔註 111〕二是諷刺蕭伯納的「虛偽」，他一方面以「天堂式的蘇維埃國家」作家和「誠意」的「社會主義者」自居，另一方視則過視乘坐豪華遊艇環遊世界的奢侈生活。而具體到此訪而言，邀請方為蕭伯納準備了「奢侈的午飯」，出席者「或者是名人，或者是喜歡和名人挨肩並坐的人們」，「桌子旁邊有數不清的僕人侍候視」。〔註 112〕

　　事實上，正是因為對於十月革命和蘇聯有著不同的切身理解，這些白俄記者的確給親蘇的蕭伯納帶來了不小的挑戰。在當日下午的記者會上，在場的唯一一位白俄記者以自己在流亡國外之前親身見聞的社會苦況，反駁了蕭伯納揄揚蘇聯的言論，「於是蕭氏又斷然告之曰，君所語者，實係若離俄時一九二二年之所見，非最近蘇俄之情況也。倘君於此時返國之後而仍能逃走者，必知今日情形之甚佳矣。僅憑過去之觀察，以衡現在之蘇俄，當然不能知最近蘇俄進步之速也。」〔註 113〕今天看來，蕭伯納的這一回答確實失之於尖刻，而這也遭致了中國媒體的批評：「至於他之前揄揚蘇聯，那也只是他個人的意見，並不必要中國一定要『借鏡』。然而他答俄報記者的「假如今日君返俄國之後而能逃出者，卻是冷語可怕。」〔註 114〕

　　據馮雪峰回憶，《蕭伯納在上海》一書「由魯迅先生動議，由許廣平先生搜賣報紙，由秋白同志選擇、剪貼並加評語編成的。這其間他們開始有最相得的常常到深夜的漫談。」〔註 115〕因而該書在很大程度上體現了魯迅與瞿秋

〔註 110〕參見魯迅：《「蕭伯納在上海」序言》，樂雯剪貼翻譯並編校：《蕭伯納在上海》，上海野草書店，1933 年，「序言」第 1 頁。

〔註 111〕參見《我們和蕭》，《蕭伯納在上海》，第 81 頁。

〔註 112〕參見樂雯（瞿秋白）：《白俄報的義憤》，《蕭伯納在上海》，第 77～88 頁。

〔註 113〕參見《蕭伯納昨過滬北上》，《申報》，1933 年 2 月 18 日。

〔註 114〕參見吾：《歡送蕭伯納》，《申報》「本埠增刊」，1933 年 2 月 20 日。

〔註 115〕參見馮雪峰：《回憶魯迅》，《馮雪峰憶魯迅》，河北教育出版社，2002 年，第 78 頁。

白思想上的相互影響，然而在面對白俄報紙——蘇聯之敵之時，兩人的態度卻又略有不同。對於白俄報系的一系列指責，瞿秋白給與了堅決反擊。《上海霞報》曾質問蕭伯納爲何不去探訪上海的貧民窟，而在瞿秋白看來，白俄報紙之所以有此一問，「原來因爲俄國群眾的『不滿意』的爆發，弄得他們這些王孫公子變成了喪家之犬，幾乎要流落到這個貧民窟裏，永世做中國工人的罷工破坏者。彷彿他們的流落，蕭伯納也『與有罪焉』。」〔註116〕而蕭伯納答白俄記者問時那段讓中國記者耿耿於怀的「冷語」，卻被瞿秋白視爲攻擊白俄報紙的銳利武器，他嘲笑白俄報紙「不敢提起蕭伯納說的一句話！『假如今日君返國之後而仍能逃走者——君於此時返國一考察，必知今日情形之甚佳矣。」〔註117〕

而比之於瞿秋白「揚眉劍出鞘」的戰鬥姿態，魯迅對於白俄報紙的態度顯然要平和一些。事實上，魯迅對那些麇集在蕭伯納身邊，視其爲《大英百科全書》的那些「爲文藝的文藝家，交際明星，伶界大王等等」名人也是頗爲反感，〔註118〕而他在1933年6月5日复魏猛克的信中更是承認，「你疑心蕭有些虛偽，我沒有異議。」〔註119〕不過在魯迅看來，蕭伯納應該作爲一個「拿來」的資源，在中國具體的革命時空中被理解與接受，因而「對於蕭的言論，侮辱他個人與否是不成問題的，要注意的是我們爲社會的戰鬥上的利害。」〔註120〕兩相比較，說到根底還是瞿秋白與魯迅對於蘇聯有著不同的理解，對於前者，這是政治與革命的聖地，而對於後者，這是偉大的但仍需「拿來」的異邦。

結　語

在筆者看來，魯迅之所以「親蘇」，原因之一恐怕在於「反俄」，此處之「俄」當然是指沙俄。事實上，魯迅從未視蘇聯爲天堂，相反，他對蘇聯的革命暴力非常警醒，不然就不能理解魯迅對蘇聯文學內外革命問題的熱切關注。而在魯迅看來，蘇聯最重要的價值與意義不僅在於「立新」，更在於「破

〔註116〕參見樂雯（瞿秋白）：《白俄報的義憤》，《蕭伯納在上海》，第89頁。
〔註117〕參見樂雯（瞿秋白）：《俄國公主論蕭伯納》，《蕭伯納在上海》，第83頁。
〔註118〕魯迅：《看蕭和「看蕭的人們」記》，第511頁。
〔註119〕參見魯迅：《通信（復魏猛克）》，《魯迅全集》第8卷，人民文學出版社，1981年，第339頁。
〔註120〕參見魯迅：《通信（復魏猛克）》，第340頁。

舊」。進而言之，如果不瞭解沙俄專制時代的黑暗，人們就不會理解蘇聯時代的光明，以及光明背後的暴力，「俄皇的皮鞭和絞架，拷問和西伯利亞，是不能造出對於怨敵也極仁愛的人民的。」〔註121〕

而正是在此「鑒俄」的思想脈絡中，魯迅對作爲沙俄與蘇聯之雙重鏡象的白俄展開了思考。在魯迅看來，只有在徹底反省沙俄專制統治、進而重新認識俄國革命的基礎上，白俄之存在的合法性才能得到確證。1920 年代末，魯迅曾在一篇《隨感錄》中提出了「愛國者」與「愛亡國者」的概念，雖非專爲白俄而造，但與其本質卻非常契合。在魯迅看來，「愛國者」與「愛亡國者」的具體區別在於：「一種是希望著光明的將來，謳歌那簇新的復活，眞如時雨灌在新苗上一般，可以興起人無限清新的生意。一種是絮絮叨叨敍述些過去的榮華，皇帝百官如何安富尊貴，小民如何不識不知；末後便痛斥那征服者不行仁政。」〔註122〕而在魯迅的文本與生活世界中，有勇猛歌唱的白俄歌舞團員，有友善的白俄咖啡館老闆，有敬業的白俄書店主人，有令人感佩的白俄藏書者，還有「帶著俄羅斯四處奔走」的俄僑作家，這些人都在苦難的流亡生涯中獲得了成爲「愛國者」的契機，因爲「愛國者雖偶然懷舊，卻專重在現世以及將來」。與此截然相反的是，流亡生涯也造就白俄巡捕那樣的「愛亡國者」，他們「只是悲歎那過去，而且稱讚著所以亡的病根」，而正因爲他們「不能眞心領得苦難，也便難有新生的希望。」〔註123〕

法國當代思想家列維納斯曾對他者與自我之關係進行過深刻的論述：所謂「他者」是一個時間的突然停頓，一次敲打著隔板的喚醒，一種永無休止的臨近、攪擾與質疑，而「自我」則不過是一個無法擺脫的人質，不僅只能相對於「他者」而存在，而且宿命般地「承擔著所有其他人的主觀性」。〔註124〕而對於現代中國而言，「自我」的生成不僅離不開「他者」的挑戰，而且承擔著「他者」的重壓。不過相對於英美、法日、蘇聯這些「顯赫」的「他者」，白俄則一直沉默國人思想的角落，並未受到足夠的重視。白俄是白人、西方、列強和現代，但也是流亡者、沒落階級、「二等白人」和「羅宋癟

〔註121〕 魯迅：《「爭自由的波浪」小引》，最初發表於 1927 年 1 月 1 日《語絲》周刊第 112 期，《魯迅全集》第 7 卷，1981 年，第 304 頁。
〔註122〕 參見魯迅：《集外集拾遺補編‧隨感錄》，《魯迅全集》第 8 卷，第 79～80 頁。
〔註123〕 參見魯迅：《集外集拾遺補編‧隨感錄》，第 80 頁。
〔註124〕 參見〔法〕艾瑪紐埃爾‧勒維納斯：《上帝‧死亡和時間》，余中先譯，北京三聯書店，1997 年，第 163 頁。

三」，更爲關鍵的是，囿於語言、民族、政治和文化等方面的隔閡，比之於歐洲，中國視域下的白俄並不具有主體性，相反只是一個有關西方、現代、歷史與革命的多重鏡象，他們落入了中國獨特的尋求現代性的歷史語境之中。〔註125〕然而這些看似沉默的白俄卻又牽扯著國人一連串的思想症候，他們以一種「隱蔽」但又獨特的方式參與了中國的現代性進程。

在魯迅那裡，白俄就是這樣一個「隱蔽」的他者。而所謂「隱蔽」直接表現爲，魯迅的白俄敘事並未集中、專門地構成其文學世界的主題，而是散落在對於特定問題的討論之中，需認眞披閱方可識辨，而這也是特定歷史語境對於魯迅的限制與要求。然而，正如馮雪峰有關魯迅與外國文學關係的評價所言：「〔他〕在任何一篇作品裏都沒有所謂異國情調之類。他的內容全部都是中國人民的生活和問題，他的思想和感情全部都是中國人在現在中國的現實生活和革命鬥爭裏所發生的思想和感情。」〔註126〕故此魯迅之白俄敘事的深刻之處在於，他賦予這種「隱蔽」以選題的嚴肅性與視角的獨特性，即他有關白俄的敘事從未局限於淺薄的遺民慨歎、獵奇的異國情調、虛妄的摩登想像以及簡單的道德評判，而是在那些深刻關涉個人的思想轉向，以及現代中國之社會變革、文化狀況、乃至革命走向的重要議題上敏銳地發現了白俄對於自己以及國人獨特的「喚醒」與「質疑」功能，而這正是魯迅爲建設「拿來」的現代中國所作出的獨特貢獻之一。

〔註125〕白俄在中國找不到歐洲白俄那樣的堅定的文化認同，如果說白俄在東歐是遠親，在德法是舊友，那麼他們在中國只不過是一群突如其來的流民和殘存的歷史遺迹。簡而言之，不論是與俄國地緣、族緣、信仰、文化相通的東歐諸國，還是在歷史上與俄國在經濟、文化、政治、軍事交往最爲密切的德法兩國，它們都與俄國有著千絲萬縷的親近關係，比如沙皇葉卡捷琳娜二世原本就是德意誌公主。另外，因繼承了拜占庭王國的東正教遺產，沙俄成爲在哈布斯堡王朝之外的另一個羅馬帝國繼承者，因此成爲歐洲文化傳統中的重要一極。而在現實政治層面，英、法等協約國在十月革命後一直拒絕承認蘇俄，並在 1919～1920 年先後利用高爾察克、鄧尼金等白衛軍隊組織了對蘇維埃政權的進攻。由此可見，歐洲將「赤俄」看作俄羅斯帝國歷史的破壞者，而白俄才是帝國歷史的繼承者。而這些與白俄在歷史、文化與政治上的緊密聯繫，在中國都不存在。

〔註126〕馮雪峰：《魯迅和俄羅斯文學的關係及魯迅創作的獨立特色》，《馮雪峰憶魯迅》，第 144 頁。

拾參、從清末到民初：魯迅生活軌跡與思想脈絡探微

蕭　濤[*]

　　摘要：用「民國視野」的研究方法對民國時期的文學運動進行重新梳理，是近幾年中國現代文學界出現的一種文學研究現象。在這個現象的背後的原因是多方面的，其中，新的歷史時期對學科發展提出新的要求是其中最爲根本的原因，它爲我們重返歷史，回到民國話語情境中去研究民國時代的作家作品提供了一個新的視角。考察魯迅在清末民初的生活軌迹，探尋其對於魯迅思想形成的作用是本書關注的重點，通過史料梳理的方法對這一時期魯迅生活軌迹進行梳理，我們可以看到其對於魯迅後期思想的重要影響，對於我們透過「民國視野」走進眞實的魯迅有著非常重要的意義。

關鍵詞：民國視野，魯迅，文學活動

---

* 蕭濤，女，1969 年 8 月出生，湖南長沙人，教授，現任塔里木大學人文學院副院長。主要從事中國現當代文學的教學與研究工作。

　　近幾年，中國現代文學研究界出現了用「民國視野」對民國時期的文學活動進行重新梳理、結構及研究的設想和實踐活動，由「民國視野」所引發的一系列問題及方法意識為我們重返歷史，回到現代文學發生之初的話語情境中去研究民國時代的作家作品提供了一個新的研究視角，也提供了回望歷史置身其中重新解讀文學的多種可能性。當然正如已有的研究所分析的那樣，出現「民國視野」的原因是多方面的，但是『民國視野』出現的根本原因還是出於學科發展的需要」，〔註1〕此外，「在全球化深度融入中國的當下，我們需要一種和個體的現實生活和精神需求密切相聯繫的歷史闡釋。在這樣的文化變革中，曾經以政治動員和文化認同為目的的對文化意義和性質辨析的歷史焦慮，轉變為對文化生產問題的關注，現代文化的生產性問題超過了對文化性質的甄別與剔除，我們需要從歷史中找尋現代文化的生成機制，是那些歷史因素促進或制約著現代文化的生成和發展。我們對自身生存感受的表達、和異質文明對話的迫切性不再是百年前的屈辱學習，而是融合在日常生活中的常態化的主動選擇。這種對現代文化生產性的關注，使我們從歷史宏大敘述的衝動和壓迫中解放出來，我們對歷史的關注，不再僅僅局限於這種文化的政治意義和民族屬性的辨析，而是關注一種合理健康的、能和世界交流的普適性的文化如何生產的問題。」〔註2〕本書的立意及書寫正是站在這樣一種對「民國視野」認識的基礎上進行的。

　　從清末到民初是中國歷史上發生變革的一個重要時期，這一時期的中國處於軍閥混戰和新舊文化力量的衝突對決之中。辛亥革命的不徹底所導致的晚清舊勢力在民國初期的依然橫行，給那時懷揣理想救國之夢的魯迅產生極大的影響，身為民國最早的教育部官員，魯迅親眼目睹了發生在教育界的許許多多的事情，這些經歷為魯迅後來的文學創作提供了廣泛的素材，魯迅思想中尖銳的批判性和他自身性格所呈現出來的及其複雜的矛盾性，也是在這樣的大變革中日漸形成的。在「民國視野」這樣一個角度中去研究魯迅，不僅有它的合理性，而且，能讓我們在回歸民國的語境中，更好地把握魯迅，走近一個更為真實的魯迅，提供了一個新的視野。這對於我們日後在一個更大的空間去解讀魯迅及其作品提供了一個更為寬廣的平臺。本書的寫作是建

〔註 1〕 周維東：《中國現代文學研究中的「民國視野」述評》，《文藝爭鳴》，2012 年第 5 期。
〔註 2〕 王永祥：《「民國視野」的問題與方法意識》，《文藝爭鳴》，2013 年第 1 期。

立在對「民國視野」認識的基礎上，以史料的梳理為基本寫作方法，通過對晚清至民初這一個時間段魯迅生活軌迹的梳理，探尋魯迅的基本思想及其形成的原因。

一、辦刊與寫作之夢：晚清視野中的魯迅

魯迅作為二十世紀最偉大的文學家，其作品所呈現出的巨大思想深度至今仍然影響著中國的深層文化心理。把魯迅及其創作置身於「民國視野」，為我們在具體的歷史形態中去考察魯迅其人及其創作提供了一個可以拋開以往固有的研究經驗，再次尋得新的著眼點的可能。回顧和追朔魯迅這一生的創作，發現它們都與晚清至民初這一時期的社會文化紛爭氛圍有著千絲萬縷的聯繫，尤其是在晚清的社會氛圍中魯迅最初的對於改良國民性的設想是從辦刊物和寫作開始的。

拋開已有諸多研究中對魯迅對待革命和政治的態度的不同分析，本書的書寫首先將站在晚清這樣一個社會視角。希望通過對史料的梳理，我們可以發現一個更為真實的魯迅，這也是本書最主要的寫作方法。對這一時期史料的考察內容主要包括對魯迅書信、日記和魯迅生平描寫等書籍等等。在這樣的梳理中我們可以發現，魯迅從一開始就對於當下的時局和政治抱著一種謹慎的態度，並非有些研究和評論中所言魯迅一開始就是一個鬥士或是一個消極悲觀有遁世思想的人。當然作為對魯迅個人思想成長脈絡的考察，我們的視野還必須回到民國成立之前 1906 年。

1906 年 3 月，大二醫專學生魯迅退學了。許壽裳問他為什麼退學，他回的是：「我決計要學文藝了，中國的呆子，壞呆子豈是醫學所能治療的麼？」〔註 3〕也就在這一年春天魯迅告別對他留學生涯產生深遠影響的藤野先生，離開仙臺來到東京，在東京他遇到了對他後來的思想產生重大影響的章太炎，這段經歷對於研究民國視野中的魯迅是不可越過的。1905 年，孫中山等人在東京聯合興中會、華興會、光復會，組成同盟會，「發行《民報》，同主張君主立憲的改良派的《新民叢報》，圍繞著改革中國的道路問題正在展開一場大論戰。章太炎被推為《民報》主筆，他以淵博的知識和先進鋒利的思想融於一爐的文章，揭露改良派『污邪作偽』、志在干祿的醜態，也揭露在革命潮流中賭博的吳雅暉等人『自慕虛榮』、『私心曖昧』的劣迹。」

〔註 3〕許壽裳：《我認識的魯迅》，北京：人民文學出版社，1952 年版，第 7 頁。

〔註4〕章太炎的文章，說的是救國的眞理，加上筆鋒強勁，氣概非凡，深受魯迅喜愛。「以 1906 年爲界，在這之前，魯迅主要是受改良派嚴復、梁啓超的影響，而 1906 年之後，這種影響則由章太炎代替了。從學洋務，到對維新的信仰，到站在革命派立場對維新派展開批判，這是青年時代的魯迅思想成長的三部曲；它反映了當時中國先進青年知識分子不斷前進的步伐。」〔註5〕魯迅棄醫從文這種人生道路的選擇，與他在政治觀念上從改良到革命是同時發生的。在這個過程中，作爲一個確信文學藝術可以救國，可以改變國人精神面貌的知識青年來說，他對以文藝作爲武器追隨革命派的願望是明顯的。對於這種願望的實現，魯迅從一開始就寄希望於辦刊物，利用在刊物上發表文章來推行他的救國理想，但這個願望的實現從一開始就顯得極爲困難。1906年前後他和幾個志同道合的朋友商定要辦一個文藝性的刊物，魯迅帶著極大的期望籌備著期刊的誕生，據說那時，「他特別努力學習德語，很注意外國文學，尤其是文藝復興時期的那種新興的生氣勃勃的文學，因此決定用但丁的一本詩集的名字《新生》作爲這個刊物的名稱。」〔註6〕但是，這個名爲《新生》的刊物並沒有辦成，作爲魯迅來說，他「不想把《新生》變成政治活動的園地，只是想發表一些喚起祖國人民新精神的啓蒙之音。」〔註7〕但《新生》終因經費的缺失而未能如願開辦。處於清末變革時代的中國，大多數人對於魯迅所希冀的用文藝刊物文學作品來陶冶國民情操的理想是不理解的，籌辦《新生》刊物的受挫是魯迅踏上文學改良之路之後的第一次受挫，但並沒有阻止他繼續的寫作。

　　1908 年，魯迅先後發表了《摩羅詩力說》、《科學史教篇》、《文化偏至論》等論文，這些論文「均反映了他試圖以象徵手法剖析中國人性陰暗面的諸多努力。他渴望找到能夠使國人免於行屍走肉地生活的回春魔力。同時，魯迅和胞弟周作人合作翻譯、出版了多部東歐小說，以圖喚醒中國大眾。但是，魯迅的文學生涯不斷遭遇挫折，直到以《狂人日記》出人意料地獲得成功。」〔註8〕魯迅這一時期寫作的論文較爲全面地闡述了他的文藝觀點，「這些觀點

〔註 4〕劉再復：《魯迅傳》，北京：人民日報出版社，2010 年版，第 65 頁。
〔註 5〕劉再復：《魯迅傳》，北京：人民日報出版社，2010 年版，第 65～66 頁。
〔註 6〕劉再復：《魯迅傳》，北京：人民日報出版社，2010 年版，第 66 頁。
〔註 7〕劉再復：《魯迅傳》，北京：人民日報出版社，2010 年版，第 66 頁。
〔註 8〕孫康宜、宇文所安主編：《劍橋中國文學史（下卷）1375～1949》，北京：生活・讀書・新知三聯書店，2013 年版，第 523 頁。

有的受到王國維的文學『非功利』的美學觀的影響，有的則留下梁啓超『文學政治功利化』的思想痕迹，在理論上認爲文學『與邦國之存，無所繫屬』，在實際的說明中卻把文學的作用過分誇大，以至認爲他是民族興亡的『首義』，鼓吹文學救國。魯迅這時還不滿三十歲，文學觀還不成熟，觀點相互矛盾，但重要的不是這些，而是他已經開始了對文學的全面探索。」〔註 9〕在 2010 年出版的《劍橋中國文學史》中認爲：「魯迅現代意識的最佳體現，在於他對待傳統的矛盾態度。他以改造國人精神爲己任，這印證了林毓生所謂的以『文化／知識手段』解決問題的思維模式。林毓生認爲，他們普遍堅信中國的問題來自文化／知識的斷裂，因此只能以內在的、整體的方式加以解決。誠然，魯迅對於這一解決之道持不同的意見；在他看來，所謂的中華文明消失已久，或許更糟糕的是，除了爲一個高度發達的吃人社會提供藉口之外，並不存在什麼中華文明。但是，哪怕他具有強烈的反諷意味，他也一再流露出對重獲得意義的統一性的渴望，繼而又對這一渴望產生懷疑。他對『改造國民性』的追求，以及日後對其可能性的否定，無不顯示出一代知識分子在追尋現代化中面臨的根本困境。」〔註 10〕正是由於清末時期的這種困境和困境中的追尋和思考，使得魯迅在其後的文學創作和文學活動中，超越性地展現出自己跨越時代的先鋒性的思想。這種思想的火花即使是面對當下依然有引領的作用。

二、矛盾與抗爭中的日趨冷靜：民初視野中的魯迅

　　1909 年 6 月魯迅回國，回國後有幾件事情對於魯迅後來的思想產生了較大的影響。其一是魯迅回國後的職業選擇。在回國不到兩個月的時間裏，魯迅就去杭州的浙江兩級師學堂當了教員，「儘管他熱愛文學，並且期望用他來振奮同胞們的精神，然而冷酷的現實並不尊重和珍惜他的抱負，倒是無情地逼著他爲謀生而消耗著寶貴的時光和才華。……他不得不把重新丟下的自然科學重新拾了起來。」〔註 11〕這是他結束留學生涯回國後的第一份工作，卻是這般的無奈，理想和現實的差距是如此之大。其二是 1910 年 6 月，魯迅離開杭州回到老家紹興，並開始擔任紹興府中學堂的學監。期間加入南社，但

〔註 9〕劉再復：《魯迅傳》，北京：人民日報出版社，2010 年版，第 75 頁。
〔註 10〕孫康宜、宇文所安主編：《劍橋中國文學史（下卷）1375～1949》，北京：生活・讀書・新知三聯書店，2013 年版，第 524 頁。
〔註 11〕劉再復：《魯迅傳》，北京：人民日報出版社，2010 年版，第 81 頁。

終因不滿南社作風而成爲一個只掛虛名的成員。其三是在魯迅回到紹興的第二年 10 月 10 日中國爆發了辛亥革命，同年 11 月 4 日，杭州爆發革命，民國元年的 1 月 3 日，由魯迅、陳子英、孫德卿三人聯名發起的《越鐸日報》創刊，「魯迅爲它草擬的《出世辭》聲明，它的宗旨是『促共和之進行，尺政治之得失，發社會之蒙覆，振勇武之精神。』」〔註 12〕卻因爲報紙揭露批判當局被當局用金錢支助的方式幾乎收買，魯迅爲此很是憤懣，卻無力阻止，滿心悃悵。這是魯迅在辦刊道路上的第二次受挫。其四，恰逢魯迅對《越鐸日報》失望之時，他的好友許壽堂來信告訴他，時任南京臨時政府教育總長的蔡元培聘請他到教育部工作，魯迅懷著對故鄉失望的心情去了南京。

對於魯迅來說眞正讓他的內心充滿掙扎、充滿矛盾的日子是在教育部工作的那段歲月，因爲他對革命之後的南京所呈現出的一切是始料未及的。他在《華蓋集・補白》中曾這樣描述過：「清的末年，社會上大抵惡革命黨如蛇蠍，南京政府一成立，漂亮的紳士和商人看見似乎革命黨的人，便親密地說道：『我們本來都是草字頭，一路的呵』。」〔註 13〕這樣的情節也出現在他日後的小說《阿 Q 正傳》中。就是在這段教育部供職的日子裏，他對革命的認識開始逐步走向深刻。對於如何改變舊有體制，魯迅的思考是深刻的，他內心也是極度矛盾的，他的這種極度矛盾的心裏在他後來的小說《在酒樓上》、散文集《野草》以及魯迅的雜文中的部分篇目中都有不同程度的表現。然而，對於剛剛從事新政府教育部工作的魯迅來說，更讓他感到悲哀的是，他「看到教育部會同內務部向各省發出的一項通告，上面寫著：『……查民國通禮現在尚未頒行，在未頒行以前，文廟應暫時照舊致祭，惟出去跪拜之禮，改行三鞠躬，祭服改用便服』。魯迅意識到這是一個具有象徵意義的通告，他悲憤地想到，這次革命除了革掉舊的禮服和一條辮子之外，只不過把『跪拜』改成『鞠躬』，原來昨天舊勢力膜拜的孔聖人，還是今天新人物必須鞠躬致敬的偶像！」〔註 14〕這一年的四月，因爲革命派再次屈從袁世凱的壓力，同意把新政府遷至北京，魯迅也因此跟隨教育部來到北京。

來到北京後的魯迅，首先對於北方的氣候不是特別適應，其次對於新政府和這個經歷過革命後的北方城市所籠罩的沉寂的氣息更是充滿了失望，「5

〔註 12〕 轉引自劉再復：《魯迅傳》，北京：人民日報出版社，2010 年版，第 90 頁。

〔註 13〕 魯迅：《華蓋集・補白》，《魯迅全集》第 3 卷，北京：人民文學出版社，2005 年版，第 109 頁。

〔註 14〕 劉再復：《魯迅傳》，北京：人民日報出版社，2010 年版，第 95～96 頁。

月 10 日他第一次正式上班。他在部裏任社會教育司第二科科員（8 月改任僉事兼社會教育司第一科科長，1915 年 9 月，又兼任教育部通俗教育研究會小說股主任；1916 年 10 月，改任小說股審核幹事），主管文化、科學、美術。然而，照樣是沒有什麼工作可做，也沒有人想做好什麼工作。軀殼剛剛形成，內裏就腐爛了，這是北洋軍閥政府各部的共同點。」〔註 15〕魯迅曾在自己的日記中寫道：「晨九時至下午四時半至教育部視事，枯坐終日，極無聊賴。」〔註 16〕對於魯迅來說「在這些日子裏，中國一天比一天黑暗，而他的苦悶也一天比一天沉重。他看到街頭巷尾到處張貼著『莫談國事』的標語，特務到處盯梢綁架著反袁世凱的嫌疑分子，『東廠滿長安』的恐怖籠罩著北京城。魯迅憎恨這種黑暗，然而他沒有力量驅逐它，也不相信此時在中國的那些變幻莫測的新派政治力量能夠驅逐它。因此，他對政治冷漠到極點。」〔註 17〕這一點在魯迅的日記中也有著體現，1917 年 7 月 12 日，魯迅在他的日記中對當時在北京城發生的段祺瑞、張勳間的戰爭平息，有如下的描繪「晨四時半聞戰爭甚烈，午後二時許止。事平，但多謠言。覓食甚難。晚同王華祝、張仲蘇及二弟往義興局覓齊壽山，得一餐。」〔註 18〕在這篇日記中，對於當時鬧得滿城風雨的這些戰事，魯迅的描寫是平淡簡介的，一個「事平」就做瞭解，不做過多的評述；而作為一個京城普通人所關注的「覓食」卻有較為細緻的描述。

在這一時期，魯迅最感興趣和想做的事情有兩件，一是對於書籍的閱讀和抄寫；二是贊助蔡元培積極提倡和推行美育。1912 年至 1913 年，他所讀的書範圍極廣，這些可以在他的日記書錄中看到，這其中包括詩話、雜著、畫譜、雜記、叢書、尺牘、史書、彙刊等等。正是書籍的陪伴，支撐著他安慰著他，讓他度過他人生當中極為寂寞的一段時期，這些在寂寞中的閱讀和思索也形成了他早期對於改照中國國民性的思考的雛形，並為他後來的文學創作提供了最早的思想資源。除了書籍之外，作為當時民國教育部的一名官員，魯迅最感興趣的事情就是幫助蔡元培提倡推行美育，所以，在新政府搬遷到

〔註 15〕劉再復：《魯迅傳》，北京：人民日報出版社，2010 年版，第 95～96 頁。

〔註 16〕魯迅：《壬子日記》，《魯迅全集》第 15 卷，北京：人民文學出版社，2005 年版，第 1 頁。

〔註 17〕劉再復：《魯迅傳》，北京：人民日報出版社，2010 年版，第 97 頁。

〔註 18〕魯迅：《丁巳日記》，《魯迅全集》第 15 卷，北京：人民文學出版社，2005 年版，第 290 頁。

北京的第二個月，「魯迅就欣然承擔了教育部夏期美術講習會中關於《美術略論》的課程。」〔註19〕儘管課程的開設面臨著極大的困境，魯迅還是認真嚴謹地上好每一堂課，但是隨著蔡元培的被迫辭職，很多事情發生了變化，北洋軍閥政府召開臨時教育會議，這是「教育部為改變清學制而召集各地代表舉行的一次咨詢性會議，是民國成立後第一次中央教育會議。1912 年 7 月 10日至 8 月 10 日在教育部禮堂舉行。」「在臨時教育會議上，教育總長蔡元培曾將清末學部的『忠君、尊孔、尚公、尚武、尚實』的五項教育方針，改為『軍國民教育、實利主義、公民道德、世界觀、美育』，會議議決刪除『美育』一項。」〔註20〕魯迅對這種愚蠢到沒有足夠的知識水平來認識美育意義的決議非常氣憤，他在 1912 年 7 月 12 日的日記上寫道：「聞臨時教育會議竟刪美育。此種豚犬，可憐可憐。」〔註21〕「魯迅難以忍受這種橫暴，他不顧教育會議的決議，在會後的第三天，又到原定的地點繼續進行演講。這次演講，課堂上開始只有一個人，但他還是認真地講下去，聽者陸續而來，增至十人。魯迅深切感到，提倡一點新的東西，在舊思想傳統盤根錯節的中國社會裏，真是太艱難了。」〔註22〕

在魯迅經歷的最為煎熬和寂寞的日子裏，中國大地上正有一股新的文化力量在萌動。1915 年 9 月 15 日，陳獨秀主編的《青年》雜誌創刊，1916 年 9月更名為《新青年》，雜誌也由最初的創辦地上海遷至北京。對於《新青年》魯迅是關注的，他把這個雜誌寄給他的弟弟閱讀，1917 年的 1 月 19 日魯迅在他的日記裏透露出給弟弟寄閱《新青年》的信息，這一天他在日記中寫道：「上午寄二弟《教育公報》二本，《青年雜誌》十本，作一包。」〔註23〕但是對待這場文化的變革他依然帶著冷靜的、懷疑的態度和眼光，以致他在兩天後的二十二號在日記中寫下：「舊曆除夕也，夜獨坐錄碑，殊無換歲之感。」〔註24〕

〔註19〕劉再復：《魯迅傳》，北京：人民日報出版社，2010 年版，第 98 頁。

〔註20〕魯迅：《壬子日記》，《魯迅全集》第 15 卷，北京：人民文學出版社，2005 年版，第 14 頁。

〔註21〕魯迅：《壬子日記》，《魯迅全集》第 15 卷，北京：人民文學出版社，2005 年版，第 11 頁。

〔註22〕劉再復：《魯迅傳》，北京：人民日報出版社，2010 年版，第 99 頁。

〔註23〕魯迅：《丁巳日記》，《魯迅全集》第 15 卷，北京：人民文學出版社，2005 年版，第 273 頁。

〔註24〕魯迅：《丁巳日記》，《魯迅全集》第 15 卷，北京：人民文學出版社，2005 年版，第 273 頁。

　　總之，考察從清末到民初的這段時期魯迅的生活軌迹，可以看到發生在這個時期的魯迅的所有的人生遭遇，都爲魯迅日後的創作帶來了理性思索的依據；同時，也與魯迅後來思想中所彰顯的激烈的批判性、否定性和懷疑一切，以及深刻的矛盾性，有著極爲密切的聯繫和極其重要的關係。他在許多作品中所呈現出的內心深深的孤獨感也與清末民初這段人生經歷有著極爲密切的關係。

拾肆、民國體驗與魯迅的文學批評

胡昌平[*]

摘要：魯迅不僅是偉大的文學家，也是傑出的批評家。魯迅的文學批評來自於他沉痛乃至絕望般的民國體驗。在文學批評上，魯迅既是戰士，也是詩人。「文學是戰鬥的」觀念決定了魯迅文學批評具有戰鬥性與藝術性兩個突出的特徵，二者統一於他複雜而獨特的民國體驗。

關鍵詞：民國體驗，魯迅，文學批評，戰鬥性，文藝性

---

[*] 胡昌平，1972 年生於四川德陽，文學博士。現爲新疆塔里木大學人文學院副教授。主要從事現當代文學與新疆當代多民族文學的研究。

以「民國文學機制」來敘述中國現代文學史，不僅僅是重構一套話語系統，更重要的它是一個新的視野，能在很大程度上真正回到或還原現代文學本身。這種回到或還原，不是從理論或觀念出發，而是從民國時期種種具體的歷史情態出發，這必然回到或還原到具體作家複雜而獨特的民國體驗之中去。將魯迅放到「民國文學機制」視野下來考察，就不難發現，「魯迅的文學思想是在中外文化的交融衝撞中形成的，但更是在中國社會人生的實際體驗中孕育起來的，他的《狂人日記》、《藥》、《阿 Q 正傳》等作品來源於沉痛的民國體驗」。〔註 1〕同樣，魯迅的文學批評也來自於他沉痛乃至絕望般的民國體驗。

一

「在文學是戰鬥的！」〔註 2〕這可以看作是魯迅文學思想的總綱領。

魯迅文學思想的最初形成來自於他的留日體驗。仙臺醫專的「幻燈片」事件使魯迅棄醫從文，他認為改變國民的精神是第一要務，而文藝又是改變國民精神的第一利器。魯迅就在弱國子民的體驗中開始了文藝之路，這使得他的文藝觀念從一開始就是「實用」為先的，即，文藝是為人生並改良人生的。在《摩羅詩力說》中，魯迅指出：「涵養人之神思，即文章之職與用也」〔註 3〕，且「文章之於人生，其為用決不次於衣食，宮室，宗教，道德。」〔註 4〕因此，魯迅熱切地呼喚摩羅詩人在中國的出現，並將其稱之為「精神界之戰士」，「文學是戰鬥的」觀念已經孕育成形。魯迅還稱「文藝是國民精神所發的火光，同時也是引導國民精神的前途的燈火」〔註 5〕，他是極力推崇文藝的社會作用的。

辛亥革命和中華民國的成立，魯迅起而激昂，進而失望。他「見過辛亥革命，見過二次革命，見過袁世凱稱帝，張勳復辟，看來看去，就看得懷疑起來，於是失望，頹唐得很了。」〔註 6〕懷疑和頹唐都是魯迅自身的生命體驗。袁世凱稱帝前後，魯迅在北京的生活遭到了嚴密的監視，為了逃避監

〔註 1〕 李怡：《中國現代文學史的敘述範式》，《中國社會科學》，2012 年第 2 期。
〔註 2〕 《魯迅全集》第 6 卷，北京：人民文學出版社，2005 年，第 228 頁。
〔註 3〕 《魯迅全集》第 1 卷，北京：人民文學出版社，2005 年，第 74 頁。
〔註 4〕 《魯迅全集》第 1 卷，北京：人民文學出版社，2005 年，第 73 頁。
〔註 5〕 《魯迅全集》第 1 卷，北京：人民文學出版社，2005 年，第 252 頁。
〔註 6〕 《魯迅全集》第 4 卷，北京：人民文學出版社，2005 年，第 468 頁。

視，他只得沉寂於抄古碑。「五四」新文化運動中，魯迅搖旗吶喊而成爲主將。然而，隨著「五四」的落潮，魯迅重又陷入孤獨和寂寞之中：「後來《新青年》的團體散掉了，有的高升，有的退隱，有的前進，我又經驗了一回同一戰陣中的夥伴還是會這麼變化，並且落得一個『作家』的頭銜，依然在沙漠中走來走去」〔註7〕。

在北洋政府統治下，魯迅經歷了女師大風波並被撤職，民國以來他首次被捲入了社會現實中。因爲在三一八慘案（魯迅稱之爲「民國以來最黑暗的一天」）事件中反抗政府，魯迅被迫到一家外國人開的醫院避難，後來又逃到了南方。魯迅到廈門之後，高長虹糾集未名社的不滿分子另立狂飆社並大肆攻擊魯迅。四一二政變後，魯迅將其稱爲「血的遊戲」，「目睹了同是青年，而分成兩大陣營，或則投書告密，或則助官捕人的事實！」〔註8〕1927年，魯迅在廣東的處境是非常危險的。定居上海後，魯迅又深深地體驗到了國民黨政府文化專制主義的殘暴統治：「統治者也知道走狗的文人不能抵擋無產階級革命文學，於是一面禁止書報，封閉書店，頒佈惡出版法，通緝著作家，一面用最末的手段，將左翼作家逮捕，拘禁，秘密處以死刑，至今並未宣佈。」〔註9〕左聯五烈士的犧牲給魯迅以沉重的打擊。魯迅自身也很危險，只好躲避，以免被捕。

血淋淋的現實和自身處境的危險，使魯迅又懷疑文藝的作用。魯迅曾說：「文學文學，是最不中用的，沒有力量的人講的；有實力的人並不開口，就殺人，被壓迫的人講幾句話，寫幾個字，就要被殺；即使幸而不被殺，但天天吶喊，叫苦，鳴不平，而有實力的人仍然壓迫，虐待，殺戮，沒有方法對付他們，這文學於人們又有什麼益處呢？」〔註10〕魯迅雖然說文學無力，但並沒放棄文學改良人生的信念，通過清醒地認識文學的無力性，反而能更大地獲得文學的有力性。

九一八事變後，民族救亡成爲時代主題，魯迅也時時體驗著亡國亡種的危險，所以他極力地推動左翼革命文學運動。魯迅在臨終前參與了「國防文學」與「民族革命戰爭的大眾文學」兩個口號的論爭，仍然堅持著「文學是戰鬥的」主張。

〔註7〕《魯迅全集》第4卷，北京：人民文學出版社，2005年，第469頁。
〔註8〕《魯迅全集》第4卷，北京：人民文學出版社，2005年，第5頁。
〔註9〕《魯迅全集》第4卷，北京：人民文學出版社，2005年，第289頁。
〔註10〕《魯迅全集》第3卷，北京：人民文學出版社，2005年，第436頁。

　　文學是戰鬥的，使魯迅始終拒絕一切將文學當作「消閒」的觀念和形形色色的「爲藝術而藝術」的主張。因爲他的民國體驗是沉痛乃至絕望的：一方面是血腥，是暴力，是壓迫，是侵略，另一方面是愚昧，是麻木，是苟安，是忍侮。魯迅的民國體驗是複雜而獨特的，即使與其胞弟周作人相比，也有著巨大的差異，這也使得他們的文學觀念有很大的不同。周作人與魯迅都「五四」新文化運動的先驅，但二人後來卻走上了殊途。周作人早期的《人的文學》、《平民的文學》等同魯迅一樣強調文學對社會的直接作用：

　　譬如古銅鑄的鍾鼎，現在久已不適實用，只能尊重他是古物，收藏起來；我們日用的器具，要用磁的盤碗了。但銅器現在固不適用，磁的也只是作成盤碗的適用。倘如將可以做碗的磁，燒成了二三尺高的五彩花瓶，或做了一座純白的觀世音，那時我們也只能將他同鍾鼎一樣珍重收藏，卻不能同盤碗一樣適用。因爲他雖然是一個藝術品，但是一個純藝術品，不是我們所要求的人生的藝術品。〔註11〕

　　周作人要求的文學就如「磁的盤碗」一樣對人生有實際的作用，其功利色彩是非常明顯的。在「五四」新文化運動中，當時的先驅們一般都從「人」出發而至民族與國家，魯迅遵從了這一邏輯。但周作人所謂「人的文學」包含著類的概念卻不屬於種族、民族、國家、鄉土與家族等，它只是個人的，通過個性而直接體現人類的共性，並不一定遵循從個人到民族和國家的邏輯。因此，周作人的「人的文學」雖然是功利性的，但又有與功利目的相背離的傾向。後來，周作人退回到「自己的園地」過著「精神貴族」的生活，他脫離了民國社會實際而從「叛徒」變爲「隱士」，他強調文藝的無功用性而提倡印象與趣味，追求爲藝術而藝術。在 1932 年的《中國新文學的源流》中，周作人非常明確地說：「文學是無用的東西。」〔註12〕周作人從強調文學的直接社會作用到宣稱文學無用，他走向了無功利的文學觀。魯迅則時時體驗著民國社會的實際，儘管也對文學的社會功用有過懷疑，但他始終堅持「文學是戰鬥的」觀念。

　　在「文學是戰鬥的」觀念支配下，魯迅也要求文學批評是戰鬥的。魯迅說：「現在的作家，連革命的作家和批評家，也往往不能，或不敢正視現社會，

〔註11〕鍾叔河編：《周作人文類編·本色》，長沙：湖南文藝出版社，1998 年，第 41頁。

〔註12〕周作人：《中國新文學的源流》，河北教育出版社，2001 年，第 14 頁。

知道它的底細，尤其是認爲敵人的底細。……自然，我們看書，倘看反對的
的東西，總不如看同派的東西的舒服，爽快，有益；但倘是一個戰鬥者，我
以爲，在瞭解革命和敵人上，倒是必須更多的去解剖當面的敵人的。」〔註13〕
在魯迅看來，文學批評就是戰鬥，批評家就是戰士，他自己也的確如是。但
是，文壇上有惡意的批評家，他們「在嫩苗的地上馳馬，那當然是十分快意
的事；然而遭殃的是嫩苗──平常的苗和天才的苗。」〔註14〕有的則「靠了
一兩本『西方』的舊批評論，或則撈一點頭腦板滯的先生們的唾餘，或則仗
著中國固有的什麼天經地義之類的，也到文壇上來踐踏」而濫用了批評的權
威。〔註15〕針對文學批評失去了權威及批評界的亂象，魯迅認爲：「批評家的
錯處，是在亂罵與亂捧，例如說英雄是娼婦，舉娼婦爲英雄。」〔註16〕因此，
有人否定文學批評，但魯迅卻堅持「文藝必須有批評；批評如果不對了，就
得用批評來抗爭，這才能夠使文藝和批評一同前進，如果一律掩住嘴，算是
文壇已經乾淨，那所得的結果倒是要相反的。」〔註17〕批評家的職責「不但
是剪除惡草，還得灌溉佳花，──佳花的苗」，〔註18〕魯迅還說，「我又希望
刻苦的批評家來做剜爛蘋果的工作，這正如『拾荒』一樣，是很辛苦的，但
也必要，而且大家有益的。」〔註19〕簡言之，文學批評必須壞處說壞，好處
說好，若無戰鬥精神，是做不到的。因此，魯迅希望有「堅實的，明白的，
眞懂得社會科學及其文藝理論的批評家。」〔註20〕「堅實」、「明白」就必須
正視現實而具有戰鬥精神。

　　文學批評必然有批評的尺度或標準。對此，魯迅說：「我們曾經在文藝批
評史上見過沒有一定圈子的批評家嗎？都有的，或者是美的圈，或者是眞
實的圈，或者是前進的圈。沒有一定的圈子的批評家，那才是怪圈子呢。」
〔註21〕那麼，究竟該用什麼尺度或標準呢？在當時的文學批評中，「有英國美
國尺，有德國尺，有俄國尺，有日本尺，自然又有中國尺，或者兼用各種尺。

〔註13〕《魯迅全集》第4卷，北京：人民文學出版社，2005年，第308頁。
〔註14〕《魯迅全集》第1卷，北京：人民文學出版社，2005年，第176頁。
〔註15〕《魯迅全集》第1卷，北京：人民文學出版社，2005年，第42頁。
〔註16〕《魯迅全集》第5卷，北京：人民文學出版社，2005年，第615頁。
〔註17〕《魯迅全集》第5卷，北京：人民文學出版社，2005年，第580頁。
〔註18〕《魯迅全集》第3卷，北京：人民文學出版社，2005年，第162頁。
〔註19〕《魯迅全集》第5卷，北京：人民文學出版社，2005年，第317頁。
〔註20〕《魯迅全集》第4卷，北京：人民文學出版社，2005年，第245頁。
〔註21〕《魯迅全集》第5卷，北京：人民文學出版社，2005年，第449頁。

有的說要真正，有的說要鬥爭，有的說要超時代，有的躲在人背後說幾句短短的冷話。還有，是自己擺著文藝批評家的架子，而憎惡別人的鼓吹了創作。」〔註22〕儘管魯迅並沒有明確地說明自己的批評尺度或標準，但他說：「不過我總以爲倘要論文，最好是顧及全篇，並且顧及作者的全人，以及他所處的社會狀態，這才較爲確鑿。要不然，是很容易近乎說夢的。」〔註23〕這實際上就是「知人論世」，它強調的是體驗，是直面現實，這仍需要戰鬥精神。如果非得說它是什麼尺的話，可以稱之爲「民國尺」，由此可以看出，魯迅文學批評的尺度或標準，不是什麼外來的理論或固有標準，而是以民國體驗爲基礎，以爲人生和改良人生爲宗旨。

魯迅的民國體驗決定了他的文學創作，也決定了他的文學批評，即「文學是戰鬥」，創作如此，批評也是如此。

二

魯迅文學批評最顯著的特徵是戰鬥性，這主要體現在魯迅參與的文學論爭（論戰）和對一些文學現象的剖析之中。

在《論睜了眼看》中，魯迅將中國的文藝概括爲「瞞和騙」的文藝：

中國人向來因爲不敢正視人生，只好瞞和騙，由此也生出瞞和騙的文藝來，由這文藝，更令中國人更深地陷入瞞和騙的大澤中，甚而至於已經自己不覺得。世界日日改變，我們的作家取下假面，真誠地，深入地，大膽地看取人生並且寫出他的血和肉來的時候早到了：早就應該有一片嶄新的文場，早就應該有幾個兇猛的闖將！〔註24〕

魯迅深深體驗到了民國現實的殘酷，然而文藝卻未能如實描寫或反映血淋淋的現實，只是一味地用瞞和騙的方法來粉飾現實。因此，在魯迅看來，真的新文藝的產生，必須打破瞞和騙，必須有闖將衝破一切傳統思想和手法。

在《幫忙文學與幫閒文學》中，魯迅把中國文學分爲「廊廟文學」與「山林文學」兩大類，並將其歸爲幫忙幫閒文學及無盡快可幫無閒可幫只餘悲哀的文學。他說：「現在做文章的人們幾乎都是幫閒幫忙的人物。有人說文學家是很高尚的，我卻不相信與吃飯問題無關，不過我又以爲文學與吃飯問題有

〔註22〕《魯迅全集》第 4 卷，北京：人民文學出版社，2005 年，第 83～84 頁。
〔註23〕《魯迅全集》第 6 卷，北京：人民文學出版社，2005 年，第 444 頁。
〔註24〕《魯迅全集》第 1 卷，北京：人民文學出版社，2005 年，第 254～255 頁。

關也不打緊，只要能比較的不幫忙不幫閒就好。」〔註25〕無論幫忙還是幫閒，只是為了自己獲利而不是真正為人生或改良人生，這是魯迅極力反對的。在《文壇三戶》中，魯迅剖析了文壇「破落戶」、「暴發戶」、「暴發破落戶」的本質：

> 破落戶的頹唐，是掉下來的悲聲，暴發戶的做作的頹唐，卻是「爬上去」的手段。所以那些作品，即使摹擬到和破落戶的傑作幾乎相同，但一定還差一塵：他其實並不「顧影自憐」，倒在「沾沾自喜」。〔註26〕

> 暴發不久，破落隨之，既「沾沾自喜」，也「顧影自憐」，但卻又失去了「沾沾自喜」的確信，可又還沒有配得「顧影自憐」的風姿，僅存無聊，連古之所謂雅俗也說不上了。向來無定名，我姑且名之為「破落暴發戶」罷。這一戶，此後是恐怕要多起來的。但還要有變化：向積極方面走，是惡少；向消極方面走，是癟三。〔註27〕

魯迅的批判可謂入木三分，深入骨髓，犀利無比。在上述三篇文章中，魯迅撕破了文壇的一切假面及偽飾。於是，他遭到了各種各樣的詆毀與辱罵，「學棍」、「學匪」、「拿盧布」等暗含殺機的攻訐從來就沒中斷過。這樣的一種民國文壇的體驗，使魯迅更堅信文學是戰鬥的。他「知道人們怎樣地用了公理正義的美名，正人君子的徽號，溫良敦厚的假臉，流言公論的武器，吞吐曲折的文字，行私利己，使無刀無筆的弱者不得喘息。倘使我沒有這筆，也就是被欺侮到哭訴無門的一個；我覺悟了，所以要常用，尤其是用於使麒麟皮下露出馬腳。萬一那些虛偽者居然覺得一點痛苦，有些省悟，知道技倆也有窮時，少裝些假面目，則用了陳源教授的話來說，就是一個『教訓』。」〔註28〕因此，魯迅不遺餘力地反擊文壇上的一切「敵人」，以掃除障礙促進文學的發展實現文藝改良人生的目標。

革命文學興起之際，太陽社、創造社以魯迅為靶子，將他稱為「封建餘孽」、「二重反革命」，魯迅則毫不留情面地指出他們的幼稚、易變的非革命性。在《醉眼中的「朦朧」》一文中，魯迅指出與官僚和軍閥有瓜葛無瓜葛的

〔註25〕《魯迅全集》第7卷，北京：人民文學出版社，2005年，第406頁。
〔註26〕《魯迅全集》第6卷，北京：人民文學出版社，2005年，第353頁。
〔註27〕《魯迅全集》第6卷，北京：人民文學出版社，2005年，第354頁。
〔註28〕《魯迅全集》第1卷，北京：人民文學出版社，2005年，第260頁。

作家都留著一點朦朧，以「防著自己的沒落，如漂浮在大海裏一般，拼命向各處抓攫。」〔註29〕魯迅堅持文學是戰鬥的觀念，他當然不會反對革命文學，然而，「中國之所謂革命文學……招牌是掛了，卻只在吹噓同夥的文章，而對於目前的暴力和黑暗不敢正視。作品雖然也有些發表了，但往往是拙劣到連報章記事都不如；或則將劇本的動作辭句都推到演員的『昨日的文學家』身上去。」〔註30〕幼稚的革命浪漫蒂克的作品和批評，使讀者對革命望而生畏：「成仿吾先生，將革命使一般人理解為非常可怕的事，擺著一種極左傾的兇惡的面貌，好似革命一到，一切非革命者就都得死，令人對革命只抱著恐怖。其實革命是並非教人死而是教人活的。這種令人『知道點革命的厲害』，只圖自己說得暢快的態度，也還是中了才子＋流氓的毒。」〔註31〕這樣的革命作家，必須容易動搖乃至變節：「『革命』和『文學』，若斷若續，好像兩隻靠近的船，一隻是『革命』，一隻是『文學』，而作者的每一隻腳就站在每一隻船上面。當環境較好的時候，作者就在革命這一隻船上踏得重一點，分明是革命者，待到革命一被壓迫，則在文學的船上踏得重一點，他變了不過是文學家了。」〔註32〕魯迅對葉靈鳳、向培良這類所謂的革命文學家作了猛烈的抨擊。革命文學，必須反對一切假革命的文學，魯迅用他的文學批評捍衛了真正的革命文學並極大地促進了左翼革命文學的發展。

　　為對抗左翼革命文學，國民黨政府極力提倡「民族主義文學」。在《「民族主義文學」的任務和命運》一文中，魯迅將「民族主義文學」稱為「流屍文學」，指出「流屍文學仍將與流氓政治同在」，他不僅進行文學批評，也作了政治批判。魯迅在這篇文章中分析了黃震遐的《隴海線上》、《黃人之血》等所謂的「民族主義文學」作品，指出中國的「民族主義文學家」只同外國主子休戚相關，而不代表中華民族（漢族）。在此基礎上，魯迅概括了「民族主義文學」的任務：

　　　　那麼，「民族主義文學」無須有那些嗚呼阿呀死死活活的調子嗎？謹對曰：要有的，他們也一定有的。否則不抵抗主義，城下之盟，斷送土地這些勾當，在沉靜中就顯得更加露骨。必須痛哭怒號，摩拳擦掌，令人被這擾攘嘈雜所惑亂，聞悲歌而淚垂，聽壯歌而憤

〔註29〕《魯迅全集》第4卷，北京：人民文學出版社，2005年，第62～63頁。
〔註30〕《魯迅全集》第4卷，北京：人民文學出版社，2005年，第85頁。
〔註31〕《魯迅全集》第4卷，北京：人民文學出版社，2005年，第304頁。
〔註32〕《魯迅全集》第4卷，北京：人民文學出版社，2005年，第305頁。

> 泄，於是那「東征」即「西征」的第一步，也就悄悄的隱隱的跨過
> 去了。落葬的行列裏有悲哀的哭聲，有壯大的軍樂，那任務是在送
> 死人埋入土中，用熱鬧來掩過了這「死」，給大家接著就得到「忘卻」。
> 現在「民族主義文學」的發揚蹈厲，或慷慨悲歌的文章，便是正在
> 盡著同一的任務的。〔註33〕

「民族主義文學」同腐敗無能的國民黨政府一樣，幹著賣國的無恥勾當卻又極力掩飾，但其本質在魯迅的筆下昭然若揭。對於賣國的政府和賣國的「民族主義文學」，人民必須反抗和戰鬥，而魯迅走在最前列。

抗日戰爭爆發前夕，魯迅參與了「國防文學」與「民族革命戰爭的大眾文學」兩個口號的論爭，他仍然沒有忘記文學的戰鬥性和批評的戰鬥性。在《論現在我們的文學運動》中，魯迅認為：「中國的唯一的出路，是全國一致對日的民族革命戰爭。懂得這一點，則作家觀察生活，處理材料，就如理絲有緒；作者可以自由地去寫工人，農民，學生，強盜，娼妓，窮人，闊佬，什麼材料都可以，寫出來都可以成為民族革命戰爭的大眾文學。也無需在作品的後面有意地插一條民族革命戰爭的尾巴，翹起來當作旗子；因為我們需要的，不是作品後面添上去的口號和矯作的尾巴，而是那全部作品中的真實的生活，生龍活虎的戰鬥，跳動著的脈搏，思想和熱情，等等。」〔註34〕魯迅要求的是，作家在堅持民族革命戰爭的前提下，必須正視現實，既要通過創作來支持民族革命戰爭，又不忘階級鬥爭，只有這樣，才能真正成為「民族革命戰爭的大眾文學」。直到臨終，魯迅都在用他的文學批評戰鬥著。

我們不用再列舉更多的例子，我們已經完全看到了魯迅文學批評的戰鬥性。魯迅文學批評的戰鬥性，源於他對民國種種社會情態的體驗，這不僅包括民國的政治、經濟、法律，也包括民國時期文壇的各種現狀。戰鬥性也使得魯迅的文學批評同時是社會批評與文化批評。

三

對具體作家作品的批評，魯迅主要採用「序」、「小引」等形式，除《〈中國新文學大系〉小說二集·序》外，沒有長篇大論，大多篇幅短小精練、文辭優美，充分體現了魯迅文學批評的另一面，即藝術性。魯迅文學批評的藝

〔註33〕《魯迅全集》第4卷，北京：人民文學出版社，2005年，第327〜328頁。
〔註34〕《魯迅全集》第6卷，北京：人民文學出版社，2005年，第613〜614頁。

術性，同樣源自他的民國體驗，這可以稱爲現代感悟批評。

　　所謂現代感悟批評是一種直觀感悟的審美批評，它採用直觀思維對文學進行印象感悟式的認識、理解、鑒賞和評價，注重對文學藝術和人生的感悟與體驗，同時，它又把自身當作一種藝術形式，追求批評的藝術化。現代感悟批評的思維方式以直觀感悟爲主，邏輯推理爲輔。直觀感悟是印象的、感性的，它排除了理性、概念與推理，直接進入到作品之中完成了對作品的理解和認識。在這一過程中，對生命的體驗與感悟始終佔據著主導地位，如果沒有這一點，理解將無法進行，批評也就可能失去意義與效果。現代感悟批評繼承了古典感悟批評的直觀思維方式，但少了後者的神秘、玄學味，而多了反思性。魯迅的一些文學批評，是非常注重體驗的，又在體驗的基礎上進行了深刻的反思，因而可以將這類批評稱爲現代感悟批評。

　　在《〈中國新文學大系〉小說二集·序》中，魯迅對文學研究會和創造社之外的小說作了較爲系統的批評。論及淺草社諸作家時，魯迅寫到：「一九二四年中發祥於上海的淺草社，其實也是『爲藝術而藝術』的作家團體，但他們的季刊，每一期都顯示著努力：向外，在攝取異域的營養，向內，在挖掘自己的魂靈，要發見心裏的眼睛和喉舌，來凝視這世界，將眞和美歌唱給寂寞的人們。」〔註35〕這裡，沒有枯燥的說教與乏味的邏輯推理，只是一些印象式的感悟，卻準確地把握了評論對象的特徵。魯迅是這樣評論廢名的：「在一九二五年出版的《竹林的故事》裏，才見以沖淡爲衣，而如著者所說，仍能『從他們當中理出我的哀愁』的作品。可惜的是大約作者過於珍惜他有限的『哀愁』，不久就更加不欲像先前一般的閃露，於是從率直的讀者看來，就只見其有意低徊，顧影自憐之態了。」〔註36〕僅寥寥數句，魯迅就指出了廢名小說的特色及意義。而對於臺靜農，魯迅認爲「要在他的作品裏吸取『偉大的歡欣』，誠然是不容易的，但他卻貢獻了文藝；而且在爭寫著戀愛的悲歡，都會的明暗的那時候，能將鄉間的死生，泥土的氣息，移在紙上的，也沒有更多，更勤於這作者的了。」〔註37〕如果沒有豐富的體驗與感悟，沒有對民國社會現實的清醒認識與深刻的反思，魯迅是難以準確評價臺靜農的。

〔註35〕《魯迅全集》第6卷，北京：人民文學出版社，2005年，第249～250頁。
〔註36〕《魯迅全集》第6卷，北京：人民文學出版社，2005年，第252頁。
〔註37〕《魯迅全集》第6卷，北京：人民文學出版社，2005年，第263頁。

　　魯迅對具體作家作品批評的「序」、「小引」並不多，且主要關注左翼青年作家。

　　這《孩兒塔》的出世並非要和現在一般的詩人爭一日之長，是有別一種意義在。這是東方的微光，是林中的響箭，是冬末的萌芽，是進軍的第一步，是對於前驅者的愛的大纛，也是對於摧殘者的憎的豐碑。一切所謂圓熟簡練，靜穆幽遠之作，都無須來作比方，因為這詩屬於別一世界。〔註38〕

　　上述引文出自《白莽作〈孩兒塔〉序》。魯迅一面說著自己不懂詩，一面卻用詩一般的語言評論著白莽的詩集，這是其文學批評藝術化的突出體現。現代感悟批評在批評活動中，即從閱讀、理解到鑒賞、評價和形成批評文字的整個過程中都以直觀感悟為主要思維方式，因而它在總體上是印象的、感性的、具體的。魯迅對白莽詩集《孩兒塔》等作品的批評，正具有這些特點。

　　現代感悟批評與科學性的文學批評形成了對照。科學性的文學批評以理性思維為主，注重概念與推理，在總體上是理性的、邏輯的、抽象的。茅盾在1920年代曾受泰納實證主義和左拉自然主義的影響，因而他的文學批評講究實證性與科學性。泰納的實證主義主張從種族、環境和時代去考察和研究文學，強調文學與三種元素的關係，這對文學研究是有意義和作用的，對社會——歷史研究方法的形成奠定了基礎。左拉的自然主義主張以科學控制文學，使文學回到自然，並要求作家如科學家一樣記錄事實，用科學實驗的方法去寫作，以達到科學而客觀地反映現實的目的。實證主義和自然主義都追求文學批評的科學性與實證性，但它們以自然科學的方法來研究精神科學，必然會存在這樣那樣的缺陷。茅盾的一些文學批評依據這些理論而顯得邏輯性、抽象性太強，而趣味性、文藝性相對較弱，這必然在一定程度上影響其批評的力量。魯迅在《忽然想到》中說：「外國的平易地講述學術文藝的書，往往夾雜些閒話或笑談，使文章增添活氣，讀者感到格外的興趣，不易於疲倦。」〔註39〕這也是他所追求的，因此，儘管魯迅堅持文學是戰鬥的功利主義文學觀，他的文學批評也可以在一定程度上歸入社會——歷史批評，但他對文學批評的藝術性追求表現出了與茅盾的明顯不同。

　　魯迅文學批評的藝術化是以其民國體驗為基礎的。在《葉紫作〈豐收〉

〔註38〕《魯迅全集》第6卷，北京：人民文學出版社，2005年，第512頁。
〔註39〕《魯迅全集》第3卷，北京：人民文學出版社，2005年，第16頁。

序》中，魯迅指出，「這裡的六個短篇，都是太平世界的奇聞，而現在卻是極平常的事情。因為極平常，所以和我們更密切，更有大關係。作者還是一個青年，但他的經歷，卻抵得太平天下的順民的一世紀的經歷，在轉輾的生活中，要他『為藝術而藝術』，是辦不到的。但我們有人懂得這樣的藝術，一點用不著誰來發愁。」〔註 40〕魯迅非常肯定葉紫的經歷也就是體驗，實際上，葉紫的體驗又何嘗不是魯迅的體驗呢？當然，經歷或體驗不一定是親歷親為，「所遇，所見，所聞，並不一定是所作，但所作自然也可以包含在裡面。」〔註 41〕正是有了較為相同的民國體驗，魯迅才充分地肯定了葉紫小說的意義。對於蕭軍（田軍）的《八月的鄉村》，魯迅認為：「這書當然不容於滿洲帝國，但我看也因此當然不容於中華民國。這事情很快的就會得到實證。如果事實證明了我的推測並沒有錯，那也就證明了這是一部很好的書。」〔註 42〕為什麼會有這樣的評價呢？因為《八月的鄉村》阻礙了「征服中國民族的心」，作品描繪的東北各種形式的抗戰有背國民黨政府的不抵抗的賣國政策。這是何其沉痛乃至絕望的民國體驗呀！葉永蓁的《小小十年》出版時魯迅曾為其作「小引」，小說卻受到了嚴厲的批評，批評的依據便是作品的主人公從軍的動機是為了自己。魯迅則反駁：「書中的主角，究竟上過前線，當過哨兵（雖然連放槍的方法也未曾被教），比起單是抱膝哀歌，握筆憤歎的文豪們來，實在也切實得遠了。倘若要現在的戰士都意識正確，而且堅於鋼鐵之戰士，不但是烏托邦的空想，也是出於情理之外的苛求。」〔註 43〕魯迅非常注重文學對社會實際的描寫或反映，進而對那些有著實際革命經驗的青年作家也多了些提攜、獎掖與寬容。

對於「革命文學」，周作人曾準確地指出了其功利主義色彩：「現在講革命文學的，是拿了文學來達到他政治活動的一種工具，手段在宣傳，目的在成功。」〔註 44〕這種觀點與魯迅對「革命文學」的看法有些相似。但周作人是一個「隱士」，永遠做著「精神的貴族」，難以看到民國現實人生的苦難以及這種苦難對藝術的要求，所以有些絕對地堅持著藝術的無功用性而難以「寬容」左翼文學。魯迅則在民國社會現實的沉痛體驗中寬容了左翼青年作家的

〔註 40〕《魯迅全集》第 6 卷，北京：人民文學出版社，2005 年，第 228 頁。
〔註 41〕《魯迅全集》第 6 卷，北京：人民文學出版社，2005 年，第 227 頁。
〔註 42〕《魯迅全集》第 6 卷，北京：人民文學出版社，2005 年，第 296 頁。
〔註 43〕《魯迅全集》第 4 卷，北京：人民文學出版社，2005 年，第 231～232 頁。
〔註 44〕鍾叔河編：《周作人文類編・本色》，湖南文藝出版社，1998 年，第 114 頁。

藝術上的幼稚，因為他堅信文學是戰鬥的。然而，批評的寬容絕不是包容，魯迅注重對左翼青年作家的提攜與獎掖，但又始終地堅持著藝術的尺度，決不掩蓋他們的不足，而是做到了壞處說壞，好處說好。例如，對於葉永蓁的《小小十年》，魯迅指出了其不足之處：「在這裡，是屹然站著一個個人主義者，遙望著集團主義的大纛，但在「重上征途」之前，我沒有發見其間的橋梁。」〔註 45〕「我所感到累贅的只是說理之處過於多，校讀時刪節了一點，倘使反而損傷原作了，那便成了校者的責任。還有好像缺點而其實是優長之處，是語彙的不豐，新文學興起以來，未忘積習而常用成語如鐵和故意作怪而亂用誰也不懂的生語如創造社一流的文字，都使文藝和大眾隔離，這部書卻加以掃蕩了，使讀者可以更易於瞭解，然而從中作梗的還有許多新名詞。」〔註 46〕魯迅還批評了蕭軍《八月的鄉村》和蕭紅《生死場》結構的散漫、人物刻畫的不力及筆致的越軌等缺點。魯迅對左翼青年作家的批評，既不是吹捧，也不是謾罵，他既堅持文學批評的戰鬥性，又堅持了藝術性。

李長之在《魯迅批判》中認為：「魯迅在思想，不夠一個思想家，他在思想上，只是一個戰士，對舊制度舊文明施以猛烈的攻擊的戰士。然而在文藝上，卻毫無問題的，他乃是一個詩人」；「詩人是情緒的，而魯迅是的；詩人是被動的，在不知不覺之中，反映了時代的呼聲的，而魯迅是的；詩人是感官的，印象的，把握具體事物的，而魯迅更是的。」〔註 47〕如果將這當作對魯迅的整體評價，我們不會贊同，但將其移作對魯迅文學批評的評價，我認為還是較為恰當的。在文學批評上，魯迅既是戰士，也是詩人，可以說，他是一位傑出的批評家。作為戰士的魯迅，文學批評是他的一種武器，充滿了戰鬥性；作為詩人的魯迅，文學批評是他抒發情感的工具，也滿蘊著詩意。魯迅的文學批評，沒有固定的理論依據，但他的依據是整套的人生和藝術，也就是整個的民國體驗，因而，魯迅文學批評的戰鬥性與藝術就統一於他複雜而獨特的民國體驗。

〔註45〕《魯迅全集》第 4 卷，北京：人民文學出版社，2005 年，第 150 頁。
〔註46〕《魯迅全集》第 4 卷，北京：人民文學出版社，2005 年，第 150～151 頁。
〔註47〕李長之：《李長之文集》第 2 卷，河北教育出版社，2006 年，第 36 頁。